리더 역할 훈련

Leader Effectiveness Training

리더
역할 훈련

리더 역할 훈련(L.E.T.)은 전문 심리상담가들이 사용하는 방법을 조직에 맞게 재구성한 것으로, 조직의 리더들이 겪는 의사소통 문제와 인간관계로 인한 갈등을 해소하는 방법을 제공한다. 특히 리더와 구성원의 관계에 주목하는 L.E.T.는 조직 생활에서 "인간적 요소가 무엇보다 중요하다."는 것을 인정하고, 인간관계의 중요성을 인지하고 있는 리더들이 실제로 적용할 수 있는 구체적인 기술과 방법을 제시한다. 이 책에서 제시하는 효과적인 리더 역할 훈련을 통해 대부분의 리더들이 조직 구성원들과의 갈등을 극복하고, 서로 이해하고 존중하는 관계를 만들어 갈 수 있을 것이라고 확신한다.

토머스 고든 지음 | 장승현 옮김

양철북

이 책은 1977년에 처음 출판되었지만 아직도 조직의 리더십 특성을 논의하는 데 있어 유효하다. 실제로 최근의 거스를 수 없는 변화의 추세─전통적인 '지배자' 리더십 모델에서 '동반자' 모델로 변화, 계층적 조직에서 수평적 조직으로 변화, 그리고 사람 사이의 '위계질서'를 강조하던 데서 '연결'을 강조하는 것으로 변화─를 고려할 때는 더욱 그렇다.

사실, 구성원들 간의 관계가 직장보다 더 광범위하게 동반자적인 관계로 변화되는 추세를 보이는 곳은 없다. 전통적인 조직의 위계질서는 그 동안 리더가 위에서 엄격한 통제와 정보 독점을 통해서 명령하도록 만들었다. 그러나 오늘날에는 이 같은 독재적이고 상명하복적이며 명령과 통제의 폐쇄적인 리더십 모델은 동등한 관계, 팀워크, 협력, 상호의존, 책임과 자유로운 정보 흐름을 장려하는 참여 경영 스타일로 대체되고 있다.

또한, 참여 시스템이 위계질서에 근거한 독재 시스템보다 뛰어나다는 충분한 증거가 있다. 근래에 많은 연구는 참여적인 업무 수행이 생산성 증가, 재무 실적의 향상, 그리고 이직률과 결근의 감소에 상당한 영향을 준다는 견해가 타당하다는 것을 입증하고 있다.

　우리는 다른 중요한 관계에서도 이와 동일한 변화가 미국과 다른 여러 나라에서 함께 나타나고 있음을 볼 수 있다. 여성들은 남성과 상호주의적이고 평등한 관계를 위해서 투쟁해 왔으며, 그리고 그것을 얻었다(직장뿐만 아니라 결혼 생활에서도). 마찬가지로 부모 훈련 운동으로 큰 영향을 받은 부모들은 그 동안 아버지는 모든 것을 알고 있다는 식의 자녀 교육 모델인 '명령과 복종'의 방식을 버리고, 비독재적이고 비권위적이며 비처벌적인 방식을 선호하게 되었다. 점점 더 많은 부모들이 독재적인 자녀 교육이 자녀는 물론 부모와 자식과의 관계에 미치는 해악적인 영향을 이해하기 시작했다. 또한, 부모들은 자유방임주의적인 자녀 교육이 부모와 자녀의 욕구를 함께 만족시킬 수 있는 대안이 결코 될 수 없다는 것도 알게 되었다.

　교육 기관에서도 민주적 관계로 변화하는 추세를 볼 수 있게 되었는데, 교육 기관은 오랫동안 행정관리자와 교사, 교사와 학생의 관계는 물론 교사와 부모의 관계까지 강한 '지배자' 모델에 매달려 왔다. 그러나 학생을 강제로 지배하기 위해 교실에서 학생을 심하게 처벌하는 것이 이제는 더 이상 교사에게 허용되지 않고 있다. 우리는 그 동안 교실 내의 규칙을 정하는 데 학생들을 전적으로 참여시켜야 한다고 교사 역할 훈련(T.E.T.)을 통해서 교사들에게 늘 주지시켜 왔다. 그 성과로 교사들은 서로 협력하는 학생 학습팀을 구성하여 운영하고 있는데, 많은 연구들은 이같이 리더가 없는 학생 학습 모델의 유익한 면들을 보고하고 있다.

　이 책이 처음 출판되었을 때, 이 책에 대한 평은 '부드럽다'든지 또는 너무 '구성원 중심'이라는 것이었다. 비평가들은 리더들이 수많은 집단(group) 회의를 열고 집단 구성원들에게 '그들의 권위를 분배' 하는 것에 대해 회의적이었다. 당시 '효과적인 리더 역할 훈련(Leader Effectiveness Training, L.E.T.)' 은 전혀 다른 리더십 패러다임으로 여겨졌다. 많은 비평가들은 L.E.T.가 '집단의 지혜', '구성원의 자기 동기 부여' 그리고 '리더십 기능을 집단 구성원들에게 배분' 하는 것을 지나치게 신봉한다고 느꼈다. L.E.T.가 적극적 듣기 사용을 강조하는 것조차 조직에 심리요법과 '감성적' 행동을 끌어들이는 것으로 보았다. 그뿐만 아니라 L.E.T.는 집단 구성원의 '행복' 을 너무 강조하고, 문제 해결과 구성원의 업무 목표를 설정하는 데 있어서 구성원의 참여 효과를 지나치게 신뢰한다고 비판을 받았다.

그러나 25년이 지난 지금 우리는 조직 형태와 리더 역할에 대한 커다란 변혁을 경험하고 있다. 현재 널리 받아들여지고 있는 사실은, 효과적인 리더 역할의 핵심은 역량 있는 팀을 구축하고, 조직의 다른 부서 관리자/팀들과 동반자 관계로 일하는 능력이라는 것이다.

따라서 리더는 개개인의 전적인 개입과 참여가 존중되고, 기대되며, 요구되는 팀을 창조하고 구축하는 데 필요한 대인 관계 기술을 배울 필요가 있다.

말 그대로 그 동안 나온 수백의 논문과 책들은, 이 책에서 말하는 다음과 같은 대인 관계 기술을 훈련받은 새로운 리더가 필요하다는 사실을 확인해 주고 있다.

- 구성원들이 참여하는 집단 회의를 개발하고 리드하기.
- 상대방의 입장에 대해 공감하며 경청하기. [적극적 듣기]

- 비위협적으로 갈등 당사자와 맞서기(confrontation). 즉 수용할 수 없는 다른 사람의 행동을 바꾸기 위해 비권력적으로 그 사람에게 영향을 미치는 방법. [나-메시지]
- 갈등 당사자들 중 누구도 패배하지 않고 모두의 욕구를 충족시키면서 갈등을 해결하기. [무패 방법]
- 사람과의 의사소통에서 장애물 역할을 하는 12가지 대화 방식을 인식하고 피하기.
- 실적 평가에 비위협적인 방법 사용.
- 적절한 종류의 집단 회의 선택.

지금은 '관계 훈련'이 아주 중요한 것이 되었음에도 불구하고, 불행하게도 수많은 집단 구성원들은 여전히 효과적인 조직 구성원이 되기 위한 훈련을 전혀 받지 못하고 있다. 실제로 많은 조직들은 이 같은 훈련에 전혀 돈을 쓰지 않고 있다. 그러나 이제는 많은 조직들이 생존 차원에서 리더와 구성원들이 동반자 관계를 이루어 협력하면서 일하는 데 필요한 기술을 훈련시켜야 할 것이다. 조직은 이제 '학습 조직(learning organization)'이 될 필요가 있다.

1977년 L.E.T.를 출판한 이래, 내가 설립한 조직—원래 ETI(역할훈련센터)였으나 후에 GTI(Gordon Training International, 국제고든훈련센터)로 이름을 변경함—은 미국뿐만 아니라 러시아를 포함한 다른 20여 개국의 수백 개 조직의 관리자와 감독자들에게 리더십 훈련 과정을 제공하고 있다. 이 책은 바로 L.E.T. 과정의 교재이다. L.E.T. 과정 참가자들은 GTI로부터 인증받은 강사의 지도와 자신들이 직접 기술을 실습해 봄으로써 의사소통 기술과 갈등 해소 절차를 배우는 기회를 충분히 갖는다.

L.E.T. 과정 참가자들은 그들이 받은 훈련 중에서 가장 값진 것은 다른 훈련에서 경험하지 못했던 필요한 기술을 배운 점이었다고 말한다. 그들은 그 동안 컨설턴트나 책 저자들로부터 그들이 해야 하는 것들이 무엇인지만 들었다고 불평했다. 예컨대 구성원 참여, TQM(전사적 품질 경영), 팀 구축, 리더십 기능의 분배, 다양성 존중 그리고 최고 경영진의 다른 지시 사항 등등. 그러나 그들은 그것들을 어떻게 수행해야 하는가에 대해서는 거의 배울 기회가 없었던 것이다. L.E.T.는 바로 그들이 이 같은 프로그램들을 작동하도록 만드는 데 필요한 구체적인 의사소통 기술, 문제 해결 절차, 갈등 해소 방법을 제시하고 있다.

참여 경영이 앞으로도 지속될 것이라는 것은 너무도 명백한 사실이다. 당신이 지금 손에 들고 있는 이 책은 당신이 무엇을 해야 하는지, 그리고 그보다 더욱 중요한 과제인 그것을 어떻게 해야 하는지에 대해 당신에게 도움을 줄 것이다.

토머스 고든 박사
국제고든훈련센터 설립자

차례

1

성공하는 리더가 되는 길

'리더십'이라는 단어는 내가 알기로는 1800년경까지 영어에 나타나지 않았다. 그로부터 사회 과학자들이 리더십이라는 현상에 대해 진지한 연구를 수행하기까지 또 100년이라는 시간이 걸렸다. 그러나 지난 65년간 연구자들은 잃어버린 시간을 보충이라도 하듯 부지런히 리더십에 대해 연구하였다. 즉 사람들이 어떻게 리더가 되고, 어떻게 리더십을 유지하며, 어떻게 지지자를 획득하며, 어떻게 집단(group)의 성과에 영향을 끼치며, 또한 무엇이 리더를 리더답게 하는지에 대하여 연구하였다. 리더십 연구에 관한 포괄적인 조사 자료를 보면 그 참고문헌 수가 무려 3,000여 편으로 150쪽 분량이나 된다. 확실히 리더십은 철저하고 상세하게 연구되었다고 말할 수 있다.

그 동안 리더십 개념에 내포되었던 근거 없는 사회 통념의 허구가 상당 부분 밝혀져서 이제는 성공하고 효과적인 리더가 되기 위해 무엇이 요구되는지 비교적 정확하게 기술할 수 있게 되었다. 수천 편의 연구에 나와 있는 수많은 종류의 조직과 집단에 대한 견실한 연구 결과에 기초해서 효과적인 리더 역할 모델을 만들 수 있게 되었다.

이 책을 발간한 첫 번째 목적은 이 모델을 공공의 장(場)으로 가져와서 수많은 조직—정부, 사업 및 산업 조직, 대행회사 및 단체, 지역사회 조직, 학교와 가정—의 리더 위치에 있는 수많은 사람들이 이를 쉽게 이용할 수 있게 하려는 것이다.

대부분의 사람들은 일할 때나 예배드릴 때, 경기할 때, 공부할 때처럼 삶의 상당 부분을 집단 속에서 생활한다. 그리고 모든 집단은 싫든 좋든 리더를 필요로 한다. 그러나 리더는 집단을 만들어 내기도 하지만 깨기도 한다. 리더의 태도와 행동이 집단의 성과뿐만 아니라 집단 구성원들이 향유하는 만족도에도 강한 영향을 준다는 사실은, 많은 사람들이 교사, 행정관리자, 감독자, 위원회의 장, 코치, 관리자, 성직자와 선출된 관리들과의 직접적인 경험을 통해서 익히 알고 있는 바이다. 또한, 자주 간과되는 우리 사회의 실상 중 하나는 대부분의 사람들이 인생을 살면서 언젠가 한 번은 집단을 리드하는 위치에 서게 된다는 것이다. 예를 들면, 대부분의 사람들은 아이들과의 관계에서 리더의 위치에 서는 부모가 된다. 교사 역시 자기 학급에서는 학생의 리더이다. 어떤 위원회나 업무 그룹을 리드하도록 선발된 사람, 자원봉사 조직의 장으로 선출된 사람, 또는 스카우트나 캠프의 책임을 맡은 개개인도 모두 리더이다.

그런데 이처럼 다양한 리더 역할을 맡은 수많은 사람들 중에서, 얼마나 되는 사람들이 진정 보람을 맛보며 성취감을 경험할까? 얼마나 많은 사람들이 자기들의 성과에 대해서 정직하게 "일이 참 잘 되었다."고 평가할 수 있을까? 수많은 사람들이 자기 조직을 성실히 이끌려고 시도할 때 곤욕스런 저항—심한 경우에는 적대감과 질시와 적개심—과 마주치고 있지 않은가? 결국에는 많은 사람들이 "결단코, 다시는!"이라고 말하지 않던가?

만일 리더로서 겪은 경험이 괴로운 것이었다면, 그것은 거의 전적으로 리더 자신의 미숙함(비효과성) 때문이다. 그리고 대부분의 사람들이 효과적인 리더 역할에 대해서 어떤 훈련도 받지 못했다는 것을 고려하면, 리더 역할을 수행한다는 것이 때로는 얼마나 어렵고, 지치게 하고, 낙심하게 만드는 것인가를 쉽게 이해할 수 있게 될 것이다. 연구에 의하면, 리더가 실패하는 주된 이유는 그들이 다른 사람들과 긴밀히 일할 수밖에 없는 자리로 승진했기 때문이다. 다시 말해서, 리더가 다른 사람들과 좋은 관계를 형성하고 집단 중심의 팀을 구축하는 데 필요한 기술을 훈련받지 못했기 때문에 팀원들의 창의력을 이끌어 낼 줄을 모른다는 것이다. 즉 동등하거나 동반자적인 관계를 구축하는 방법을 모르기 때문에 리더가 실패하는 것이다.

이 책의 두 번째 목적은 리더가 최근의 효과적인 리더 역할 '모델'을 사용하기 위해서 반드시 배워야 하는 특수한 기술과 방법을 제시하는 것이다. 리더는 단지 모델을 이해하는 것만으로 충분하지 않고, 이 모델을 실천하기 위해서 필요한 기술을 반드시 익혀야 한다.

'상호 욕구 충족(mutual need satisfaction)'이라는 중요한 개념은 이 책의 3장에서 보다 상세하게 설명한다. 연구에 의하면, 성공하는 리더는 집단 구성원들로 하여금 그들의 욕구가 충족되고 있다고 느끼게 할 뿐만 아니라 리더 자신의 욕구도 충족시킬 수 있는 사람이다. 이것을 '공정한 사회적 교환'이라고도 한다. 그러나 리더가 이것을 어떻게 성취할 수 있을까? 상호 욕구 충족이라는 바람직한 결과를 얻기 위해서 리더는 과연 무엇을 또 어떻게 실천해야 할까? 당신은 이 같은 '어떻게'라는 질문에 대한 해답을 대부분의 다른 리더십 책에서는 찾지 못할 것이다. 그러나 욕구에 관한 갈등을 해소할 뿐만 아니라, 우리가 필요로 하는 '혜택의 공정한 균형'을 이루게 하는 특정한 방법이 분명히 존재한다. 이 중에서 가장 중요한 방법은 이 책의 9장과 10장에서 설명하고 있는 '무패 방법(No-Lose Method)'이다. 리더는 6가지 단계의 갈등 해소 과정을 통해서 연구자들이 이상이라고 말했던 것을 실제화함으로써 이론을 실천할 수 있게 된다.

연구에 의하면, '참여의 원리' 역시 아직도 변함없이 유효하다. 즉 집단 구성원들은 그들이 집단의 변화 방향에 대한 의사 결정에 참여하거나, 또는 그 변화의 실천 방안에 대한 의사 결정에 참여할 경우에 새로운 아이디어와 업무 방식을 보다 흔쾌히 수용한다. 이 책의 독자들은 대부분의 리더십 책들이 효과적인 리더십을 위한 하나의 이상적인 조건으로 '구성원 참여'를 주창하고 있음을 알고 있을 것이다. 그러나 리더가 실제로 이것을 효과적으로 실천할 수 있도록 그 방법을 정확하게 기술한 책은 거의 찾아볼 수 없을 것이다. 이 책의 7장에서는 '참여 경영' 개념을 분할해서 먼저 리더가 구성원들의 참여 정도를 목적에 맞게 조절하여 이용하는 방법을 제시한 다음, 참여를 조장하기 위해서 리더가 이용할 수 있는 회의(會議)를 종류별로 기술한다.

이 책은 다음과 같은 기술과 방법 등을 제시하고 있다. 그룹 구성원들이 자신들의 문제를 터놓고 말할 수 있게 하는 듣기 방법, 구성원들로 하여금 리더의 욕구를 심사숙고하게 만드는 말하기 방법, 효율적으로 회의를 진행하는 방법, 문제를 파악하고 좋은 해결 방안을 효율적으로 찾는 방법, 규칙 위반을 다루는 방법, 구성원들 스스로 실적 목표를 세우게 하는 방법, 비위협적인 방식으로 실적 평가를 하는 방법 등등.

몇몇 기술과 방법은 내가 오래전에 인사 담당 컨설턴트로 일했던 여러 조직의 리더들과 현장의 문제를 공동으로 연구하면서 나 스스로 개발한 것들이다. 적극적 듣기(Active Listening)를 비롯한 다른 기술과 방법은 칼 로저스 박사와 그리고 나를 직업적인 '조력자'로 훈련시킨 분들과, 내가 임상 심리학자로서 함께 일했던 동료들로부터 배웠다. 세월이 흐르는 동안 나는 점점 더 이 기법들을 신뢰하게 되었다. 나는 이것이 효과가 있다는 것을 안다. 나는 또한 이 기술과 방법들이 대부분의 리더들이 배워 습득할 수 있는 것이라는 것도 확신한다. 이 신념은 내가 40년 넘게 '효과적인 리더 역할 훈련(L.E.T.)' 과정에서 수천 명의 리더들을 훈련시킨 경험과, '효과적인 교사 역할 훈련(T.E.T.)' 과정에서 수십만 명의 교사들과 교장들을, 그리고 '효과적인 부모 역할 훈련(P.E.T.)' 과정에서 백만 명 이상의 부모(가정의 리더)들을 훈련시킨 경험에 근거한 것이다.

만일 조직의 모든 계층에 있는 모든 리더가 L.E.T. 과정을 훈련받는다면 이 기법들은 조직에 충격적인 영향을 줄 것이다. 그러나 조직의 많은 리더들 중에서 단지 한 사람만 이 기술과 방법을 익힌다고 하여도 그 효과는 조직 내의 다른 사람들이 확연히 느낄 정도이다. 이 사실은 시카고대학교에서 수행된 연구에서 밝혀졌다. 다음은 이 책에 나오는 L.E.T. 기법을 조직 내에서 유일하게 배운 어떤 공장장에 대해 사후 평가한 결과이다.

이 사람이 리더십 스타일을 바꾸고 공장장 직책을 맡은 지 1년 후에, 그가 이끄는 그룹의 구성원(감독자 11명)과 최고 경영진(전체 12명)을 대상으로 이 공장장에 대한 심층 면담을 실시했다. 그런데 공장장에 대해 기술한 160개의 답변 중에서 단지 5개만이 바람직스럽지 못한 점을 나타낼 뿐이었다. 이 리더에 대해서 자주 언급된 특징은 다음과 같았다.

- 이해심을 갖고 듣는다 ; 문제를 토의하려 한다 ; 아이디어에 대해 개방적이다 ; 듣기 위해서 시간을 낸다. (27개 답변)
- 지원하고 돕는다 ; 후원한다 ; 다른 사람의 입장에 선다 ; 다른 사람의 문제를 기억한다. (19개 답변)
- 팀 접근 방식을 사용한다 ; 집단을 도와 보다 나은 결론에 도달하도록 한다 ; 협조가 원활히 이루어지도록 한다. (19개 답변)
- 감독을 심하게 하지 않으려고 한다 ; 상사 티를 내지 않는다 ; 강요하지 않고 까다롭게 다루지 않는다. (18개 답변)
- 권한을 위양한다 ; 그룹을 신뢰한다 ; 그룹의 판단을 믿는다 ; 그룹이 스스로 결정하는 것을 허용한다 ; 다른 사람들의 창의력에 대한 믿음이 있다. (17개 답변)
- 개방적이고 솔직하게 의사소통한다 ; 자신이 생각하는 바를 말해준다 ; 그가 말하는 것을 신뢰할 수 있다. (11개 답변)
- 사람들로부터 장점을 끄집어 낸다 ; 작업자와 공통되는 점이 있다. (8개 답변)

또한, 심층 면담 결과에 의하면 이 공장장이 습득한 새로운 기술과 방법이 회사에 가져온 효과는 다음과 같았다.

- 모든 부서 간의 협력과 업무 조정 개선. (21개 답변)
- 감독자들의 행동 및 개인적 성장에 긍정적 효과. (19개 답변)
- 생산과 이익 증대. (11개 답변)
- 의사 결정과 해결 방안의 질 향상. (7개 답변)
- 생산 계획과 작업 준비 개선. (5개 답변)
- 효율성 증대 및 원가 절감. (4개 답변)
- 의사소통 개선. (3개 답변)

이 자료는 주관적일 수밖에 없지만, 자료 수집 자체는 연구 결과와 아무런 이해관계가 없는 독립적인 기관이 수행했다. 따라서 나는 이 연구를 통해서 L.E.T. 기법을 리더들이 습득할 수 있다는 믿음을 확인했다. 그뿐만 아니라 회사에서 단지 한 리더만이라도 L.E.T. 훈련을 받는다면 이 새로운 기법은 그 리더가 이끄는 집단은 물론 경영진의 눈에 쉽게 띌 정도로 영향력이 있으며, 조직의 성과에 긍정적인 결과를 가져온다는 것을 확신하게 되었다.

나는 또한 이 책이 리더십에 대해 일고 있는 몇몇 무익한 논쟁과 사회에 만연되어 있는 잘못된 통념을 일소하는 데 기여하기를 바란다. 아마도 가장 주된 논쟁은 '인간관계 중심' (또는 사람 중심)의 리더가 '업무 중심' (또는 생산 중심)의 리더보다 탁월한지 여부에 관한 것이다. 그러나 연구 결과는 성공하는 리더는 반드시 '인간관계 전문가' 인 동시에 '업무 전문가' 이어야 한다는 것을 분명히 보여 주고 있다. 효과적인 리더의 역할은 사람들을 온당하게 대하면

서 사람들에게 동기를 성공적으로 부여하여 높은 업무 성과를 내
게 하는 것이다. 이 둘 중에서 한 가지가 결여된다면 아무 소용이
없는 일이다.

그리고 이와 유사한 논쟁으로는 리더가 엄해야 하는지 아니면 자
유방임적이어야 하는지에 관한 것이다. 이 책의 8장에서 나는 이
두 가지 접근 방법 모두에 내포된 위험을 지적하면서 리더가 권력
을 이용하여 상호 갈등 상태에 있는 구성원을 이기려고 하거나, 반
대로 리더가 져줌으로써 구성원이 이기도록 하는 것에 대하여 주
의를 주려고 한다. 내가 생각하는 효과적인 리더십의 핵심 부분에
는 권위적인 방법도 아니며 그렇다고 관용적인 방법도 아닌 제3의
대안이 있다. L.E.T. 과정에서는 이것을 리더와 구성원의 욕구와
연관된 갈등을 해소하기 위한 '무패 방법' 이라고 부르는데, 그 이
유는 이 방법이 상호 욕구 충족, 즉 아무도 패배하지 않는 해결 방
안을 만들어 내기 때문이다. 어떤 저술가들은 '사회적 교환 이론'
을 인용하여, 리더나 집단 구성원 쌍방 모두가 갈등 해결책이 공정
하다고 느끼기 때문에 이런 이상적인 결론을 '편익(便益)의 공정한
교환' 이라고도 부른다. 독자는 이 책의 9장과 10장에서 이 무패 방
법을 사용하여 갈등을 해소하는 방법을 단계적으로 배우게 될 것
이다.

리더들을 두 진영으로 갈라놓는 또 다른 쟁점으로는 이른바 회
의의 가치에 관한 것이다. 어떤 리더들은 회의가 시간을 너무 많이
소모하고, 제대로 된 결론을 도출하는 경우가 거의 없고, 단지 '무
지(無知)의 집합' 에 불과하다는 이유로 회의를 싫어한다. 반면에
다른 리더들은 회의는 필수적인 것으로 '참여' 를 조장하고, 구성
원들의 창의적인 잠재력을 일깨우며, 보다 높은 양질의 의사 결정

을 만들어 내는 것이라고 확신한다. 나는 이 책의 7장 전체를 '회의'라는 주제에 할애하는데 그 이유는, 회의는 필요한 것인데도 리더가 적절한 기술을 갖추고 있지 못하여 비효과적인 회의가 되든지, 리더들이 회의를 그릇된 목적으로 이용하는 경우에 회의가 종종 비생산적인 것이 되거나 지루하게 되고 시간을 허비하게 된다고 믿기 때문이다.

나는 몇 가지 종류의 회의에 대해서 기술하고 언제, 무슨 목적으로 어떤 종류의 회의를 이용해야 하는지에 대해서 내 의견을 말할 것이다. 나는 또한 문제 해결 및 의사 결정 회의를 보다 효율적이고 생산적인 것이 되게 하는 17가지 지침을 제시한다. 이 지침 속에는 회의 주기와 시간, 의사록 기록 방법, 의제를 개발하고 우선 순위를 정하는 방법, 집단에게 적합하지 않은 문제점을 선별하는 법, 의사 결정을 내리는 규칙, 회의 기밀에 대한 지침과 회의 자체를 평가하는 방법 등이 들어 있다. 또한, 집단 구성원들이 보다 높은 책임 의식을 갖고 회의에 참여하게끔 만드는 몇 가지 지침도 제시할 것이다.

이 책은 다음과 같은 3가지 중요한 특징을 갖고 있다.

(1) 사회 과학자들의 연구 결과에서 최고의 견해를 추출하고 종합하고자 했다.
(2) 리더와 구성원 간의 이상적인 관계에 대한 모델을 비전문적인 언어로 서술하여 독자의 이해와 활용이 쉽도록 했다.
(3) 이 모델을 실제로 적용하기 위해서 리더가 반드시 배워야 할 기술과 방법을 제시했다.

그렇지만 이것이 전부는 아니다. 나의 경험에 의하면 리더가 먼저 '권력'과 '권위'라는 극히 중대한 문제를 제대로 다루지 못한다면, 어떤 리더도 결코 자신의 효과적인 역할을 크게 향상시킬 수 없다. 따라서 권력과 권위에 대한 나의 견해를 뚜렷하게 밝히기 위해서 각별히 노력했다. 그런데 L.E.T. 과정에 참가하는 리더들이나 또는 리더십 전문가들이 실제로 이 용어를 사용하는 것을 보면 그 의미는 가지각색이다.(바로 이 사실이 리더가 권력이나 권위를 사용해야 하는지 여부에 대해서 사람들의 견해가 날카롭게 대립하는 이유를 부분적이나마 설명해 준다).

이 책의 8장에서는 서로 다른 3가지 종류의 권위를 정의한다. 첫 번째로 권력(처벌 또는 보상하는 수단)에서 나오는 권위에 대해서 설명하고, 두 번째로 맡은 직무에서 오는 권위, 세 번째로 전문적 기술과 지식에서 오는 권위에 대해서 설명한다. 두 번째와 세 번째의 권위는 인간관계에 거의 문제를 초래하지 않는다. 그러나 첫 번째 경우의 권위는 파괴적인 인간관계를 피할 가능성이 거의 없으며, 장기적으로는 조직의 의욕과 생산성을 저하시킨다. 더욱 심각한 사실은, 만일 리더가 힘을 사용한다면 실제로 리더는 자기 집단 구성원에 대한 영향력을 상실하게 된다는 것이다. 나는 이 역설을 이 책의 8장에서 설명한다. 사람에게 권력을 사용하지 않고 영향력을 행사하는 것이 효과적인 리더 역할의 핵심이다.

조직과 사회 제도에서 일어나는 변화를 눈여겨본 사람은 이미 인간관계에 있어서도 의미심장한 혁명적 변화가 시작되었음을 부인할 수 없을 것이다. 사람들은 다른 사람들이 존경하고 존중하는 자세로 자신들을 대해 주기를 원한다. 사람들은 직장에서 자신들의 목소리를 높이고자 한다. 사람들은 강요당하거나 이용당하지 않으려고 한다. 사람들은 자존심을 살릴 수 있고 의미와 보람을 주는 일을 요구하고 있다. 사람들은 또한 비인간적인 업무 환경에 대해서는 지극히 인간적인 방법인 전직(轉職), 결근, 무관심, 반목과 태업(怠業) 등의 수단을 사용하여 이에 저항한다.

조직 생활에서 '인간적 요소가 무엇보다 중요하다'는 것을 인정하고 좋은 인간관계의 중요성을 뼈저리게 느끼는 리더들에게 이 책은 소중한 기술과 방법을 가르쳐 줄 것이다. 만일 당신이 권력으로 상대방을 억압했을 때 일어나는 파괴적인 결과를 피하고자 한다면, 이 책에서 권력을 사용하지 않는 여러 가지 대안을 찾을 수 있을 것이다. 만일 당신이 독단적으로 결정하는 방식을 바꾸고자 한다면, 의사 결정을 위한 팀을 만드는 방법도 찾아볼 수 있을 것이다. 만일 개방적이고 솔직한 양방향 의사소통을 통해서 리더 당신이 구성원들의 마음을 움직이기를 원하고, 또한 그들이 당신의 마음을 움직이기를 원한다면, '적극적 듣기'와 '나-메시지(I-Message)' 기술이 그 해답이 될 수 있을 것이다.

마지막으로 지적하고 싶은 점은 이 책이 결코 시도하지 않는 것이 한 가지 있다는 것이다. 즉 이 책은 이 리더십 모델을 적용했을 경우에 예상되는 결과와 성과에 대하여 언급하지 않는다. L.E.T.는 다만 방법론(methodology)을 가르칠 뿐이다. 각각의 조직은 이 방법론을 사용할 경우에 서로 다른 결과를 얻게 될 것이다. 그것은 방법론 적용 결과가 각 조직이 수행하는 일의 종류, 리더와 함께 일하는 구성원의 유형, 그리고 각 조직의 재정경제적 제약 등과 같은 다양한 요인에 의해 영향을 받기 때문이다. 새로운 리더십 기술이 어떤 회사에서는 원가 절감과 직원의 사기를 북돋울 수 있을 것이다. 다른 회사의 경우에는 새로운 인간관계 기술이 17,000여 명의 직원이 근무하는 운송 회사인 아메리칸 프레이트웨이(American

Freightway)가 경험했던 것과 유사한 결과를 가져올 수도 있을 것이다. 이 회사의 교육센터 책임자인 조지 슐츠는 L.E.T. 성과를 다음과 같이 지적했다.

- 직원의 직무 만족도 향상.
- 업무 운영에 새로운 아이디어와 새로운 방식 적용 사례 증가.
- 직원의 이직률 감소.
- 업무 능력과 기술의 향상.
- 생산성 향상.

"성과는 아주 긍정적입니다. 이제 감독자들은 자기 업무와 직원들을 새로운 방식으로 대하고 이전보다 직원들과 더 협조하면서 공동의 목표를 위해서 일하려고 합니다. 그렇지만 가장 멋진 결과는 L.E.T. 과정 수료생들이 들려주는 수많은 개인적인 성공담일 겁니다. 여러 감독자들과 부서 책임자들이 제게 와서는 자신들의 인간관계가 어떻게 회복되고 개선되었는지 말해 주곤 하죠."

새로운 리더십 기술은 또한 우리 조직(GTI)의 경우처럼 아래와 같은 변화를 가져올 수도 있다.

- 근무 시간 자유 선택 제도를 도입하여 결근 감소.
- 새로운 훈련 프로그램의 설계와 개발에 소요되는 시간의 획기적인 단축.
- 경영 회의에 참여를 원하는 모든 직원들에게 문호 개방.
- 조직 구성원의 계층별 신분 격차의 축소.
- 모든 직원들을 해당 업무 그룹이나 또는 '경영팀'에 배속시킴.

또한, 리더십 스타일의 변화는 다음과 같이 다양한 결과를 가져올 수 있다. 즉 노동조합과 보다 성숙하고 협조적인 관계, 전통적인 실적 평가 방법 대신에 정기 기획 회의(Periodic Planning Conference, PPC) 도입, 이익 증가, 각 집단의 실적에 근거한 이익 분배 시스템 도입, 고객과의 관계 개선, 개선된 의사소통 시스템 개발, 작업장 환경 개선, 업무 순환 시스템 도입, 제품을 생산하는 작업자에게 제품 검사 책임 부여, 힘든 3D 작업의 업무 개선, 조립 라인 운영 책임을 생산 작업자에게 부여, 더 많은 수의 장애인 고용, 소수 민족 출신자 채용 증대, 그리고 관리자 훈련 강화 등등.

만일 리더가 구성원들 속에 억눌려 있던 생산적인 잠재력을 자유롭게 할 수 있고, 집단의 단합된 역량을 분출시킬 수 있는 기법을 습득한다면 이 같은 결과는 어느 것이나 실현 가능할 것이다. 어떤 긍정적인 결과가 나올지 누가 장담할 수 있겠는가? 누군가는 산을 옮길지도 모를 일이다.

2

리더의 지위가 리더를 만드는 것은 아니다

프랭크 롱은 자기가 일하는 봉사 클럽에서 회장으로 선출되었다. 거의 같은 시기에 스테이시 래스롭은 자기 은행에서 모든 현금출납원을 감독하는 관리자로 임명되었다. 엘리자베스 홀은 드디어 일생 동안의 야망이었던 판매 담당 부사장이 되었다. 6년 동안 제조 회사에서 일선 감독자로 일한 빌 모리슨은 공장장으로 승진했다. 루이스 린들리는 커다란 표 차이로 한 중서부 대학의 학생회 회장으로 선출되었다.

친구들은 그들이 그런 위치에 오른 것은 너무나 당연한 일이라고 말하며 그들의 장래를 축하해 주었다. 어떤 사람은 기쁨에 들뜬 채 즉시 자기 남편에게 전화를 걸어 이 좋은 소식을 전해 주었다. 어떤 이는 승진을 기념하기 위해 온 가족을 데리고 나가 저녁 식사를 했다. 모든 이들은 자기들이 성취한 것에 대해 뿌듯함을 느꼈다. 또한, 그들은 각자 마음속으로 "드디어 도달했구나." 혹은 "이젠 출세 길에 들어선 거야." 또는 "정상에 올랐구나."라고 느끼며 감격해 마지않았다.

이러한 것들이 리더십 지위에 임명된 사람들의 보편적인 반응이다. 그들은 "내가 해냈다."고 느낀다. 하지만 사실은 리더의 위치를 차지했다고 누구나 리더가 된 것은 아니다. 그것은 단지 시작에 불과하다.

리더라는 지위가 리더를 만드는 것은 아니다. 왜냐하면 만일 당신이 한 집단의 리더가 되었다면, 그 집단 구성원들의 지지를 얻고 그들의 행동에 영향을 미치기까지는 많은 일을 해야만 하기 때문이다. 더욱 중요한 사실은 감독자, 부서장, 사장, 매니저, 관리자 또는 그저 보스(boss)라는 리더 직함은 조만간 예상치 못한 실망과 달갑지 않은 문제를 야기한다는 점이다. 의문의 여지 없이 당신은 구성원들 중에서 누군가 당신의 승진을 질투하고 있다는 낌새를 눈치채게 될 것이다. 아마 어떤 사람은 자신이 그 자리를 차지하지 못했기 때문에 당신에게 분노를 드러낼지도 모른다. 그 사람의 눈에 당신은 그 자리를 차지할 만한 자격이 없는 사람으로 보이고, 그 자리는 마땅히 그 자신의 것으로 보이기 때문이다.

그리고 집단 구성원들이 당신을 대하는 방법에서 어떤 미묘한 (어떤 것은 그렇게 미묘한 것은 아니지만) 변화를 감지하게 될 가능성 또한 크다. 단지 몇 주일 전만 해도 당신의 친구였던 사람들이 이제 당신을 피하고 점심을 먹으러 가는 데도 함께 끼어 주지 않으려고 한다. 어떤 이들은 아마도 당신을 두려워한다는 신호를 보내기 시작할지도 모른다. 즉 그들의 행동은 방어적인 자세로 변하고, 대화는 조심스러워지며, 그들의 문제를 더 이상 솔직하게 털어놓으려고 하지 않는다. 어떤 이들은 당신에게 공공연히 알랑거리며 아부하기 시작할지도 모르며, 다른 어떤 이들은 당신에게 지나치게 비판적인 행동을 할 수도 있다. 그리고 당신의 새로운 계획이나 건설적인 제안이 비정상적으로 완강히 반대하는 사람들의 저항에 부딪힌다고 하여도 결코 이상한 일이 아니다.

여러분이 리더가 되면 구성원과의 관계에 상당한 변화가 발생하는 것은 거의 불가피하다. 전에는 여러분을 동료나 친구로 대하던 사람들이 갑자기 태도를 바꿔서 여러분을 대하게 된다. 예컨대 당신은 '저기 위'에 있고, 나는 당신 '밑'에 있다든지, 나는 당신에게 보고하는 처지일 뿐 당신이 모든 것을 관리하고 있다는 태도로 대한다.

만일 여러분이 외부로부터 새 리더로 영입되어 조직에 들어온 경우에도 다양한 종류의 비우호적인 반응—의심, 불신, 적대감, 비굴함, 수동적인 저항, 불안—과 마주칠 준비를 갖추어야 할 것이다. 그리고 누군가는 여러분이 새 업무를 수행하다가 실패하여 체면이 깎이는 것을 보고 싶어하기까지 한다는 것도 간과하지 말라.

사람들은 이같이 내면 깊숙이 자리잡고 있는 부정적인 반응을 자연스럽게 내보이게 된다. 사람들은 어렸을 때부터 이 같은 반응을 배웠다. 리더는 각 구성원에게 존재하는 '내면에 있는 옛적 아이(inner child of the past)'를 물려받는 것이다. 우리들 각자는 다양한 어른들과 여러 모양의 관계를 맺으며 보낸 어린아이로서의 과거가 있다. 어머니, 아버지, 할머니, 할아버지, 교사, 코치, 스카우트 리더, 피아노 강사, 교장, 특히 악명 높은 훈육주임이 그들이다. 우리가 어렸을 적에 이 어른들은 모두 힘과 권위를 갖고 있었고, 대다수 어른들은 자주 그것을 사용했었다.

이런 '권위적인 인물'과 맞서기 위해서 아이들은 이런저런 행동을 시도해 본다. 어떤 대처 수단은 효과적인 것으로 판명되고, 다른 어떤 것들은 비효과적인 것으로 드러난다. 그 중에서 효과가 있는 것들은 자꾸만 사용하게 되고, 결국에는 아이들을 통제하고 지배하려고 드는 모든 어른들에게 습관적으로 사용되어지는 대처 수단이 된다.

이런 대처 수단은 아이들이 사춘기를 지나고 성인이 되어도 폐기되는 법이 거의 없다. 이 대처 수단은 성격의 한 부분으로 남아서, 그 사람이 힘이나 권위를 갖고 있는 다른 사람들과 관계를 맺을 때마다 그 자신도 모르게 무의식적으로 튀어나오게 된다. 이처럼 모든 성인들은 지극히 실제적인 의미에서 '내면에 있는 옛적 아이'들을 은밀히 감추고 있으며, 이것은 그들이 리더에게 반응하는 방식에 강한 영향을 준다.

사람들은 권위를 갖고 있는 인물과 새로운 관계를 맺어야 하는 처지가 되면, 오랜 세월 동안 습관적으로 사용해서 내면에 뿌리박힌 이 같은 대응 방안을 자연스럽게 이용한다. 이것이 새 리더가 집단의 구성원 개개인의 내면에 있는 옛적 아이를 물려받는 이유이다. 구성원들 특유의 대처 수단은 이미 존재하고 있으며 언제든지 사용될 준비가 되어 있다. 즉 리더가 그것을 만들어 낸 것이 아니다. 그럼에도 불구하고, 구성원들은 처음에 대부분의 리더들을 잠재적인 자신들의 통제자나 지배자로 인식하기 때문에 리더가 권력과 권위를 사용할 의사가 없다고 하여도, 구성원들은 그런 방식으로 리더를 대하게 된다.

당신은 틀림없이 다음 목록에 있는 대부분의 대처 수단을 기억할 것이다. 목록 중에는 어릴 때 자주 쓰던 대처 수단뿐만 아니라 성인이 된 지금도 사용하는 것이 있을 것이다.

1. 저항, 반항, 반역, 거절.
2. 원망, 분노, 적의.
3. 공격, 보복, 앙갚음, 권위적인 사람을 조롱.
4. 거짓말, 감정 숨기기.
5. 다른 사람에게 책임 전가, 고자질, 속이기.
6. 지배하기, 우두머리 행세하기, 힘없는 사람 괴롭히기.
7. 무조건 이기려고 하고 지는 것을 혐오함, 완벽주의.
8. 다른 사람과 연대 형성, 조직적으로 권위적인 사람에게 대항.
9. 복종, 순종, 추종, 비굴.
10. 권위적인 사람에게 아첨하기, 비위 맞추기.
11. 순응, 새롭거나 창의적인 시도를 두려워함, 사전에 성공에 대한 보장을 요구, 권위적인 사람에게 의존.
12. 도피, 회피, 헛된 생각에 빠지기, 퇴행.
13. 병에 걸림.
14. 울기.

이제 당신이 리더 지위에 올랐다고 해서 리더가 된 것이 아닌 이유가 보다 분명해지지 않았는가? 사실 당신은 리더가 되었다고 말할 수는 있다. 그것은 당신이 집단의 리더십을 획득하기 훨씬 이전에 당신은 이미 집단 구성원들의 눈에는 잠재적인 통제자와 지배자로서 새로운 위상을 가지고 있기 때문이다. 그리고 당신이 권력과 권위를 행사하기 훨씬 전에 이미 집단 구성원들은 여러 대처 수단을 사용해서 그것에 대응할 만반의 준비를 해 놓았다.

물론 나는 리더가 되기를 간절히 바라는 사람들의 용기를 꺾을 의도는 없다. 그보다 나는 리더와 구성원들 사이의 관계를 좌우하

34

는 변화무쌍한 현상에 대해서 아주 현실적이 되고 싶을 뿐이다. 그리고 이 책의 주제를 강조하려고 하는 것이 내가 원하는 것이다. 즉 리더는 자동적으로 구성원의 존경과 지지를 얻을 수 없기 때문에 단지 리더의 지위가 진정한 리더를 만들어 주는 것은 아니다. 따라서 리더는 집단의 리더십을 획득하고 그 구성원들에게 긍정적인 영향력을 발휘하기 위해서 반드시 특수한 기술과 방법을 익혀야 한다.

▬▬▬ 무엇이 리더를 만드는가?

사회 과학자들이 리더십을 정식 연구 주제로 삼기 시작한 불과 60~70년 전까지만 해도 대다수 사람들이 리더에 대해서 가지고 있던 견해는 '리더는 태어나는 것이지 만들어지는 것이 아니다.' 라는 것이었다. 사회적인 높은 계급 장벽 때문에 아무나 리더가 된다는 것이 거의 불가능했던 지난 옛날에는 일부 혜택받은 가문에서 리더가 자주 출현했기 때문에 리더십은 물려받는 것처럼 보였다. 그런 계급 장벽이 허물어지면서, 사회 모든 계층으로부터 리더가 나온다는 것이 분명해졌다. 리더십은 알맞은 유전자를 갖고 태어나거나 특정한 가문에서 태어나는 것보다 훨씬 복잡하다는 사실은 이제 상식이다.

만일 특정한 유전자 때문이 아니라면, 아마 모든 리더들은 양육이나 교육을 통해서 습득한 어떤 특성이나 혹은 특징을 갖고 있을 것으로 생각되었다. 이 견해는 연구자들로 하여금 리더가 소유한 보편적 특성을 탐색하도록 만들었다. 그러나 수백 편의 연구는 리더와 리더가 아닌 사람 사이에 아무런 특성의 차이가 없음을 보여 주었다. 이 같은 연구 결과는 리더십은 모든 리더 안에 존재하는 어떤 특정한 속성의 산물이라는 이론을 무력하게 만들었다.

그런데 사회 과학자들이 리더십을 리더와 그의 지지자들 간의 상호작용으로 보기 시작하면서 리더십 이론 면에서 비약적인 진전이 있었다. 마침내 사회 과학자들은 리더의 영향력을 수용하거나 거부하는 사람은 결국 다름 아닌 지지자들이라고 추론했다. 그렇다면 이때 핵심적인 의문은 이것이 된다. 지지자들은 왜 그들의 리더를 수용하는 것일까? 또 왜 거부하는 것일까? 도대체 이 상호작용 안에서 무슨 일이 일어나고 있는 것일까?

분명히, 지지자 없는 리더는 있을 수 없다. 당신은 당신의 영향력과 지도, 그리고 지시를 수용하는 집단 구성원을 갖지 않고 오랫동안 리더 노릇을 할 수는 없는 것이다. 그렇다면 리더는 어떻게 지지자들을 획득하는 것일까?

이 기본적인 의문에 대한 해답은 우리가 모든 인간이 갖고 있는 욕구를 이해하고 그들이 이 욕구를 충족시키기 위해서 어떻게 몸부림치는지 이해할 때 선명하게 드러난다. 너무 간략한 감이 없지 않지만, 리더가 지지자를 얻는 법은 다음과 같이 설명할 수 있다.

1. 모든 사람들은 생존 차원에서 욕구를 충족시키거나 긴장을 완화하기 위해서 끊임없이 분투한다.
2. 욕구를 충족시키기 위한 수단이 필요하다.(예컨대 도구, 음식, 돈, 체력, 지식, 정보 등.)
3. 대부분의 개인적인 욕구는 다른 사람 또는 집단과의 관계 속에서 충족된다. 따라서 사람과 집단은 우리의 욕구 충족을 위해서 우리

가 가장 심하게 의지하는 수단이 된다.(우리는 자신의 식물을 재배하지 않고, 자신의 옷을 만들자 않으며, 자신을 교육시키지 않는다.)

4. 사람은 자신의 욕구를 충족시키는 수단을 소유하고 있는 것처럼 보이는 다른 사람과 관계를 맺기 위해 열심히 활동한다.

5. 사람들은 어떤 집단의 구성원이 되면 욕구를 만족시키는 수단을 얻을 수 있을 것으로 기대하기 때문에 그 집단에 합류한다. 반대로 사람들은 더 이상 그들의 욕구를 충족시킬 수 없으면 그 집단을 떠난다.

6. 집단 구성원들은 리더가 갖고 있는 수단을 통해서 그들의 욕구를 만족시킬 수 있을 것으로 생각할 때에만 리더의 영향과 지시를 수용한다. 즉 사람들은 그들이 필요로 하거나 원하는 것을 얻게 할 것으로 믿는 리더를 따른다.(그리고 그들의 행동이 리더의 지시를 받는 것도 허용한다.)

　즉 집단 구성원들의 관점에서 볼 때 리더를 따르는 것이 그들의 욕구가 충족될 것이라는 약속을 의미할 때만, 리더는 리더로서의 역할을 획득하고 유지한다. 이 책은 이 약속을 지키기 위해서 없어서는 안 될 태도, 기술, 방법과 절차를 밝히고 기술한다. 어떤 이들은 리더십을 효과적으로 획득하고 유지하는 반면에 다른 이들은 어째서 그렇지 못한가 하는 것은 더 이상 신비한 일이 아니다. 사회 과학자들은 연구와 관찰을 통해서 효과적인 리더십을 위해서 결정적으로 중요한 여러 가지 요구 조건을 파악해 냈다. 내 목표는 이 지식을 정리해서 리더가 되기를 간절히 바라는 사람들이 쉽게 이해하고 이용할 수 있게 만드는 것이다.

■■■■■ 리더의 딜레마

집단 구성원*의 욕구를 충족시켜서 지지자를 획득하는 것이 효과적인 리더십의 모든 면을 말하는 것은 아니다. 동전의 다른 한 면에는, 리더는 반드시 자기 자신의 욕구도 성공적으로 충족시켜야 한다는 사실이 있다.

사람들이 단지 집단 구성원들의 욕구를 충족시키기 위해서 리더십 지위를 추구하는 경우는 거의 없다. 리더 역시 인간이다. 그들도 높은 지위와 업적, 보다 많은 보수, 포상, 자긍심, 안정, 소속감 등과 같은 것들에 대해서 인간이라면 누구나 갖는 욕구를 갖고 있다. 사실, 보통 이런 욕구는 집단 구성원들의 그것과 똑같다. 만일 그들이 그 리더십 지위에서 자신들의 욕구를 만족시키는 방법을 찾을 수 없다면, 그 자리에 오래 머물고 싶어하지도 않을 것이다. 리더가 자신의 여러 가지 욕구가 만족되지 않고 있다는 사실을 안 후에도 자신의 책무를 참고 감당해야 할 경우라도, 그는 조만간 집단 구성원들의 욕구 충족을 위해서 자신이 반드시 수행해야 하는 노력을 다할 수 없게 될 것이다.

그 이유는 명백하다. 사람들은 '반대급부적인 혜택' 을 받고 있다고 느낄 때에만 다른 사람들에게 득이 되는 일을 하기 위해 계속해서 에너지를 쓰기 때문이다. 인간관계에 있어서 편익의 일방적인 공여에는 항상 한계가 있다. 이 원리는 "네가 내 등을 긁어 주면, 나는 네 등을 긁어 주겠다."는 말로 표현할 수 있다.

---

*이 책에서 나는 '집단 구성원', '팀원', '피고용인', '직원' 이라는 용어를 상호 교환적으로 사용했다. 또한, 리더를 지칭하기 위해서 '감독자', '관리자', '책임자', '매니저' 그리고 '보스(boss)' 와 같은 여러 가지 용어를 사용했다. 나는 보스라는 용어를 좋아하지 않지만 사회에서 흔히 통용되고 있으므로, 이것을 전혀 사용하지 않는다면 비현실적일 것이다.

'가득 찬 컵의 원리'도 이 경우에 적절한 비유이다. 내가 다른 사람들에게 계속해서 줄 수 있으려면(내 컵의 물을 마시게 하여), 나는 반드시 가득 찬 컵을 가지고 있어야 하고 나 자신을 보충하는(내 컵을 계속 가득 채우는) 방법을 찾아야 한다. 이 원리의 중요성은 직업적으로 남을 돕는 조력자의 경우를 보면 잘 이해할 수 있다. 만일 조력자가 자신의 개인적인 생활에서 어려움과 욕구 박탈을 경험한다면 이 조력자가 남을 돕는 능력은 심각한 손상을 입게 된다. 이것이 바로 그렇게도 많은 전문 치료사들이 자신들의 직업적인 컵을 채우기 위해서 다른 치료사들을 찾는 이유이다.

한편, 어떤 조직에서든지 모든 리더들이 갖는 강한 욕구 중에는 자신들의 보스 눈에 잘 보이려는 것이 있다. 사실 리더가 갖는 자기 존중 의식의 상당 부분은 자신의 상사가 언급한 말과 평가에 기인한다. 더더욱 중요한 사실은 만일 리더가 자기 보스의 기대와 목표에 미치지 못한다면(조직의 목표 달성 기여도에 따라 평가되어) 강등되거나 면직될 수도 있다는 것이다.

따라서 공식적인 조직에서 일하는 리더들은 딜레마에 빠져 있다. 다시 말해서 그들은 집단 구성원들의 욕구는 물론 조직의 욕구도 반드시 만족시켜야 한다. 이런 경우에는 양쪽 욕구를 조화시키는 방법을 배워서 자기 보스와 구성원 모두에게 효과적인 리더로 여겨지는 것이 관건이다. 하지만 공식적인 조직에서 일해 본 사람은 누구나 알고 있듯이 이것이 쉬운 일은 아니다. 조직의 욕구는 생산성과 효율을 향상시키는 것인 반면에, 집단 구성원들의 욕구는 이런 압력에 저항하는 것을 부추기는 것들이기 때문이다. 계층적 조직에서의 리더십에 관한 많은 연구에 의하면, 성공하는 리더는 자신의 욕구(그리고 생산성과 효율에 관한 자기 보스의 욕구) 충족을 위한 한 벌의 기술과 구성원들의 욕구를 충족시키기 위해서 아주 다른 종류인 또 한 벌의 기술을 필요로 한다. 나는 우선 이 두 벌의 기술을 아주 일상적인 용어로 기술한다.

A. 집단 구성원의 욕구를 충족 시키기 위한 기술

1. 집단 구성원의 자기 존중 의식과 개인적 가치를 높이는 행동.
2. 집단의 결속력과 팀 정신을 고취하는 행동.

B. 조직의 욕구를 충족시키기 위한 기술

1. 생산성 향상과 집단의 목표 달성을 위한 동기를 부여하는 행동.
2. 구성원들이 목표를 달성하도록 돕는 행동. 예를 들면, 계획 수립, 일정 수립, 조정, 문제 해결, 자원 제공.

유능한 리더는 단지 구성원의 욕구를 만족시키는 '인간관계 전문가' 만은 아니며, 그렇다고 단지 조직의 욕구를 만족시키는 '생산성 전문가' 만도 아니다. 리더는 반드시 이 두 가지 모두가 되어야 한다. 보다 중요한 사실은 유능한 리더는 구성원과 자신의 욕구 모두를 충족시키는 데 필요한 여러 가지 기법들을 적절한 때와 장소에서 구사할 줄 아는 유연성이나 감각을 반드시 익혀야 한다는 것이다. 마지막으로 유능한 리더는 이 두 가지 상충하는 욕

구 사이에서 일어나는 불가피한 갈등을 해소하는 기술도 배워야
한다.

이 책의 목적은 이런 필수적인 상호 욕구 충족 상태를 만들어
내는 데 있어서 어떻게 하면 리더가 보다 효과적일 수 있는가 하
는 것을 보여 주는 것이다. 이 책은 또한 리더가 집단 구성원들은
물론 자신의 보스와 좀더 솔직한 의사소통 방식을 개발함으로써
어떻게 보다 더 유연해지고 민감해질 수 있는가를 보여 주며, 다
른 사람들과의 관계에서 생길 수 있는 분노, 적대감, 소외감을 크
게 감소시키면서 욕구에 대한 갈등을 해결할 수 있는 공정한 방법
(또는 무패 방법)에 대해서도 설명한다.

■■■■ 사람들이 집단에 요구하는 것

집단의 리더는 구성원들의 욕구 충족 기대를 실현시켜 줌으로
써 리더십 지위를 얻는다. 나는 당신이 구성원을 갖지 않고는 결
코 리더가 될 수 없다는 사실을 다시 강조한다. 그리고 집단 구성
원들은 리더가 그들의 욕구 충족을 돕는 경우에만 리더의 지시와
영향력을 수용한다는 것을 잊지 말아야 한다.

리더는 우선 구성원들이 무엇을 필요로 하는지 정확히 파악해
야 한다. 그런 다음에야 비로소 리더는 구성원들이 조직을 위해서
특정한 서비스나 기능을 수행하는 대가로 그들의 욕구를 충족시
켜 주기 위해서 할 수 있는 일을 결정할 수 있을 것이다. 이런 공
정한 교환이 리더십의 열쇠이다.

사람은 자신이 속한 집단에 대해 무엇을 요구할까? 초기 '과학

적 경영'의 전문가들은 사람은 주로 재정적인 소득을 위해서 일한다고 생각했다. 이것은 경제학 이론이다. 그 이후의 연구는 사람은 자신이 속한 집단에 대해 훨씬 더 많은 것들을—그 중에는 다른 구성원들의 수용, 목표의 성취나 달성, 다른 구성원들과의 사회적 상호작용, 집단에 참여함으로써 사회적 신분 상승의 기회를 갖는 것 등—바라고 있다는 것을 확실히 보여 주었다.

따라서 사회경제학적인 이론으로 생각하는 것이 훨씬 더 정확하다. 이 개념에 의하면 리더는 구성원들을 집단에 끌어들이기 위해서 그들에게 제시할 수 있는 광범위한 유인책을 갖고 있다. 성공하는 리더는 그들을 집단의 생산적인 구성원으로 계속 보유하기 위해서 단순한 재정적인 욕구 이상의 것들을 충족시켜 주어야 한다.

사람의 욕구를 나타내는 한 가지 유용한 방법은 욕구를 몇 가지 수준으로 나누어서 계층 형태로 나타내는 것이다. 선구적인 심리학자인 에이브러햄 매슬로(Abraham Maslow)는 인간이 갖고 있는 5가지 욕구의 상대적인 중요성을 5단계의 피라미드로 나타냈다.

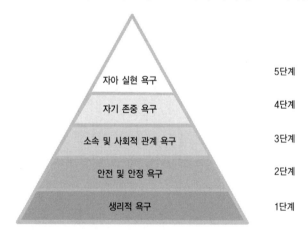

갈증, 배고픔, 따스함에 대한 욕구와 같은 1단계 욕구는 인간이 그 다음 단계에 있는 다른 욕구를 충족시키려는 동기를 갖기 전에 반드시 우선적으로 충족되어야 하기 때문에 가장 중요하다(또는 우세하다). 안전과 안정 같은 2단계 욕구는 인간이 그것보다 상위 단계에 있는 다른 욕구를 충족시키려는 동기를 갖기 전에 반드시 우선적으로 충족되어야 한다. 예를 들면, 굶주린 원시인은 음식을 얻기 위해서 자기 생명의 위험까지 감수하면서(안전과 안정에 대한 욕구를 무시하고) 야생 동물을 사냥하려는 강한 동기를 갖고 있다. 그는 야생 동물을 잡아서 배고픔을 해소하려는 욕망을 충족시킨 다음에 어쩌면 안전에 대한 욕구를 충족시키려고 먹고 남은 고기 조각을 소금에 절여 훈제한 후 장래를 위하여 저장할 것이다(안전과 안정에 대한 욕구). 만일 그가 충분히 고기를 비축해 놓았다면, 그는 음식을 같이 먹기 위해서 친구를 초대하고 싶다는 생각을 하게 될 것이다(소속 및 사회적 관계에 대한 욕구). 이런 욕구가 충족되었다면, 그는 다음으로 보다 맛있게 음식을 조리하는 새로운 방법을 시험해 보려 할 것이다(성취, 자기 존중에 대한 욕구). 이런 욕구들이 무리 없이 충족되었다면, 그는 이제 어쩌면 동굴 벽에 걸어 놓기 위해 그가 잡았던 야생 동물의 그림을 그려 보겠다고 할 것이다(자아 실현 욕구).

매슬로의 계층적 욕구 이론에 내포된 의미는 리더에게 매우 중요하다.

1. 집단이나 조직이 항상 그 구성원들에게 4단계와 5단계 욕구를 만족시킬 수 있는 기회를 제공하고 있는 것은 아니다. 특히 하위직에 있는 사람들일수록 이런 기회가 훨씬 더 부족한데, 일반적으로

그들의 업무는 엄격하게 규정되어 있거나 반복적이며, 그들의 활동은 거의 전적으로 통제되고 있다. 또한, 그들에게는 자신들의 업무를 설정하거나 결정을 내릴 수 있는 자유와 어떤 활동을 주도적으로 수행할 수 있는 자유가 극히 제한되어 있다.

2. 만일 리더가 전제적인 권력을 행사하면, 구성원들은 그의 견책을 두려워하거나 자신들의 직책에 대한 불안감을 지속적으로 느끼게 된다. 구성원들은 안전과 안정에 대한 욕구가 충족되지 못했기 때문에 2단계 욕구 속에 갇히게 되고, 사회적 욕구나 능력 발휘와 자기 존중에 대한 욕구를 충족시키려는 동기를 갖지 못한다.

3. 서로 다른 집단 구성원들은 동일한 장소나 혹은 상황에 처해 있다고 해도 서로 다른 욕구 단계에 있을 수 있다. 예를 들면, 회의 석상에서 어떤 사람은 육체적으로 피곤해한다(1단계 욕구). 다른 사람은 집단이 어떤 일을 완결해 주기를 바란다(4단계 욕구). 반면에 또 어떤 사람들은 서로 얘기하거나 농담을 주고받는다(3단계 욕구).

4. 풍족한 사회에서 1단계와 2단계 욕구가 강력한 동기 유발 요인이 되는 경우는 거의 없다. 그 이유는 구성원들은 이미 생리적 욕구의 대부분을 충족시키고 있으며(최저임금법), 해고에 따른 불안감에서 자유롭기 때문이다(노동조합의 보호). 이런 이유 때문에 해고시킬 것이라는 경고와 위협을 사용하여 구성원의 동기를 유발시키거나 구성원을 통제하려는 시도가 별 효과를 발휘하지 못한다.

5. 만일 조직의 구성원들이 3, 4, 5단계 욕구를 만족시킬 수 있는 기회를 자기들의 맡은 업무에서 찾을 수 없다면, 그들은 사회적 상호작용, 성취, 자아 실현에 대한 욕구를 충족시키기 위한 기회를 스포츠와 취미, 그리고 사회 활동 등을 통해서 업무 밖에서 찾는다.

이것이 바로 많은 사람들이 그저 직장을 유지하고 급여를 받을 만큼만 노력을 하는 이유이다. 그뿐만 아니라 그들은 조직에서 소외되었다고 느끼고 소속감도 갖지 못한다.

6. 리더는 구성원들에게 높은 성취와 목표 달성(4단계 욕구)에 대한 동기를 부여하기 위해서 다음과 같은 것들이 이루어지도록 해야 한다. (1) 구성원들이 공정한 보수를 받고 있다. (2) 구성원들이 직장에 대해서 안정감을 갖고 있다. (3) 집단이 구성원들에게 사회적인 상호작용, 우정, 소속감을 갖게 하는 기회를 제공하고 있다(1, 2, 3단계 욕구가 충족되고 있음).

7. 리더가 구성원들이 집단의 문제 해결과 의사 결정에 참여하는 것을 허용할 경우에 구성원들에게 줄 수 있는 유익함 중에는 이것이 구성원들에게 사회적인 상호작용 욕구(3단계 욕구)와 자기 존중과 신분에 대한 욕구(4단계 욕구)를 충족시킬 수 있는 기회를 제공할 뿐만 아니라, 때때로 자아 실현과 자기 계발(5단계 욕구)을 위한 기회도 제공한다는 것이 있다.

프레더릭 허즈버그(Frederick Herzberg)는 매슬로의 개념을 발전시켜 동기 부여에 대한 2요인 이론(the two-factor theory)을 개발했는데, 리더는 이 이론을 통해서 집단 구성원들이 갖는 욕구의 또 다른 면을 이해할 수 있을 것이다. 그는 두 가지 비교적 독립적인 요인들에 관한 사실을 수집했다. (1) 업무 그룹 내에서 작용하는 어떤 요인은 욕구 충족의 방해물로서 사람을 자극하는 '불만족 요인(dissatisfiers)'이 된다. (2) 다른 어떤 요인은 욕구 충족의 제공자로서 욕구를 만족시키는 '만족 요인(satisfiers)'이 된다. 욕구 충족을 방해하는 것('불만족 요인')들에는 다음과 같은 것들이 있다.

1. 상사들과 좋지 못한 인간관계.
2. 동료들과 좋지 못한 인간관계.
3. 부적절한 감독.
4. 열악한 회사의 정책 및 행정 관리.
5. 열악한 업무 조건.
6. 직원 사생활의 문제.

욕구 충족을 제공하는 것('만족 요인')들에는 다음과 같은 것들이 있다.

1. 성취.
2. 타인의 인정.
3. 일 자체.
4. 책임.
5. 승진.

단지 '불만족 요인'이 없다는 사실이 구성원들에게 만족을 주는 일은 극히 드물다. 예를 들면, 좋은 업무 조건이 만족감을 주는 경우는 아주 드물다.

그렇지만 열악한 업무 조건은 분명히 불만족감을 준다. 오직 '만족 요인'(성취, 타인의 인정 등)이 존재하는 경우에만 만족감을 느낀다.

이런 연구들은 리더에게 아주 중요한 다음과 같은 사실을 강하게 시사하고 있다. 즉 구성원들이 보다 높은 생산성에 대한 의욕을 느끼고 직무에 대해 만족하기 위해서는 일 자체가 반드시 가치가 있고 보람이 있어야 한다. 구성원들의 업무는 그들이 성장하고, 책임 있는 일을 맡고, 타인의 인정을 받아 승진할 수 있는 기회를 줄 수 있어야 한다. 이 요구 조건들은 거의 매슬로의 3, 4, 5단계 욕구처럼 보이며 내가 앞에서 주장한 것을 한층 더 뒷받침하고 있다. 즉 성공하는 리더는 구성원들의 가장 높은 수준의 욕구—일의 성취와 성취를 인정해 줄 때 맛보는 자기 존중 의식, 잠재력을 한껏 발휘했을 때 느끼는 자아 실현의 감정—를 실현시키기 위해서 필요한 기술과 방법을 습득할 필요가 있다. 이 기법들은 앞으로 자세하게 설명될 것이다.

이런 의미 있는 연구 결과를 조직의 하위직 구성원들에게는 그대로 적용하기가 어려울 수도 있다. 만일 그 사람들의 1, 2단계 욕구가 만족되지 않았다면(열악한 급여와 직업 불안정) 그들이 심한 박탈감을 느낄 가능성은 상당히 높다. 따라서 이 같은 집단의 리더들은 구성원들이 급여에 대해서 불공정하다고 느끼거나 직업을 유지하는 데 불안감을 갖고 있다는 징후를 결코 무시해서는 안된다.

텍사스 인스트루먼트(Texas Instruments)의 산업 심리학자인 스콧 마이어는 동기 부여에 대해서 6년 동안 연구한 결과 허즈버그와 유사한 결론에 도달했다. 그 연구 결과는 『하버드 비즈니스 리뷰』에 다음과 같이 요약되어 있다.

직원들에게 효과적으로 일하도록 동기를 부여하는 것은 무엇인가? 그것은 성취감, 책임의식, 성장, 승진, 일 자체의 즐거움, 그리고 인정을 받을 수 있는 기회 등을 주기 때문에 도전해 보고 싶은 일이다.

작업자들을 불만족스럽게 만드는 것은 무엇인가? 여기에 속하는 대부분의 요인은 업무에 부수적인 것들로서 업무 규칙, 조명, 휴식 시간, 직함, 연공서열, 급여, 수당과 같은 것들이다.

작업자들은 불만족을 언제 느끼는가? 작업자들은 의미 있는 목적을 성취할 수 있는 기회를 박탈당했을 때 주위 환경에 민감해지고 불평하기 시작한다.

마이어도 허즈버그처럼 감독자가 반드시 충족시켜 주어야 하는 동일한 두 가지 종류의 직원들이 가지는 욕구를 밝혀 냈는데, 업무와 연관된 욕구를 '동기 욕구(Motivation Needs)'라고 부르고, 비교적 업무 부수적인 욕구를 '유지 욕구(Maintenance Needs)'라고 불렀다.

마이어의 연구도 내가 줄곧 강조하고 있는 요점이 정당하다는 것을 다시금 입증하고 있다. 다시 말하지만, 유능한 관리자는 인간관계 전문가로서의 기술(구성원이 만족하지 않는 원인을 파악하고 해결하는 기술)뿐만 아니라 업무 전문가로서의 기술(일을 기획하고 조직화하는 기술)도 반드시 가지고 있어야 한다. 유능한 리더는 업무 중심적인 동시에 인간 중심적이다. 집단 구성원들은 능력이 탁월한 팀과 함께하기를 바라지만, 결코 자기 존중이나 자기 가치의 상처까지 감수하지는 않는다.

■■■■■ 문제 해결 전문가로서의 리더

리더의 주된 기능은 문제 해결이 원활하게 이루어지도록 하는 것이라는 생각도 내게 도움을 주는 것이었다. 집단은 그들의 문제 해결을 돌보는 리더를 필요로 한다.

사실, 이런 경우는 찾기 힘들지만, 전혀 아무런 문제가 없는 집단은 리더가 있을 하등의 이유가 없다고 말할 수도 있다. 만일 어떤 집단이 언제나 효율적이고 생산적으로 기능하기 때문에, 구성원들이 항상 성취감을 느끼고, 강한 결속력, 높은 자기 존중 의식과 자기 가치 의식을 경험한다면, '감독자'가 있어야 할 필요는 아주 적을 것이다. 따라서 오직 집단이 문제를 가지고 있을 경우에만 정말로 리더를 필요로 한다.─그것은 구성원들이 자신들의 개인적인 욕구를 충족시키는 데 문제를 가지고 있는 경우이거나, 또는 집단이 조직의 목표를 달성하지 못해서 리더에게 문제를 일으키는 경우이다.

나는 이 두 가지 종류의 문제들 간의 관계를 나타내기 위해서 '행동의 창(Behavior Window)'이라고 부르는 도표를 고안했다. 이 도표는 매슬로와 허즈버그의 연구에서 나온 여러 아이디어들을 당신이 통합할 수 있도록 도움을 줄 것이다. 당신이 잠시 동안 어떤 집단의 리더가 되었다고 상상하고, 당신이 한 구성원의 행동을 관찰할 때마다 구성원의 행동은 항상 당신 앞에 있는 사각형 창을 통해서 나타난다고 생각해 보자. 또 이 창은 두 장의 유리나 혹은 두 부분으로 구성되어 있다고 상상하자. 한 부분은 당신에게 아무런 문제를 일으키지 않기 때문에 당신이 수용할 수 있는 구성원의 행동이 나타나는 부분이고(행동의 창 윗부분), 다른 부분은 당신에게 문제를 일으키기 때문에 당신이 수용할 수 없는 구성원의 행동이 나타나는 부분이다(행동의 창 아랫부분).

예를 들면, 당신의 그룹 구성원인 캐리는 지금 책상에서 주어진 과제를 끝내기 위해서 부지런히 일하고 있다. 이 행동은 당신에게 전혀 문제를 일으키지 않기 때문에 당신은 이것을 캐리의 행동이 나타나는 행동의 창 윗부분에 표시한다.

그룹의 다른 구성원인 제리는 최근에 당신이 느끼기에 제리 혼자서도 충분히 풀 수 있는 사안들을 함께 점검하고 당신의 승인을 받으려고 한다. 당신은 제리가 당신의 시간(그리고 그의 시간)을 허비하게 하며 지나치게 의존적이라고 생각한다. 그래서 이 행동을 제리의 행동의 창 아랫부분에 표시한다.

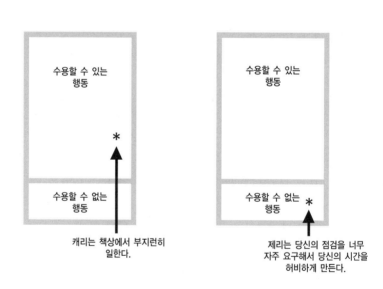

수용할 수 있는
행동

*

수용할 수 없는
행동

캐리는 책상에서 부지런히
일한다.

수용할 수 있는
행동

수용할 수 없는
행동 *

제리는 당신의 점검을 너무
자주 요구해서 당신의 시간을
허비하게 만든다.

당신이 보는 바와 같이, 행동의 창은 다른 어떤 구성원의 행동을 생각할 때에도 유용한 수단이다. 먼저 이것은 다른 사람의 특정한 행동에 대한 당신의 정직한 감정을 자각하도록 만든다. 당신은 그 행동을 수용하는가? 아니면 그렇지 않은가? 그리고 이것은 다른 사람의 행동이 언제 당신에게 문제를 야기하는지 알려 준다. 그러나 행동의 창이 그 문제에 대해서 무엇을 해야 하는지 말해 주는 것은 아니다. 이 주제는 이 책의 6장에서 다룬다.

그런데 행동의 창을 분할하는 선이 움직이지 않고 항상 고정되어 있는 것은 아니다. 이것은 위아래로 자주 움직이는데, 그 이유는 (1) 사람 내부의 변화(오늘의 감정 상태), (2) 장소(그 행동이 일어나는 특정한 환경), (3) 서로 다른 구성원의 서로 다른 특성(어떤 사람의 행동은 다른 사람의 행동보다 쉽게 수용됨) 때문이다.

예를 들면, 당신이 활기차고 마음이 평안하고 기분이 좋은 날에는, 당신이 구성원들을 바라보는 행동의 창은 수용할 수 있는 행동의 영역이 훨씬 넓혀져 있을 것이다.

'기분 좋은' 날

반면에 당신이 피곤한 날이거나, 발표 원고에 진전이 없어서 기분이 상한 날에는 당신의 행동의 창은 다음과 같을 가능성이 높다.

'기분 나쁜' 날

그리고 특정한 행동이 일어난 장소도 행동의 창에 커다란 영향을 준다. 예를 들면, 회사의 크리스마스 파티 장소에서 당신이 각각의 직원을 바라보는 행동의 창은 수용할 수 있는 행동의 영역이 보통 때보다 훨씬 넓은 면적을 차지하고 있을 것이다.

사무실 파티

이 환경에서는 술 몇 잔을 마신 뒤에 소란을 떠는 행동은 얼마든지 수용 가능한 것이다. 그러나 이런 행동은 근무 시간 중에는 물론 용납되지 않을 것이다.

또한, 행동의 창은 각 사람이 갖고 있는 특성의 영향을 자연히 받게 된다. 아마 당신도 신입사원의 행동보다는 오랫동안 같이 일해서 그의 성깔을 뻔히 알고 있는 직원의 행동을 더 많이 수용하고 있다고 느낄 것이다.

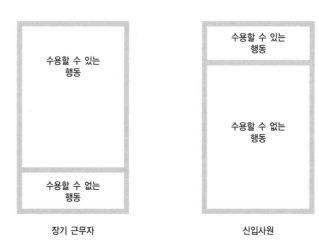

| 장기 근무자 | 신입사원 |

당신이 바라보는 행동의 창을 보면, 각 구성원의 행동에 대해 느끼는 감정을 '일관되게' 유지할 수 없음을 알 것이다. 당신도 인간이고, 그 인간적인 감정(수용하거나 수용하지 않는 감정)은 날마다, 상황에 따라, 그리고 상대방에 따라 상당히 변화할 것이다. 많은 사람들은 일단 리더십 지위에 오르면 자기 나름의 역할을 가정하고 일관성을 유지하기 위해 자신들의 인간적인 냄새를 억압하거나 숨겨야 한다고 느낀다.

구성원들이 나타내는 다른 종류의 행동도 행동의 창에 집어넣을 수 있다. 리더로서 당신은 구성원들이 자기들의 욕구를 충족시키는 데 문제를 가지고 있다는 신호를 보내는 행동을 관찰할 수 있을 것이다.

이런 행동은 당신에게 최소한 구체적이거나 실제적인 의미에서 어떤 문제도 일으키지 않을 수 있다. 그러나 구성원들이 개인적인 곤란을 겪고 있다는 것은 분명하다. 즉 어떤 욕구가 충족되지 않고 있든지, 욕구 박탈의 위협이 있을 수 있다. 당신은 일반적으로 다음과 같은 말 속에서 그 실마리를 찾을 수 있다.

"속 뒤집어지는군." 혹은 "돌겠어."
"기분이 좋지 않아요." 혹은 "저는 불만이 많아요."
"뭐 이런 날이 다 있어!" 혹은 "차라리 출근하지 말았어야 했어!"
"회사를 확 뒤집어 놓고 말겠다!" 혹은 "도대체 우리한테 뭘 더 바라는 거야?"

한편 다른 단서는 이런 직접적인 말보다는 다음과 같이 비언어적인 행동으로 나타난다.

- 부루퉁하고 있거나 풀이 죽어 있음.
- 초조해하거나, 신경질적이거나, 또는 과민하게 반응함.
- 당신과 얘기하는 것을 회피함.
- 당신과 눈을 마주치려고 하지 않음.
- 긴장하거나, 두려워하거나, 불안해함.
- 자주 투덜댐.

■ 공상에 잠기거나 쉽게 잊어버림.

이런 행동들은 행동의 창에서 '집단 구성원이 문제를 갖고 있음을 나타내는 행동'이라고 부르는 영역에 속하는 것들이다.

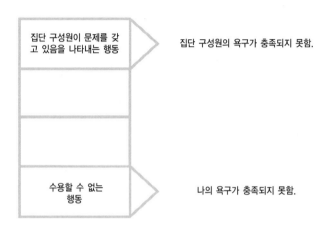

일관성을 유지하기 위해 행동의 창에서 3번째 영역을 '나에게 문제를 일으키는 행동'이라고 부르기로 한다.

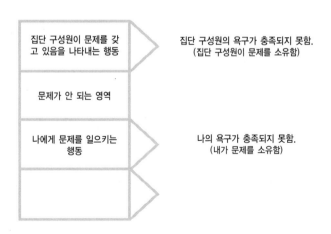

이 행동의 창을 완성하기 위해서 또 다른 상황을 다루기로 한다. 때때로 당신과 집단의 한 구성원은 서로 공유하는 공통의 문제나 갈등을 가지고 있다. 이런 경우에 갈등 당사자 쌍방 모두는 서로의 관계에서 수용할 수 없는 감정과 만족하지 못하는 감정을 경험하게 된다. 갈등의 존재는 종종 당신이나 구성원이 상대방과 '맞서거나(confront)', 충족되지 못한 욕구를 표현할 때 분명하게 드러난다. 예를 들면, 당신의 상사는 당신이 새로운 프로젝트를 이끌어 주기를 바란다. 그러나 당신은 벌써 일이 너무 많다고 느낀다. 또한, 당신은 당연히 진급해야 한다고 느낀다. 그러나 당신의 리더는 동의하지 않는다. 당신은 가족 휴가 기간 동안 부모님을 방문하고 싶은데, 배우자는 캠핑 가기를 원한다. 이런 갈등은 행동의 창에서 맨 밑 부분에 속한다.

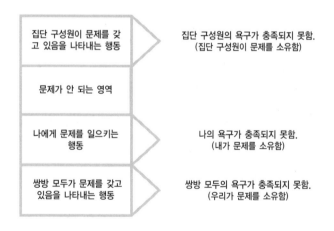

이제 행동의 창 중간 부분이 남아 있는데, 나는 이곳을 '문제가 안 되는 영역' 이라고 부른다. 여기에 속하는 구성원의 행동은 그

구성원이 문제를 갖고 있지 않거나 '소유'하고 있지 않은 것으로서 리더에게도 문제를 일으키지 않는 행동이다. 따라서 '문제가 안 되는 영역'에는 구성원뿐만 아니라 리더의 욕구가 충족되고 있음을 나타내는 모든 행동을 배치한다. 이곳이 바로 '상호 욕구 충족' 영역이며, 바로 이곳에서 생산적인 업무*가 수행된다. 왜냐하면 리더와 구성원 사이에 아무런 문제가 없기 때문이다.

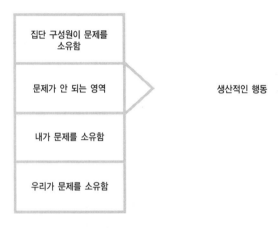

우리는 이제 효과적인 리더의 주된 기능을 좀 다른 용어를 사용해서 다음과 같이 말할 수 있다. 즉 효과적인 리더란 생산적인 업무 시간을 극대화하며 상호 욕구 충족이 이루어지도록 한다.

그렇다면 리더의 핵심 과제는, 집단 구성원이 문제를 소유하고 있을 때, 리더가 문제를 소유하고 있을 때, 그리고 리더-구성원 관계에 갈등이 있을 때 주도적으로 문제를 해결하는 것이다. 그 목표는 '문제가 안 되는 영역'의 크기를 확대하거나, 생산적인 업무 시간의 양을 증가시키는 것이다.

*나는 '생산적인 업무'라는 용어를 집단의 목표를 달성하기 위해서 필요한 일체의 활동을 의미하는 포괄적인 뜻으로 사용했다. 레크리에이션 목적을 위해서 조직된 모임에서는 '놀이' 시간조차 생산적인 업무 시간이다.

그러나 이 3가지 종류의 문제를 효과적으로 다루는 데는 서로 다른 3가지 종류의 기술이 필요하다는 사실을 기억하라.

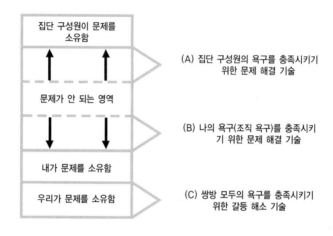

행동의 창은 앞에서 내가 말로 표현했던 입증된 연구 결과를 시각적으로 표현해 준다. 즉 효과적인 리더는 조직뿐만 아니라 구성원의 욕구도 충족시켜야 한다는 것을 그림으로 보여 준다. 행동의 창은 또한 리더의 주된 기능이 '문제 해결'이라고 내가 리더에 대해 내린 다른 정의를 시각적으로 표현하고 또 그것을 강조하고 있다.

행동의 창 위와 아랫부분에 아직 문제가 남아 있는 의미를 독자는 충분히 이해할 것이다. 즉 리더는 구성원의 충족되지 않은 모든 욕구(문제)를 결코 만족시킬 수 없을 것이며, 리더 자신의 모든 문제(그리고 조직의 문제)를 해결하는 지점까지 도달하지 못할 것이다. 이것은 분명히 추구할 가치가 있는 이상이지만, 적어도 내가 아는 조직에서는 리더가 그곳에 도달할 것 같지는 않다.

누가 문제를 소유하고 있는지 파악한다

행동의 창을 통해서 특정 시점에 누가 충족되지 못한 욕구를 갖고 있는지 쉽게 파악할 수 있다. 바꿔 말하면, 누가 생산적인 업무를 방해하는 문제를 소유하고 있는지 알 수 있다.

이것의 목적은 우선 리더로 하여금 문제가 존재하고 있다는 사실을 깨닫게 하고, 그 다음 이것을 분석하여, 관계의 균형을 되찾고 생산적인 업무 수행이 지속되게 하기 위해서 어떤 기술을 사용해야 하는지를 알게 하는 것이다.

이제 당신이 행동의 창을 이용하여 다음의 문제를 누가 소유하고 있는지 한번 생각해 보기 바란다. 다음에 주어진 각각의 행동을 행동의 창 내의 적절한 장소에 배치하여 보자. 예를 들면, B1은 행동의 창에서 3번째 영역에 속하는 행동이다.

■ B1 : 당신의 팀원 중 한 사람이 프로젝트 회의에서 보고해야 할 자료를 준비하지 못했다.

■ B2 : 당신의 한 동료 직원이 앞으로 다가오는 실적 심사가 걱정된다고 말했다.

■ B3 : 당신의 집단이 스태프 회의에서 열띤 토론을 벌였다.

■ B4 : 구성원 한 사람이 한창 바쁜 시기에 6개월간 출산 휴가를 신청했다.

■ B5 : 당신은 연말 전에 신상품을 출시하기 원하지만, 마케팅 부서 책임자는 새로운 판매 캠페인을 개발하기 위해서 더 많은 시간을 요구했다. 마케팅 부서의 요구를 따르면 신상품 출시는 최소한 4개월이나 늦어진다.

1	다른 사람이 문제를 소유함 다른 사람이 충족되지 못한 욕구를 갖고 있음을 나타내는 행동
2	문제가 안 되는 영역

수용
분할선

3	내가 문제를 소유함 나의 욕구를 방해하는 수용할 수 없는 행동 B1
4	우리가 문제를 소유함 우리 모두가 충족되지 못한 욕구를 갖고 있음

4	B5
3	B4
2	B3
1	B2

3

혼자 할 것인가 아니면 도움을 받을 것인가

집단의 리더가 되면 누구나 말고삐를 힘껏 움켜쥐고 하늘을 날 듯이 멋있는 출발을 하고 싶어한다. 그 다음에는 일에 푹 빠져 모든 문제를 혼자 풀어내고 말겠다는 유혹에 빠지기 쉽다. 대부분의 새내기 리더들의 처음 관심사는 자신들을 리더로 임명한 사람들에게 그들의 선택이 옳았다는 것을 가능하면 빨리 증명해 보여 주는 일이다. 그들은 잘 보이고 싶고, 그것도 빠르면 빠를수록 더욱 좋다. 즉시 업무에 뛰어들어 모든 것을 관장하지 못한다면 도대체 왜 리더가 필요하단 말인가? 이를 군대 표현으로는 '장악한다'고 한다.

불행하게도, 성급하게 서둘러 모든 것을 주관하려고 하는 리더는 곤경에 처할 수 있다. 신속한 개혁, 즉석 해결, 생산성의 극적인 향상에 급급한 나머지, 새내기 리더는 새 빗자루로 전임 리더가 남기고 간 잔재들을 말끔히 치워 버리고 말겠다는 유혹에 굴복하고 만다. 그러나 이 일도 집단 구성원들의 자발적인 협조 없이 리더 혼자의 힘으로 할 수 있는 것은 아니다. 더구나 자발성이나 협조 그 어느 것도 쉽게 즉각적으로 얻어 낼 수 있는 성질의 것이 아니다. 집단은 변화에 저항하며 그들이 습관적으로 해 왔던 방식에 끈질기게 집착한다. 이 '집단의 규범'은 집단 구성원들의 행동에 크나큰 영향력을 행사한다.

예를 들면, 보통 각각의 집단은 '하루의 적당한 일의 양' 또는 '생산성 수준'에 대해 자신들만의 기준을 설정하는데, 구성원들은 이것을 확실히 이해하고 있다. 이런 규범은 집단 안에서 비공식적으로 시행되고 있다. 집단은 리더의 어떤 행위든지 이 규범을 유지하는 데 위협이 된다고 판단하면 그것에 대해 강하게 저항한다. 특히 리더의 행위가 독단적이라고 여겨지면 저항은 더욱 심하다.

집단 안에서 발생하는 이런 저항하는 힘을 '공정한 교환'이라는 관점에서 볼 수도 있다. 집단은 그들이 규정한 공정한 비용 대 편익 비율—즉 업무에 투입한 에너지(비용)에 비례해서 공정한 편익(급여)을 얻음—을 뒤엎는 리더의 행위에 강하게 저항한다. 구성원들의 눈에는 새 빗자루를 들고 나타난 리더는 이 비율을 흔들어 놓는 사람으로 보이며, 집단은 조직에 의해서 자신들이 부당하게 이용당하는 것을 방지하려고 한다.

또한, 집단은 새로운 방법과 절차의 도입에 강하게 반대하며, 특히 리더가 강제적이고 일방적으로 이들을 실시할 경우에는 더욱 심하게 저항한다. 우리 모두는 사람들이 어떻게 해서 특정한 방식으로 일을 하게 되는 데 익숙해지는지를 알고 있다. 따라서 그들이 새로운 방법을 배워야만 할 경우에는 자신들이 기꺼이 투입하려고 하는 에너지보다 더 많은 에너지를 요구하는 것으로 간주한다.

의욕에 넘치는 많은 새 리더들은 모든 일에 대해 경계를 늦추지 않는 '총괄자'의 자세를 취하기도 한다. 즉 그들은 모든 구성원들을 면밀히 관찰하며, 그들의 눈을 피해 나갈 수 있는 것은 아무것도 없다. 그들에게 실수란 있을 수 없다. 왜냐하면, 그들은 모든 것을 다 잘할 수 있기 때문이다. 이런 '지나친 감독 행위'는 다음과 같이 여러 가지 형태를 취한다.

■ 자세한 활동 보고서 혹은 진척 보고서를 요구한다.

■ 구성원들이 계약서를 보내거나, 계획을 실행하거나, 또는 결정을 내리기 전에 리더의 승인을 받을 것을 요구한다.

■ 이전에 이미 구성원들에게 배정되었던 업무를 '제대로' 하기 위해서 리더가 가져간다.

■ 외부 업체와 계약에 대한 논의를 시작하기 전에 우선 '리더를 통하라'고 요구한다.

지나친 감독 행위가 피할 수 없는 결과 중 하나는 리더가 권력을 독단적으로 사용하는 데 대한 집단 구성원들의 분노와 원망이다. 또 다른 결과로는 새로운 요구에 대한 소극적인 저항이 있다(활동 보고서 제출을 질질 끈다). 집단에서 더 해로운 것은 과도한 감독 행위가 구성원들을 전적으로 리더에게 의존하게 만드는 것이다. 이제 그들은 모든 문제를 가지고 리더에게 온다. 그들의 자발적인 의욕은 떨어지고, 그들의 진취적인 정신은 억압당한다. 그들은 업무 면에서 성장할 수 없다. 리더는 자기 자신이 모든 일을 해야 하므로, 그는 업무에 짓눌려 산다. 이 업무 집단은 이제

'1인 운영 체제'가 되어 버렸다. 과도한 감독을 시도하는 새 리더들은 집단이 갖고 있는 자원을 활용도 하지 못하고 자기 혼자 고군분투하고 있음을 뒤늦게 깨닫게 될 것이다.

■■■■ 집단의 지혜

나는 성공하는 리더를 문제 해결을 위한 기술을 가지고 있는 사람으로 생각할 때 리더 혼자서 문제 해결에 대한 모든 책임을 질 필요가 없다는 사실을 강조한다. 오히려 리더는 도움을 얻기 위해서 집단 구성원들이 가지고 있는 자원을 모을 수 있다. 적어도 이론적으로 볼 때 이상적인 집단은 문제에 직면하여 최선의 해답을 모색할 경우에 리더를 포함한 모든 구성원들의 창의적인 자원을 결집시킨다. 모든 구성원들이 모든 문제 해결에 관여할 필요는 없지만, 이상적인 집단이라면 모든 구성원들의 창의적인 자원은 그것을 필요로 할 때에 언제든지 이용 가능해야 한다.

여러 조직의 컨설턴트로 일한 내 경험에 의하면, 대부분의 리더들은 집단 구성원들의 머릿속에 이용되지 않고 들어 있는 지식과 아이디어 그리고 창의력의 가치를 아주 과소평가하고 있다. 나는 또한 '집단의 지혜'가 탁월함을 거의 날마다 개인적으로 나의 조직 생활에서 경험하고 있다. 그렇다고 모든 문제 하나하나마다 집단 전체의 자원을 동원해야 한다고 말하는 것은 아니다. 리더는 당면한 상황에 맞게 서로 다른 구성원들을 적절히 동원하여 문제 해결 기능을 돕도록 할 수 있다. 예를 들면, 어떤 문제의 경우에는 특정한 개인의 도움을 필요로 하고, 다른 경우에는 두세 사람의 도움이면 충분할 수도 있다. 사실 구성원 전체를 필요로 하는 경우는 그렇게 많지 않다.

집단적 사고의 지혜에 대해 나만 이런 생각을 하는 것은 아니다. 제너럴 일렉트릭(General Electric)의 전임 연구개발 엔지니어인 K. 팔르에브는 거대한 동력 변압기 설계 등 여러 프로젝트에 기여한 많은 그룹들이 '집단으로서 보여 준 비상한 능력'에 대해 다음과 같이 말했다.

이 업적은 문제에 직면할 때마다 다양한 재능을 통합해 내는 우리 조직의 능력이 없었다면 불가능했을 것이다. …… '완전한 천재'를 충분히 확보한다는 것은 불가능하기 때문에, 경영진과 나의 동료는 우리가 완벽하고는 거리가 있다는 사실을 인정할 수밖에 없었다.

하우드 제조 회사(Harwood Manufacturing)의 이사회 의장이었던 알프레드 매로우는 조직 내 협업(協業)의 필요성에 대해 다음과 같은 결론에 도달했다.

한때 일반 직원과 회사 경영진 사이의 교육 격차는 넓고도 깊었다. 그러나 지금은 이것이 더 이상 사실이 아니며 앞으로는 이 차이도 점차 줄어들 것이다. …… 사실 지금은 일반 직원들이 감독자들보다 기술이 더 좋은 경우를 흔히 볼 수 있다. …… 오늘날 진지한 경영인들이 가장 힘써 노력해야 할 부문은 사람 간의 협업, 특히 경영 참모들 간의 협력이다. 그들은 자신들의 참모들을 각자의 개성을 유지하지만 이기적이 아닌 협업 방식으로 회사를 끌고 나가는 효과적인 팀으로 바꿔 놓아야 한다.

알피 콘은 그의 책, 『비경쟁(No Contest)』에서 이렇게 언급했다. "우리가 생각하는 것보다 훨씬 많은 경우에, 협력은 구성원 개개인의 능력을 활용하게 한다. 또한, 협력은 신비스럽지만 부정할 수 없는 구성원들의 상호작용 과정을 통해서 각자의 능력을 고양시킨다."

오늘날 리더가 문제를 해결하기 위해서 집단 구성원들의 창의적인 자원을 이용해야 하는지 여부는 의문의 여지가 없다. 많은 유능한 리더들이 비공식적이든 공식적이든(스태프 회의에서) 이들을 활용하고 있다. 여기서 중요한 문제는 이런 것들이다. 언제 집단 구성원을 참여시킬까? 누구를 선발할까? 어떤 문제가 구성원 참여를 필요로 할까? 누가 어떻게 최종 결정을 내려야 할까? 어떻게 갈등을 다룰까? 나는 뒤에서 이 질문들에 대해서 자세히 설명하고, 이 문제를 다루기 위한 기술과 방법도 제시할 것이다.

■■■■ 왜 팀을 구축하는가?

일부 리더들은 가끔 문제 해결을 위해 필요한 때에는 비공식적으로 구성원 개인들의 도움을 요청하지만, 아직 집단 전체를 문제 해결과 의사 결정을 위한 '경영팀(management team)'으로 개발하려는 의식적인 노력은 하지 않고 있다. 이 목표를 이루기 위해서 리더는 또 다른 추가적인 조치를 취할 필요가 있으며, 어떻게 스태프 회의를 효과적으로 진행하는지도 배워야 한다.(이 책의 7장에서 의사 결정 회의를 진행하는 데 필요한 기술을 다룬다.)

경영팀을 구축하는 일은 리더 역할을 효과적으로 수행하기 위해서 극히 중요하다는 것이 나의 생각이다. 그리고 이 입장을 지지하는 설득력 있는 주장도 많이 있다.

1. 조직 구성원 개개인은 그들이 조직의 목표와 목표 달성을 위한 의사 결정에 참여할 경우, 자신들이 조직의 목표와 보다 연관되어 있음을 인식하고 조직의 성공에 대하여 관심을 더 기울인다.

2. 구성원은 경영팀의 일원이 되면 자기 생활을 스스로 통제하고 있다는 느낌을 더 갖게 된다. 이것은 리더가 권력을 독단적으로 사용할 것이라는 두려움으로부터 구성원들을 자유롭게 한다.

3. 집단 구성원들이 집단의 문제 해결에 참여하면, 그들은 집단의 과제가 무엇이든지 이것에 대해서 기술적으로 많은 것을 배우게 된다. 그들은 리더로부터 배울 뿐만 아니라 서로에게서 배운다. 즉 경영팀을 개발하는 것이 지속적인 구성원들의 자질 개발을 위한 최선의 도구가 된다.(업무 수행 중 훈련)

4. 경영팀에 참여하는 것은 자기 존중, 소속감, 자아 실현과 같은 높은 단계의 욕구를 충족시킬 수 있는 기회를 구성원들에게 제공한다.

5. 경영팀은 리더와 구성원들 간의 신분의 격차를 줄이는 데 도움을 주며, 리더와 구성원들 간의 보다 개방적이고 솔직한 의사소통을 조장한다.

6. 경영팀은 구성원들이 배우고 구성원들 간의 관계에서 활용하기를 바라는 바로 그런 종류의 리더십 행동을 리더가 시범적으로 보여줄 수 있는 주된 수단이 된다. 이런 방식으로 효과적인 리더십은 하부 조직으로 전수된다.

7. 보다 높은 양질의 의사 결정은 종종 업무 그룹의 통합된 자원을

활용하여 얻어진다.

'경영팀' 개념에 대해 상당히 널리 퍼져 있는 오해가 있다. 나는 이 용어를 '조직의 위계질서 속에서 각자의 지위에 따라 허용된 자유 영역 내에서 운영되는 하나의 온전한 개체로서의(개인들의 집합보다는) 전체 업무 집단'을 뜻하는 것으로 사용했다. 한 조직에서 사장과 그에게 직접 보고하는 모든 임원들은 하나의 경영팀이 될 수 있다. 그리고 한 감독자와 그에게 보고하는 모든 작업자들은 또 하나의 경영팀이 될 수 있다. 대규모 조직에서는 다음 그림에서 보는 바와 같이 서로 연결된 여러 경영팀들로 구성되어 있다.

이 그림에서 보면 조직의 각 구성원들은 각각의 경영팀에 속하고, 어떤 구성원(소위 '연결핀')들은 2개의 경영팀에 속한다. 그는 한 팀에서는 리더이지만, 다른 팀에서는 구성원이다. '연결핀'은 X로 표시했다.

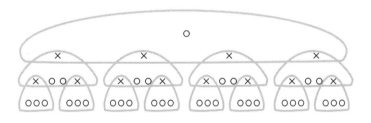

앞으로 이 책의 다른 장에서 다루겠지만, 경영팀의 성공은 다

음과 같은 리더의 기술에 크게 좌우된다.

(1) 팀 내에서 개방적이고 솔직한 의사소통의 개발.

(2) 누구도 패배하지 않고 갈등을 해결하기('무패 방법').

(3) 효율적이고 생산적인 의사 결정 회의 진행.

(4) 효과적인 '인간관계 전문가' 뿐만 아니라 '업무 전문가' 로서의 역할 담당.

(5) 리더가 집단 구성원으로 참여하는 한 계층 위의 경영팀에서 자기 팀에 대한 강력하고 효과적인 옹호자 역할 담당.

팀을 구축하고 효과적인 팀으로 기능을 하게 하는 데 가장 중요한 것은 리더가 자신과 구성원들 사이에 존재하는 신분의 장벽을 성공적으로 허무는 데 있다. 다른 어떤 개념도 이보다 더 중요한 것은 없다. 이것이 내가 규정하는 효과적인 리더십의 핵심 사항이다. 간략히 말하면 다음과 같다. 효과적인 리더는 다른 구성원들이 그는 그저 또 다른 구성원에 불과하다고 느낄 정도로 권위적인 티를 내지 않고 행동해야 한다. 동시에 리더는 구성원들이 리더만큼 자유롭다고 느낄 수 있도록 하여, 그들이 집단에 필요한 기능을 수행하고 집단의 목표에 기여할 수 있도록 그들을 도와야 한다.

리더가 효과적인 팀을 만드는 데 성공하려면, 리더는 구성원들이 마음 놓고 자기들의 주장을 내세우고, 제안을 하고, 적극적으로 문제 해결에 참여할 수 있게 하는 분위기를 육성하는 기술도 익혀야 한다. 물론 구성원들이 리더의 아이디어도 비평할 수 있어야 한다. 리더는 자신과 구성원들 간의 신분의 격차를 증대시킬 수 있는 특권 지향적인 행동, 예컨대 깔보는 듯한 행동, 오만한 행동 그리고 독단적인 권력 행사 등을 피해야 한다. 연구에 의하면, 이런 행동은 힘이 약한 사람으로 하여금 힘이 강한 사람과의 거리를 넓히도록 만드는 경향이 있기 때문에 리더와 구성원들 간의 상호 작용을 감소시킨다. 구성원들은 자신들을 무능하다고 느끼게 만들거나, 또는 자기 존중 의식을 저하시키는 리더로부터 멀어져 간다.

효과적인 리더는 다른 구성원들과 거의 다름없이 행동을 하고, 효과적인 구성원들은 마치 리더처럼 행동한다는 것은 정말로 역설이다. 효과적인 집단인지 아닌지를 알 수 있는 제일 확실한 방법은 처음에 리더로 대접 받은 사람이 나중에 그저 한 구성원으로 여겨지는가를 보면 된다. 효과적인 집단에서는, 각각의 구성원이 기여하는 것은 그 가치에 따라 평가될 뿐, 기여한 사람의 직위에 따라 평가되지 않는다. 오직 리더가 다른 구성원들과 같이 되었을 때만, 그 자신이 제안한 것도 다른 구성원들의 경우처럼 단지 그 가치에 따라 채택되거나 거부될 것이다. 그러면 집단 구성원들은 "그것은 리더의 아이디어니까 좋을 수밖에 없다."라고 생각하기보다는 리더에게 "그건 좋은 아이디어입니다."라고 자유롭게 말할 수 있게 된다.

리더가 그저 한 사람의 구성원 신분이 될 수 있다면 그의 아이디어는 다른 구성원들과 같은 기준으로 평가받게 되므로, 그가 실제로 집단에 기여하는 것도 증가한다. 처음에는 이것이 사실과 정반대인 것처럼 보인다. 그 까닭은 우리는 일반적으로 사람들이 리더라는 지위의 위세와 권력을 갖고 있는 경우에 그들이 집단에 대해 보다 긍정적인 영향력을 발휘할 수 있다고 생각하기 때문이다. 실제 사정은 이런 전통적 믿음을 배척한다. 그렇지만 우리는 리더가 다른 어떤 구성원들보다 집단에 대해 더 큰 영향력을 갖고 있음을 알고 있다. 도대체 무슨 영향력일까?

예를 들면, 리더의 제안은 종종 구성원들에 의해 무비판적으로 받아들여진다. 그 이유는 구성원들이 리더는 반드시 자기들보다 더 많이 알고 있을 것이라고 느끼고 있기 때문이다. 따라서 만일 리더의 제안이 항상 다 좋은 것이 아니라면(대부분의 리더의 경우 틀림없는 사실이다), 집단 전체의 효과성은 떨어진다. 다른 한편 리더의 제안은 단지 그것이 리더에게서 나왔다는 이유만으로 때로는 거부당한다. 이것은 권위에 대해 흔히 나타내는 반응으로, 아이들이 부모에 대해 '부정적' 일 때의 반응과 유사하다. 만일 리더의 어떤 아이디어가 실제로 좋은 것임에도 불구하고 집단에 의해서 거부되었다면, 다시금 그 최종적인 효과는 집단 전체의 효과성을 저하시키는 것이 될 것이다.

이것이 바로 리더가 자신과 구성원들 사이에 존재하는 신분 또는 특권의 차이를 줄이거나 제거한 다음에 오히려 유익한 제안을 보다 자유롭게 할 수 있게 되는 이유이다. 만일 리더가 신분의 격차를 줄이는 데 성공한다면, 그는 자신의 지식이나 경험이 집단에 유익하고 적절한 것이 될 경우에는 언제나 집단의 목표에 기여하려고 노력하는 또 한 사람의 생산적인 구성원이 되는 것이다.

■■■■ 누구의 책임인가?

많은 리더들은 경영팀을 개발한다는 아이디어에 대해서 거부감을 갖고 있다. 그 이유는 그들이 팀의 성패에 대해서 궁극적인 책임을 져야 한다고 느끼고 있고, 따라서 자신들이 반드시 모든 결정을 내리고 감독해야 한다고 믿기 때문이다.

비록 나는 '책임진다(responsible)'라는 말 대신에 '해명해야 할 책무가 있다(accountable)'라는 용어를 사용하고 싶지만, 공식적인 조직에서 리더들이 자신들의 집단의 성과에 대해 책임을 지는 것은 분명하다. 만일 어떤 집단이 회사의 욕구를 만족시키지 못했다면, 리더가 모든 책임을 구성원들의 탓으로 돌린다고 해도 그의 보스는 그 변명을 용납하지 않을 것이 분명하다. 이것에 대해서 집단이 아닌 리더가 '해명해야 할 책무가 있다'.

해리 트루먼 대통령의 집무실 책상 위의 액자에 쓰여 있던 '여기서 최종 책임을 진다(The buck stops here)'라는 말은 모든 리더의 책상 위에 놓이기에도 적합한 말이다. 리더는 자신이 리드하는 집단의 성과에 대하여 '해명해야 할 책무'를 반드시 인정해야 한다.(사실 리더는 집단 구성원들에 대해서 책임질 수는 없다. 왜냐하면 현실적으로 각각의 구성원들은 자기 자신에 대해서 반드시 책임을 져야 하기 때문이다.)

하지만 모든 일을 혼자 처리하는 리더가 자신이 혼자서 내린 결정에 대해서 해명해야 할 책무를 지듯이, 리더는 구성원들이 참여하여 만든 결정에 대해서도 해명해야 할 책무를 맡기로 결정할 수 있다. 이것을 보면, 의사 결정 방법과 리더가 해명해야 할 책무는 전혀 상관이 없다. 의식적으로 집단 구성원들의 참여를 통해서 의사 결정을 내리는 리더들은 단지 이것이 그들이 기꺼이 해명해야 할 책무를 지려는 결정의 질을 높일 수 있다고 느끼기 때문에 그렇게 할 뿐이다.

그러나 집단이 내린 의사 결정의 질에 대해서 리더들 사이에 커다란 논란이 있다. 정말로 참여적 의사 결정과 문제 해결이 양질의 의사 결정을 가져오는 것일까? 어떤 리더들은 집단은 좋은 결론을 만들어 낼 수 없다고 확신하고 있다. 그들은 흔히 사용되는 농담을 인용한다. "위원회는 말(馬)로 낙타도 만든다." 또 다른 리더들에게는 집단이 현명한 결정을 내릴 수 있다는 것은 상상도 할 수 없는 일이다. 그들에게 현명한 결정은 오직 현명한 리더들에 의해서 내려지는 것이다.

그러나 처음부터 문제가 하나같이 잘못 만들어졌다. 대개의 논쟁은 최선의 결정이 집단 구성원들에 의해서 만들어지느냐, 그렇지 않으면 집단의 리더에 의해서 만들어지느냐는 것이다. 이런 식으로 말하면, 구성원들을 리더와 대립하게 만들고, 이것은 일반적으로 리더가 구성원들보다 많은 정보와 경험을 갖고 있기 때문에 종종 구성원들을 매우 불리한 입장으로 몰아넣는다.

나는 이 질문을 이렇게 바꾸어 말하겠다. 리더는(집단 구성원들이 가진 자원 없이) 집단(리더를 포함해서)보다 현명한 결정을 내릴 수 있는가? 이렇게 하면 우리는 사용 가능한 모든 자원을 가진 전체 집단과 단지 자신의 제한된 자원을 갖고 있는 리더를 대립시키게 된다. 이 문제를 가정 생활에 대입시켜 보면, '아빠가 제일 잘 안다' 라는 일반적인 믿음은 다음과 같이 응수하는 눈치 빠른 아이에게 도전을 받을 수 있다. "그렇죠, 하지만 아빠는 우리가 함께하는 아빠보다 잘 알 수 있어요?"

그러나 집단이 모든 구성원들의 자원을 활용하여 문제를 해결하고 결정을 내린다고 하여도, 모든 해결 방안과 결정이 최고의 질이라는 보장은 없다. 그러나 이것은 리더 혼자서 문제를 풀고 결정을 내린 경우에도 똑같이 사실이다. 집단의 해결 방안과 결론은 개인의 해결 방안과 결론의 경우와 마찬가지로 질이 나쁜 것도 있고 탁월한 것도 있을 수 있다. 이 책의 7장에서 문제를 효과적으로 해결하는 집단의 능력을 향상시킴으로써 양질의 결론을 도출할 수 있는 방법을 제시한다.

▄▄▄▄ 문제를 해결하려고 하지 말라, 문제가 해결되도록 돌보라

나는 이 책의 2장에서 성공하는 리더는 문제 해결을 위한 기술이 있어야 한다고 강조했지만, 이것이 반드시 리더 스스로 대다수 해결 방안을 찾아내야 한다는 것을 의미하는 것은 아니다. 그러나 어떤 리더들은 무슨 문제도 자신들의 눈을 피해 나갈 수는 없다고 우쭐대며 이처럼 부담스러운 책임을 떠맡기도 한다. 이런 자세는 큰 대가를 치른다. 이런 리더는 결국 '원맨 쇼(one-man show)'를 벌이게 되고, 문제 해결 역량을 개발하는 것이 허용되지 않은 의존적인 집단 구성원들을 감독하게 될 것이다.

어떤 리더도 모든 해답을 갖고 있을 수 없다는 것은 상식이다. 대부분의 업무 그룹에서 일어나는 문제는 너무나 다양하고 복잡해서 리더 혼자만의 힘으로 해결하기는 벅차다. 이것은 기술적인 (직무 관련) 문제뿐만 아니라 인간관계 문제의 경우에도 마찬가지이다. 특히 집단 구성원의 개인적인 문제나 또는 두 구성원들 간에 갈등이 있는 경우처럼 인간관계 문제가 훨씬 복잡한 경우가 많이 있다.

따라서 효과적인 리더는 자신이 문제를 해결해야 할 필요는 없지만, 그러나 문제가 해결되도록 돌보아야 한다. 즉 리더는 좋은 문제 해결사가 되는 대신에 문제 해결을 위한 좋은 윤활제 역할을 해야 한다. 이 효과적인 리더 역할 개념에서 중요한 사항은 리더는 문제 해결이 하나의 과정이라는 것을 이해해야 하며, 이 과정을 성공적으로 수행하기 위한 기술을 익혀야 한다는 것이다.

문제 해결 과정은 다음과 같은 6가지 단계를 거친다.

- 1단계 : 문제 파악 및 정의.
- 2단계 : 해결 방안 도출.
- 3단계 : 해결 방안 평가.
- 4단계 : 의사 결정.
- 5단계 : 결정 사항 실행.
- 6단계 : 사후 평가.

나는 이 책의 7장에서 이 문제 해결 과정의 각 단계에서 리더가 구성원들의 참여를 이끌어 내는 방법을 제시한다. 리더는 종종 집단이 해결해야 할 문제를 알고 있지 못하므로, 문제를 파악하고 정의(1단계)하는 데 구성원들의 도움을 분명히 필요로 한다. 해결 방안을 만들어 내기 위한 2단계에서, 집단 구성원들은 여러 조직에서 흔히 사용하는 브레인스토밍(brainstorming) 방법을 이용해서 여러 해결 방안을 찾아낼 수 있다. 해결 방안 평가 단계인 3단계는 여러 해결 방안의 상대적인 가치를 평가하기 위해서 집단의 지적인 기술뿐만 아니라 다양한 경험을 활용한다. 다음 4단계에서는 집단에서 활용 가능한 모든 지력(智力)을 동원하여 최종적으로 '최선의 해결 방안'을 결정한다. 많은 결정 사항들은 반드시 집단 구성원들에 의해서 실천되어야 하므로, 특히 결정 사항 실행 단계(5단계)에서 집단 구성원들의 참여가 극히 중요하다. 이 단계에서 구성원들은 누가, 무엇을 언제까지 할 것인가를 결정하는데 있어 자신들의 의견을 반영하고자 한다. 다음 6단계에서는 선택된 해결 방안이 실제로 문제를 풀었는지 여부를 결정하기 위해서 사후 평가를 하는데, 집단 구성원들은 평가에 필요한 자료를 수집해야 한다.

특히 '팀원이 개인적으로 소유하고 있는' 문제들의 경우에, 리더는 문제 해결 과정에 직접 참여하기보다는 주로 구성원 자신의 내면적인 문제 해결 과정을 원활하게 촉진하는 역할을 한다. 이때 리더는 구성원 자신이 독자적으로 6가지 단계를 '이야기하며 끝까지 헤쳐 나가도록' 도움을 준다. 이것은 전문적인 상담사가 개인적인 문제를 갖고 있는 사람을 도울 때 쓰는 방식과 거의 같다. 나는 다음 장에서 이 같은 리더의 상담 기능에 대해 설명하고, 사람들 스스로 문제를 해결하게 하는 데 커다란 효과가 있는 적극적 듣기 기술에 대해서도 설명한다.

만일 리더가 문제 해결을 위한 촉매로서의 역할에 관한 기술(문제가 해결되도록 돌보는)을 배운다면, 이것은 리더 자신이 직접 모든 문제를 해결하려고 시도할 때보다 리더의 일을 훨씬 쉽게 만든다. 만일 리더 혼자서 문제를 해결하려고 하면, 리더는 모든 문제에 대한 해답을 갖고 있거나, 모르는 것이 없어야 하고, 초인적인 지성을 갖추고 있거나, 무진장한 지식과 경험의 창고를 갖고 있어야 할 것이다. 다시 반복해서 강조하지만, 유능한 리더는 팀원 자신이 문제를 해결하게 하는 방법, 문제 해결을 위한 팀을 구축하는 방법, 상황에 맞게 팀 구성원들이 갖고 있는 창의적인 자원을 동원하는 방법, 그리고 구성원과 구성원 사이뿐만 아니라 구성원과 리더 사이에 긴밀한 유대를 구축하는 방법 등을 반드시 배워야 한다. 이 목표는 만물박사 같은 사람이 되려는 목표와 달리 실현 가능한 것이다.

4

구성원 스스로 문제를 해결하도록 돕는 기술

만일 구성원들이 자기들의 다양한 욕구를 충족시키려고 노력하다가 문제에 봉착하게 된다면, 집단의 전반적인 역량은 손상받을 수밖에 없다. 사람들이 무엇인가를 고민하고 있고 만족하지 못하고 있다면, 이것이 그들의 업무에 영향을 준다는 것은 말할 필요도 없다.

어떤 사람은 집중하지 못하고 주의가 산만해질 수 있다. 어떤 사람은 자신의 감정을 배출하거나 다른 구성원들에게 불평을 늘어놓는 데 과도한 시간을 소비할 수도 있다. 또 다른 사람은 실수를 저지르고 생산성을 향상시키려는 의욕을 상실할 수도 있다. 또 어떤 사람은 리더는 물론 다른 구성원들과의 의사소통을 현저하게 줄이게 된다. 물론 이런 신호들은 리더로 하여금 구성원들의 개인적인 문제뿐만 아니라 업무에 관련된 문제의 징조를 가능한한 빨리 포착하도록 하고, 그 사람들이 문제를 해결하고 다시 생산적인 업무로 복귀하도록 필요한 조치를 취할 수 있게 해 준다.

누구나 알고 있듯이 모든 사람들은 자신들의 문제를 다른 사람들에게 쉽게 털어놓지 않는다. 때로는 무엇이 우리 자신을 고민하게 하는지 모르기 때문에, 말로 그 감정을 표현하기가 어려울 때도 있다. 또한, 우리가 문제를 가지고 있다고 남들 앞에서 인정하는 것도 쉬운 일이 아니다. 왜냐하면, 우리는 이로 인해서 남들에게 부정적으로 인식되고 평가받는 것을 싫어하고, 초조하고 분노하는 모습을 드러내 놓기가 두렵기 때문이다. 이런 감정의 억제는 상대방이 직장의 상사일 경우에 특히 심하다. 그래서 집단 구성원들의 문제는 대부분의 경우 리더에게 즉시 전달되지 않는다. 게다가 전혀 전달되지 않는 경우도 많다.

비록 구성원들이 자신들의 문제를 리더에게 말하기로 용기를 낸 경우에도, 그들은 일반적으로 분명하고 확실한 감정을 쉽게 내보이지 않는다. 사람들은 충족되지 못한 욕구나 불만족을 마음에 품고 있으면 다음과 같은 암시와 신호로써 속내를 누설하게 된다.

- 유별나게 말이 없어짐.
- 리더를 피함.
- 유별나게 초조해함.
- 공상에 잠김.
- 의자 속에 푹 파묻혀 있음.
- 풀이 죽어 있거나 의기소침해짐.
- 보통 때보다 느리게(또는 빠르게) 걸음.
- 부루퉁해짐.
- 지나치게 잦은 결근.
- 웃음이 적어짐.
- 마지못해 함.
- 빈정댐.

내가 '신호를 보내는 행동' 이라고 부르는 이런 암시와 신호는 리더에게 문제가 존재하고 있다는 것을 경고한다. 앞에서 살펴본 행동의 창을 참고하면, 자신이 문제를 갖고 있다는 신호를 보내는 구성원의 행동은 행동의 창에서 맨 윗부분에 속하는 행동이다.

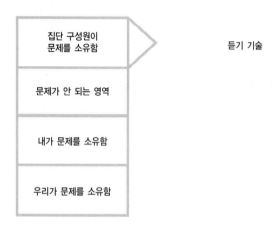

이런 신호들은 리더에게 문제가 존재한다는 사실을 알려 주지만, 그것들이 문제의 본질을 말해 주는 경우는 거의 없다. 따라서 리더 앞에는 구성원 자신이 문제의 본질을 드러내도록 해야 하는 보다 어려운 과제가 놓여 있다. 그렇지만 아주 개방적이고 직설적인 사람들조차 과제의 내용을 금방 토설하는 경우는 극히 드물다. 그들은 보통 먼저 감정을 배출하거나 다음과 같이 말문을 열기 전에는 진짜 문제로 들어가지 않는다.

"저는 정말 속상합니다."
"차라리 오늘 출근하지 말았어야 했어요."
"구매 부서 때문에 미치겠어요!"
"아, 그거요. 그냥 잊어 주세요."

"제발, 저 좀 그대로 내버려 두십시오."

"어쨌든 이건 다른 겁니다."

"필요한 아무 정보도 없이 제가 어떻게 일을 하죠?"

"회의에서 그가 한 짓을 참을 수가 없어요!"

"저는 가끔 회사를 그만두고 싶어요."

우리는 다른 사람의 마음속에 들어가 볼 수 없으므로, 상대방이 무엇을 경험하고 있는지 정확하게 알 수 없다는 것을 이해하는 것이 중요하다. 우리가 할 수 있는 일은 우리가 듣고 감지하는 언어, 혹은 비언어적인 메시지에 의지해서 다른 사람의 내부에서 일어나고 있는 것들을 추측할 뿐이다. 다른 사람을 이해하는 과정은 몇 가지 사건으로 구성되어 있다. 이 과정은 우선 메시지 발신자(말하는 사람)가 불만족, 내면의 불안감, 박탈감과 같은 느낌을 경험하는 것으로부터 시작된다.

발신자   수신자

수신자(듣는 사람)는 발신자의 개인적인 내면 세계에 무엇이 있는지 무슨 생각을 하고 있는지 알 수 있는 방법은 없다. 그러나 만일 발신자가 이것을 다른 사람과 공유하기를 원한다면, 발신자는 먼저 자신의 내부 감정을 나타내거나 상징화하는 적절한 부호(code)를 선택해야 한다.

그 다음 발신자는 이 부호를 보낸다.(이 경우에는 언어 메시지)

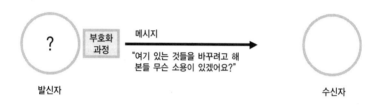

수신자인 리더는 특정한 이 부호를 들으면 이것을 해석하는 과정을 시작한다. 리더는 이 메시지로부터 발신자인 구성원이 내면적으로 무엇을 경험하고 있는지 추측하거나 추론한다. 이 경우에 리더는 발신자가 아주 낙담하고 있다고 추측했다고 하자.

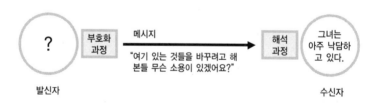

사람 사이의 의사소통 과정을 나타내는 이 도표는, 의사소통은 사람들이 일반적으로 생각하는 그저 사람이 무엇인가를 표현하는

것 이상이라는 사실을 시각적으로 보여 주는 수단이다. 실제로 의사소통이 이루어지려면 발신자의 표현(expression)과 수신자의 느낌(impression)이 필요하다. 따라서 효과적이거나 완전한 의사소통은 오직 다음의 경우에만 일어난다.

느낌 = 표현

다른 사람을 진정으로 이해하는 일은 수신자의 느낌(해석의 결과)이 발신자가 표현 속에서 의도했던 것과 아주 일치할 때만 일어나는 것이다.

유감스럽게도 진정한 이해가 이루어지는 효과적인 의사소통은 많은 사람들이 생각하는 것보다 훨씬 드물게 일어나는데 그 이유는 다음과 같다.

- 사람들은 항상 스스럼없이 자신들의 본심을 말하는 것은 아니다.
- 사람들은 항상 자신들의 진짜 감정을 감지하고 있는 것은 아니다.
- 감정이란 말로 옮기기에 어려운 면이 있다.(정확한 부호를 찾기가 힘들다.)
- 똑같은 말(부호)이라도 사람에 따라 그 의미가 달라진다.
- 사람들은 때로는 듣고 싶은 것만 듣는다.(부호를 선택적으로 해석한다.)
- 수신자는 종종 자기가 다음에 무슨 말을 해야 할지 생각하는 데 바빠서 발신자가 보내는 메시지를 해석조차 하려 들지 않는다.(그래서 그는 이해하지 못한다.)
- 발신자는 수신자가 정확하게 자기가 보낸 부호를 해석했는지 여부

를 알 수 없는 경우가 많다.
- 수신자는 자신이 받은 부호를 올바르게 해석했는지 여부를 알 수 없는 경우가 많다.

이런 어려움들이 진정한 이해가 이루어지는 것을 힘들게 만들지만, 우리는 최근에 '느낌=표현'의 성립 가능성을 증가시키는 방법을 많이 알게 되었다. 우리는 또한 대화의 장벽으로 작용하는 것이 무엇인지 비교적 정확하게 알고 있다.

먼저 기억할 것은 다음과 같다. 우리는 지금 사람들이 문제를 가지고 있을 때 신호와 암시, 또는 감정을 분출하는 짧은 메시지를 가지고 초기에 자신들을 표현하는 방법에 대해서 말하고 있다. 아직 그들이 문제 해결 과정을 시작하려면 먼 길을 가야 한다. 리더의 임무는 이 과정이 움직이게 만들고, 팀원들이 문제 해결의 6가지 단계를 수행하는 것을 원활하게 해 주는 기술을 갖추는 것이다.

- 1단계 : 문제 파악 및 정의.
- 2단계 : 해결 방안 도출.
- 3단계 : 해결 방안 평가.
- 4단계 : 의사 결정.
- 5단계 : 결정 사항 실행.
- 6단계 : 사후 평가.

다시 말하지만, 리더의 목표는 문제가 해결되도록 돌보는 것이다.

■■■■ 문제 해결을 원활하게 하는 응답

말문을 열게 하는 말(도어 오프너, Door Openers)

어떤 사람이 자기의 감정을 분출하는 짧은 메시지를 보내서 듣는 사람에게 문제가 존재한다는 사실을 암시해 주었다고 하여도, 이 '도움받는 사람'은 대개 듣는 사람(청자, 聽者)이 요청하지 않는다면— '도움받는 사람'에게 문을 열어 주어—문제 해결 과정으로 들어가지 않는다.

"그것에 대해 말해 줄 수 있어요?"

"내가 뭐 도울 일은 없을까?"

"당신은 어떻게 느끼는지 알고 싶어요."

"얘기할 수 있겠어요?"

"가끔 가슴속에 있는 것을 털어놓는 것도 정신 건강에 좋지요."

"할 수만 있다면 돕고 싶어요."

"한번 말해 봐요."

"난 시간이 있는데 만일 시간이 있으면, 얘기 좀 할 수 있어요?"

대체로 문제를 가지고 있는 사람들은, 타인의 시간을 뺏는다든지, 부담을 준다든지, 또는 고민을 털어놓아서 그 문제를 강제로 타인에게 부과하는 것을 싫어한다. 따라서 그들은 듣는 사람이 돕는 역할을 기꺼이 맡을 것이라는 일종의 보증을 원하게 된다. 위의 응답은 듣는 사람이 들을 뿐만 아니라 듣는 것을 수용하면서, 말하는 사람(화자, 話者)과 '함께' 하고 있음을 구체적으로 나타낸다. 잘 듣는 사람은 상대방에게 주의를 집중하고 있음을 나타내 보인다.

소극적 듣기

모든 사람들이 경험을 통해 아는 것처럼, 우리가 문제를 갖고 있을 때 누군가가 입을 다물고 들어 준다면, 우리는 힘을 얻어 계속 문제를 얘기하게 된다. 듣는 사람이 기꺼이 조용히 있다는 것은 대체로 흥미와 관심을 나타내는 증거이다. 침묵(또는 소극적 듣기)은 사람들로 하여금 그들이 고민하는 것을 말하게 만드는 강한 영향력을 가진 도구이다. 그리고 전문 상담사에게 상담을 받아 본 사람은 누구나 아는 바와 같이, 들어 줄 마음이 있는 사람에게 얘기한다는 것 자체가 말하는 사람이 계속 말하는 데 필요한 용기를 주는 것이다.

동의적 응답

마음에 문제가 있는 대부분의 사람들은 듣는 사람으로부터 전적인 침묵 이상의 어떤 것을 원한다. 그들은 듣는 사람이 공상을 하거나, 자신만의 생각에 빠져 있지 않다는 증거를 원한다. 그들은 자기들이 보내는 메시지에 듣는 사람이 때때로 다음과 같이 동의해 주기를 바란다.

눈 마주치기	"이해하고말고."
고개 끄덕이기	"재미있네."
"그렇군."	"정말?"
"와~."	"저런."
"음~."	"듣고 있어요."

적극적 듣기

앞에서 논의한 말문을 열게 하는 말(도어 오프너), 소극적 듣기, 동의적 응답은 사람이 얘기를 시작하게 하는 데 도움을 주지만, 그러나 '느낌=표현' 이 되게 하는 데 크게 도움을 주지는 못한다.

이 3가지 기법들은 어느 것도 '도움받는 사람' 으로 하여금 듣는 사람이 실제로 이해하고 있다는 것을 확신하게 하지는 못한다. 듣는 사람은 자신의 느낌이 말하는 사람의 표현과 확실히 일치하게 하기 위해서 적극적 듣기를 반드시 해야 한다.

앞에서 마지막으로 논의했던 도표를 다시 보면, 발신자는 "여기 있는 것들을 바꾸려고 해 본들 무슨 소용이 있겠어요?" 라는 메시지를 선택했었다. 그런데 수신자는 이 메시지를 '그녀는 아주 낙담하고 있다.' 고 해석했었다. 이제 수신자가 그 메시지를 자신이 정확히 어떻게 해석했는지 발신자에게 피드백했다고 가정해 보자.

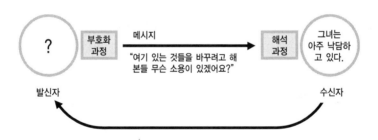

이 피드백으로부터 발신자는 자기가 보낸 메시지를 수신자가 어떻게 해석했는지 구체적인 증거를 얻게 된다. 발신자는 이 피드백을 들은 후 그것을 확인해 주거나("맞아요.") 또는 수정해 줄 것이다("저는 낙담하고 있는 것이 아니라 화가 나 있어요."). 발신자의 확인은 수신자에게 자신의 '느낌' 이 정확했음을 알려 주는 증

거가 된다. 반대로 발신자가 수정해 주었다면 그것이 부정확했음을 알려 주는 것이다.

수신자가 자신의 해석 결과를 빈번하게 지속적으로 피드백해 주는 것이야말로 적극적 듣기의 전부이다. 우리는 다른 사람을 완전히 정확하게 이해했다고 결코 장담할 수 없다. 따라서 듣기의 정확성을 검사하여 대부분의 대인 관계 의사소통에서 일어나는 오해와 왜곡을 최소화하는 것이 필요하다. 말문을 열게 하는 말, 소극적 듣기, 동의적 응답은 듣는 사람이 발신자를 이해하려고 하는 의도만을 보여 주지만, 적극적 듣기는 듣는 사람이 정말로 이해했음을 보여 주는 증거가 된다. 이 증거야말로 발신자가 계속 얘기할 수 있게 만들고 깊은 문제로 다가가게 만든다.

적극적 듣기는 전혀 복잡하지 않다. 듣는 사람(청자)은 다만 발신자의 표현에 대한 자신의 느낌을 자신의 언어로 고쳐서 말하면 된다. 이것은 일종의 점검이다. 나의 느낌이 발신자가 받아들일 만큼 정확한 것일까? 하지만 적극적 듣기를 잘하도록 배우는 데는 많은 연습이 필요하다. L.E.T. 과정에서 수천 명의 리더를 훈련시킨 경험에 의하면, 실습을 통해서 대부분의 참가자들은 수 주 안에 상당한 수준의 능력에 도달했다.

이런 방식으로 응답하는 데 좀더 익숙해지기 위해서, 우선 다음에 제시하는 메시지들을 읽어 보고, 그 다음에는 듣는 사람의 응답을 큰 소리로 읽어 보라.(각 응답은 정확한 피드백이다.)

1. 발신자 : 저는 이 혼란스런 문제를 어떻게 풀어야 할지 정말 모르겠습니다.

   듣는 사람 : 당신은 그 문제를 어떻게 해결해야 할지 몰라 정말 곤

란한 모양이군요.

2. 발신자 : (큰 소리로) 나는 왜 엔지니어링 부서에서 정확한 설계 도
   면을 받을 수 없는 거지?
   듣는 사람 : 그 사람들의 설계 도면에 있는 오류가 당신을 화나게
   하는군요.

3. 발신자 : 제대로 듣지 못해 미안합니다. 아들 녀석 문제 때문에 잠
   시 정신이 딴 데 가 있었습니다. 그 녀석이 엉뚱한 짓을 해서 일을
   망쳐 놓았어요.
   듣는 사람 : 아들을 많이 걱정하는 것 같아요.

4. 발신자 : 제발 지금은 그것에 대해 묻지 말아 주십시오.
   듣는 사람 : 지금은 너무 바쁘다는 말인가요.

5. 발신자 : 내 생각엔 오늘 회의는 차라리 안 하느니 못했어!
   듣는 사람 : 당신은 회의 내용에 실망이 크군요.

6. 발신자 : 구매 부서에 구매 요청할 때면 매번 2쪽짜리 구매 요청서를
   왜 써야 하는지 정말 모르겠어요!
   듣는 사람 : 당신은 그것이 시간을 낭비하게 만들고 아무 소용도
   없다고 생각하는 건가요. 추측이지만.

■■■ 적극적 듣기의 논리적 근거

사람과 사람 사이의 의사소통에서 오해를 방지하거나 최소화하려는 것은 리더가 적극적 듣기 능력을 배양해야 하는 충분한 이유가 된다. 그러나 똑같이 중요한 이유가 또 있다.

지난 수십 년 동안 일단의 심리학자들은 인간관계에서 개인적인 성장과 심리적인 건강을 촉진하는 핵심적인 요소를 규명하기 위해서 노력해 왔다. 이 집중적인 연구의 초기에는 주로 성공적인 전문 조력자(상담사와 심리치료사)의 특성과 행동을 조사하는 데 중점을 두었으나, 나중에는 점차 확대되어 성공적인 교사, 부부 그리고 부모들의 개인적인 특성을 연구하게 되었다. 이 연구를 통해서 서로 상대방의 성장과 심리적인 건강을 육성하는 인간관계를 맺으려면 최소한 두 가지 요소가 필요하다는 결정적인 증거를 얻을 수 있었다. 그 두 가지 요소는 '공감(empathy)'과 '수용(acceptance)'이다.

공감은 내가 다른 사람들의 입장에 서는 능력이며, 그들의 내면적 가치 세계를 이해하는 능력이다. 그들은 이 현실을 어떻게 바라볼까? 그들은 그것을 어떻게 느끼고 있을까? 적극적 듣기는 바로 이 기능을 담당한다. 다른 사람들이 나를 나와 같은 입장에서 이해하고 있다고 자주 느낄 수 있는 분위기는 그 사람에게 전반적인 심리적 건강과 개인적 성장을 가져다 준다. 이것이 일어나는 주된 이유는 이런 분위기가 욕구 충족을 수반하는 문제 해결을 좀더 쉽게 하기 때문이다. 사람들은 일단 어떤 문제를 해결하고 그들의 욕구가 충족되면, 자연히 매슬로의 피라미드에서 보다 상위에 있는 욕구를 추구하게 되고, 자기 성취와 자기 계발을 위한 새로운 길을 찾는 것이다.

　수용은 우리가 기억하는 것처럼 다른 사람이 하고 있는 것에 대해서 기분 좋게 느끼는 것이며, '수용할 수 있는 행동'은 행동의 창 윗부분에 속한다.

　물론 우리는 수용할 수 있는 행동을 바꿔야 할 필요는 없다. 따라서 우리는 그 시점에서 발신자인 그녀를 있는 그대로 수용할 수 있다(그녀의 행동은 우리 자신의 욕구가 충족되는 것을 방해하고 있지 않다). 소극적 듣기, 동의적 응답, 그리고 특히 적극적 듣기는 다음과 같은 사실을 분명히 전달하기 때문에 수용의 의사를 전달하는 언어적인 응답(또는 수단)이다.

- 나는 당신이 무엇을 느끼는지 안다.
- 나는 당신이 지금 그렇게 생각하는 것을 이해한다.
- 나는 현재의 당신 그대로의 모습을 받아들인다.
- 나는 흥미와 관심이 있다.

- 나는 현재 당신의 입장을 이해한다.
- 나는 당신을 바꾸려고 하지 않는다.
- 나는 당신을 판단하거나 평가하지 않는다.
- 당신은 나의 책망을 두려워할 필요가 없다.

소극적 듣기, 동의적 응답, 적극적 듣기와 극명히 대비되는 다른 어떤 메시지들은 도움받는 사람을 바꾸겠다는 듣는 사람(청자)의 욕망이나 의도를 전달한다. 즉 어떤 응답은 그녀의 행동을 지시하거나 또는 그녀가 달리 행동하도록 영향을 미치려는 욕구를 전달한다. 이런 응답은 문제 해결을 지연시키거나 방해하므로 나는 이들을 '의사소통의 장애물(Roadblocks to Communication)'이라고 부른다. 여기에는 12가지 종류가 있다.

01. 명령, 지시, 지휘
"당신은 반드시 이것을 해야 합니다."
"당신 이거 하면 안 돼."
"당신이 그것을 할 줄로 알겠소."
"그만둬."
"가서 그녀에게 사과하시오."

02. 경고, 주의, 위협
"이것을 하는 것이 나을 거요, 그렇지 않으면……."
"이걸 하지 않으면, 그때는……."
"그것을 하지 않는 것이 좋을 거요."
"분명히 경고하지만, 만일 당신이 그걸 한다면……."

03. 교화, 설교, 간청

"당신은 이것을 해야 합니다."

"당신은 마땅히 그것을 시도해 봐야 해요."

"이것을 하는 것은 당신 책임이오."

"이것은 당신 의무야."

"나는 당신이 이것을 하기 바랍니다."

"나는 당신이 이것을 해야 한다고 강력히 촉구합니다."

04. 충고, 제안, 해결 방안 제시

"내 생각으론, 당신이 해야 할 것은……."

"제안하고 싶은 것은……."

"이렇게 하는 것이 당신에겐 최선이에요, 만일……."

"다른 방식으로 한번 해보지 그래?"

"최선의 해결 방안은……."

05. 논리적으로 설득, 훈계, 논쟁

"당신은 다음과 같은 사실을 인식하고 있나요……."

"실제 사실은……."

"내가 진실을 말해 주죠."

"이것이 정답이에요."

"경험에 의하면……."

06. 판단, 비판, 이의 제기, 비난

"지금 당신은 바보 같은 짓을 하는 겁니다."

"당신 생각이 올바른 것은 아니죠."

"당신 얘기는 터무니없는 것이에요."

"당신은 제대로 일을 하지 않았군."

"당신은 틀렸어."

"그것은 멍청한 얘기에요."

07. 칭찬, 동의, 호의적 평가, 아부하기

"당신의 판단은 항상 옳았습니다."

"당신은 지성인이야."

"당신 잠재력은 굉장해."

"당신은 대단히 발전했어요."

"당신은 과거에 항상 이루어 냈잖아요."

08. 욕하기, 조소, 모욕

"당신은 부주의한 작업자로군요."

"당신 생각은 항상 명확하지가 못해요."

"당신 마치 기술자처럼 말하는군."

"당신이 망쳐 놓았어."

09. 해석, 분석, 진단

"당신은 화가 나서 이 얘기를 하는 거죠."

"당신은 질투하는군요."

"당신이 정말로 필요로 하는 것은……."

"당신은 상관과 문제가 있군."

"당신은 잘 보이려 하는 거죠."

"당신은 과대망상증이 좀 있어요."

10. 재확인, 동정, 위로, 편들기
"내일은 기분이 달라질 겁니다."
"사정이 좋아지겠죠."
"새벽이 되기 전에 항상 제일 어둡죠."
"구름 뒤에는 태양이 있습니다."
"너무 걱정하지 마세요."
"그렇게 나쁜 것은 아니잖아요."

11. 탐문, 질문, 심문
"왜 그런 일을 했나?"
"얼마나 오랫동안 그렇게 생각했지요?"
"이것을 해결하기 위해서 한 일이 뭡니까?"
"딴 사람한테 물어봤어?"
"언제부터 그런 기분이 들었나요?"
"대체 누가 당신한테 그렇게 하라고 했어?"

12. 주의를 산만하게 함, 화제 전환, 농담
"긍정적인 면을 생각하세요."
"마음이 안정되면 생각해요."
"점심이나 먹고 잊어버립시다."
"그 얘기를 들으니 옛날 생각이 나는군……."
"당신은 지금 당신이 문제를 갖고 있다고 생각하는 것일 뿐이야."

듣는 사람이 나타내는 이런 12가지 종류의 응답에 내포된(그리고 때로는 아주 노골적인) 것은 발신자를 수용하기보다는 바꾸려는 욕망이나 의도이다. 이런 의사소통을 가로막는 대화 방식은 도움받는 사람이 달리 생각하거나, 느끼거나, 행동하기를 바라는 욕망(그리고 종종 압력)을 전달한다. 따라서 이 12가지 종류의 응답은 듣는 사람이 수용하지 않는다는 사실을 전달하는 수단으로 작용한다. 그리고 이 수용하지 않는 분위기는 개인적인 성장과 발전 그리고 심리적인 건강에 도움이 되지 않는다.

왜 그런가? 그것은 사람들이 독단적인 권력에 의해서 자신들이 변화되는 것을 두려워하거나 또는 자신들이 변화되도록 위협을 받거나, 평가를 받거나, 압력을 받거나, 분석 대상이 되고 있다고 느끼면 문제를 효과적으로 해결하지 못하기 때문이다. 이런 분위기는 방어 심리와 변화에 대한 저항을 가져온다.(이 사람들은 매슬로의 2단계 욕구인 안전과 안정 욕구를 방어한다.) 이것은 또한 자신의 문제 해결에 필요한 자기 표현과 자기 탐구를 방해한다.

적극적 듣기는 집단 구성원 자신의 문제 해결을 돕는 데 있어서 아주 중요한 기능을 수행한다. 즉 문제 해결의 책임을 구성원이 계속 맡도록 하는 것이다.(물론 여기서 구성원은 '문제를 소유하고 있는' 사람이다.) 반면에 의사소통을 가로막는 12가지 장애물은 정도의 차이는 있지만 그 책임을 문제 '소유자'에게서 가져와서 리더에게 주는 경향이 있다. 문제 해결의 책임을 문제를 소유한 사람에게 계속 유지시키는 것은 다음과 같은 이유 때문에 중요하다.

첫째, 집단 구성원들이 스스로 자신들의 문제를 해결하도록 만드는 리더는 나중에 여러 가지 편익으로 보상받는 견실한 투자를 하고 있다. 즉 구성원들은 리더에게 덜 의존하게 되고, 자력으로 업무를 추진하게 되며, 스스로 문제를 해결하는 능력을 갖게 된다.

둘째, 리더는 구성원들이 생활 속에서 업무 내외적으로 직면하는 복잡하고도 다양한 수많은 개인적인 문제를 충분히 이해할 능력이 없다. 따라서 문제 해결의 책임을 도움받는 사람에게 유지시키는 기술은 리더로 하여금 실제로 정보는 거의 없으면서 문제의 해답을 찾아내야 하는 거의 불가능에 가까운 일로부터 벗어나게 한다. 고도로 훈련받은 전문 상담사들조차 다른 사람들의 문제를 극히 제한적으로 이해할 수밖에 없다는 사실을 잘 알고 있기 때문에 고객의 강한 압력에도 불구하고 고객을 대신해서 해결 방안을 만들어 내는 책임을 지지 않으려고 한다.

다음은 한 부서장과 공장장의 실제 대화 내용이다. 이 부서장이 어떻게 공장장에게 책임을 전가하려고 하는지 주목하라.

부서장 : 사실, 제게 문제가 좀 있습니다. 다름이 아니라 오늘 저희 부서 직원들이 제게 와서 따지더군요. X 부서 사람들은 토요일에 와서 오버타임(overtime)을 하는데 왜 자기들은 할 수 없느냐는 겁니다.

공장장 : 당신 부서 직원들이 오버타임을 좀 하고 싶어한다고?

부서장 : 예. 하지만, 반드시 그런 것만도 아닙니다. 저야 저희 부서 비용을 절감하기를 원하고 있고, 사실 오버타임 예산도 남아 있는 것이 거의 없습니다. 하지만 만일 X가 자기 직원들을 불러들인다면 저희 부서 직원들이 오버타임을 요구하는 것은 자연스런 일이죠. 그건 너무나 자연스런 일입니다. 공장장님은 그렇게 생각하지 않으십니까?

공장장 : 당신은 당신 직원들을 불러들이고 싶지 않은데, 만일 X 부서

가 들어와서 오버타임을 한다면 당신이 곤란해진다는 거지요.

부서장 : 물론입니다. 아마 이건 저하고 상관없는 일인지도 모르지만, 어쨌든 사실을 말씀드리겠습니다. X는 일 못하는 녀석들을 많이 데리고 있죠. 아마 쓸 만한 직원 1명이면 X 부서 직원 3명이 하는 일을 충분히 해낼 겁니다. 그러니까 그가 토요일에 직원들을 불러내어 붙잡아 놓고 일을 시키는 겁니다.

공장장 : 알겠어요. 만일 그가 일 못하는 녀석들 대신에 쓸 만한 직원을 좀 데리고 있다면, 그는 누구도 오버타임 시킬 필요가 없다는 말인가요. 당신의 이런 감정을 X에게 얘기해 본 적이 있나요?

부서장 : 그게 뭔 소용이 있겠습니까! 그런데, 공장장님께 한번 여쭤보겠습니다. 제 얘기가 맞지 않습니까?

나중에 공장장은 이 대화에 대해서 다음과 같이 얘기하면서 그가 왜 부서장으로부터 책임을 가져오는 것을 거부했는지 설명했다.

"이것은 여러 사정이 혼합된 경우였습니다. 그 부서 직원들은 부서장에게 계속 반발하고, 이것은 그를 곤란하게 만들었습니다. 한편, 그는 회사의 정책과 동료 부서장의 실적에 대해 자기 나름대로 평가하고 있었어요. 하지만 그는 아직 다른 부서장과 이것에 대해 직접 맞서지는 못하고 있었고, 그는 이것이 내가 할 일이라고 주장했습니다. 나는 그가 당면하고 있는 직원들과의 문제가 심각하다는 것을 알고 있다고 말해 주었어요. 또한, 내가 그의 문제를 다른 부서장에게 전해 줄수는 있으나, 타 부서에 근무하는 미숙한 작업자에 대한 그의 평가는 전해 줄 수 없다고 말해 주었습니다. 나는 또한 이 대화도 전해 줄 마음이 내키지 않는다고 말해 주었지요. 그리고 언젠가 부서장들이 서로 만나서 자유롭게 자신들의 감정을 직접 전달할 기회가 있으면 좋겠다고 말했습니다. 나는 그의 평가가 정당한지 그 여부를 정말 몰랐기 때문에 그렇게 말한 것이었어요. 그러나 나는 기꺼이 두 사람과 같이 앉아서 이것을 논의할 의사가 있다는 것도 밝혔습니다. 그런데 그 부서장은 이 제안을 거절하더군요."

여기에 또 다른 사례가 있다. 적극적 듣기를 훈련받은 한 캐나다 건설 회사의 엔지니어는 끈기 있게 책임 소재를 집단에 고정시킴으로써 그 집단이 자신들의 문제를 해결하도록 했다.

L.E.T. 과정을 끝낸 지 꼭 2주 뒤에 그 엔지니어는 공사 현장에서 발생한 건강과 안전에 관한 상당히 큰 문제를 해결할 수 있도록 도와 달라는 요청을 받았다. 이 공사 현장은 세계에서 제일 큰 댐에 위치하고 있었는데 아주 많은 사고가 발생하고 있었다.(몇 년 전에는 불만을 품은 작업자들에 의해서 수백만 달러에 달하는 피해가 발생했었다.)
엔지니어는 비행기를 타고 현장으로 날아가면서 꽤 마음이 든든함을 느꼈다. 그것은 L.E.T. 기술을 바로 얼마 전에 배웠기 때문이었다. 그는 마음속으로 이렇게 다짐했다. "나는 그들의 얘기를 경청할 것이다!" 공사 현장에서는 작업자 그룹의 상급자가 작업자들에게 평상시 작업 위치로 가지 말고, 그 대신에 안전 문제를 해결하기 위해 날아온 엔지니어와의 회의에 참석하기 위해서 식당에 집합하라고 지시했다. 식당 안으로 거의 80명 정도의 작업자가 모여들었고 팽팽한 긴장감이 감돌았다. 그 엔지니어는 도착하자마자 이 상황은 폭발 가능성이 있다는 것을 즉시 알아차릴 수 있었다. "당신은 타 도시로부터 이제 겨우 도착한 엔지니어요. 그런데 여기 있는 우리들을 어떻게 돕겠다는 겁니까?" 몇몇 작업자들이 소리쳤다. 엔지니어는 그저 앉아서 2시간 동안 그들의 걱정과 감정을 적극적으로 들었다. 비록 작업자들은 처음에는 적대적이고 방어적이었으나 결국 그들의 반감은 가라앉았다. 점심 식사 후에도 그 회의는 계속되었고 그는 2~3시간을 더 들었다. 점차 작업자들은 그들 자신이 해답의 한 부분이 될 수 있을 것이라는 느낌을 갖기 시작했다. 그 엔지니어는 자신이 2주 전에 L.E.T. 기술을 배우지 않았다면 이렇게 민감하고 요구 조건이 까다로운 문제를 제대로 다루지는 못했을 것이라고 말했다. "L.E.T. 과정은 저를 변화시켰습니다. 저는 겨우 2주 전만 해도 어찌할 바를 몰랐을 그런 상황에서 성공을 한 겁니다!"

L.E.T. 훈련을 받은 그 엔지니어의 적극적 듣기 결과는 작업자들 간의 분쟁 건수 감소, 비생산적인 작업 시간의 감소, 그리고 안전 사고의 감소였다.

이같이 문제 소유자에게 그 책임을 전적으로 귀속시키는 적극적 듣기의 놀랄 만한 효과(그리고 문제 해결 과정을 통해서 문제 소유자 자신이 해답을 찾도록 도와주는 촉매로서의 역할)는 다음에 나와 있는 감독자와 그녀 부서의 한 구성원과의 대화에서도 볼 수 있다.

케이트 : 낸시, 제게 문제가 있는데 시간 좀 있으세요?
낸 시 : 물론, 케이트. 회의 시작하기 전에 30분 정도 여유가 있어요. 이 정도면 충분할까요?
케이트 : 네, 충분해요. 이건 아주 복잡한 문제는 아니에요. 하지만 정

말로 저를 성가시게 만들고 있거든요.

낸　시 : 문제가 정말 귀찮게 만들고 있다고요? 그런가요?

케이트 : 네. 제 밑에 저를 난처하게 만드는 남자가 하나 있거든요. 그
런데 도대체 어찌 된 남자인지 알 수가 없어요. 제 생각엔 감
독자님은 아마 이런 직원들에게 어떻게 대해야 하는지 아실
것 같아요.

낸　시 : 들어보니 정말 어려운 처지인 것 같군요.

케이트 : 네. 전 그런 사람은 처음 봅니다. 글쎄요, 그를 뭐라고 해야
할까요. 우선 그는 영리해요. 이건 의문의 여지가 없어요. 저
를 곤혹스럽게 만드는 것은 그가 모든 문제의 해답을 가지고
있다고 생각하는 거예요. 만일 제가 그에게 어떤 제안을 하
면, 그는 항상 거기서 단점을 찾아내지요. 예를 들면, 왜 그
것이 효과가 없는지 그 이유를 늘어놓아요.

낸　시 : 당신이 제안하는 것마다 그가 반대하니 당황하게 되는군요.

케이트 : 죄다 반대하죠! 그러고는 자기 딴에는 더 낫다고 생각하는
두세 개의 다른 아이디어를 찾아내지요. 하지만 그의 아이디
어는 너무 별나서 거의 언제나 우리들이 하고 있는 것과는 너
무나 차이가 큽니다. 그렇지 않을 경우에는 그의 아이디어는
우리들의 기존 방법을 바꿔야 하거나 새로운 시스템을 개발
하는 데 시간을 써야 하는 그런 것들이죠.

낸　시 : 당신은 그의 아이디어가 너무 기발하고 독특하다고 보는군
요. 그렇지 않다면, 그의 아이디어는 지금껏 부서에서 해 오
던 것과는 너무나 다른 것을 요구한다고 얘기하는 것 같아요.

케이트 : 하지만, 드문 경우지만 그래도 그의 건설적인 제안은 마음에
걸리지는 않아요. 그렇지만 그는 이런 느낌을, 그것도 날이

면 날마다 갖게 만들죠. 우리가 일하는 방식이 시대에 뒤떨어
졌다는 느낌 말이에요. 진취적이 아니라든지 최신이 아니라
든지 뭐 그런 느낌을 갖게 만드는 거예요.

낸　시 : 당신은 시대에 뒤떨어졌다는 느낌을 갖게 만드는 걸 좋아하
지 않는군요.

케이트 : 맞아요, 바로 그거예요! 마치 젊은 직원들이 모든 것을 다 안
다는 투죠. 그러곤 모든 것이 다 바뀌어야 한다는 거예요. 이
젠 그런 소리 듣기가 지겨워요. 마치 경험은 아무짝에도 쓸모
가 없다는 투 말이에요.

낸　시 : 당신의 경험이 평가 절하되는 것을 아주 싫어하는군요. 그리
고 모든 것을 바꿔야 한다고 고집하는 그의 소리를 듣는 것도
이젠 싫증이 나고요.

케이트 : 물론 그래요! 하지만 저도 그의 몇몇 아이디어는 나쁘지 않
다고 인정할 수밖에 없어요. 그는 똑똑해요, 그래요. 저는 다
만 그가 저의 오랜 경험을 정당하게 평가하도록 만드는 방법
을 알고 싶어요. 그리고 우리가 하는 모든 것들이 잘못됐다고
하는 태도를 고치는 방법도 알고 싶고요.

낸　시 : 당신은 그의 아이디어 중 어떤 것들은 정말 가치가 있다고
생각하는군요. 그런데 그가 당신을 인정해 주기를 바라는 거
지요.

케이트 : 반드시 저를 알아 달라고 하는 것은 아니에요. 우리도 문제
는 있죠. 하지만 문제 없는 부서가 어디 있나요? 단지 그것들
을 다룰 시간이 없을 뿐이죠.

낸　시 : 당신은 개선이 가능한 곳을 알고는 있는데 이런 문제점들을
공략할 시간을 낼 수 없다고 느끼는군요.

케이트 : 맞아요. 우리가 이것을 위해서 회의 스케줄을 한번 잡아 봤
　　　　으면 해요.

낸　시 : 그것은 가능한 일이에요.

케이트 : 네. 만일 그렇게 한다면 저 혼자만 우리들이 하고 있는 일들
　　　　을 옹호하는 사람은 아닐 거예요. 그룹에 있는 다른 사람들도
　　　　저처럼 그에게 말할 거예요.

낸　시 : 다른 사람들이 당신을 도와주었으면 하는군요. 그래서 부담
　　　　을 좀 덜고 싶고요.

케이트 : 정말 그랬으면 좋겠어요. 또한, 우린 약간의 변화를 만들어
　　　　낼 수도 있을 것 같아요. 그건 제게 아무 문제가 안 돼요.

낸　시 : 당신은 회의가 일석이조의 역할을 할 것이라고 생각하는군요.

케이트 : 네, 그렇게 생각합니다. 우린 좀더 자주 그룹으로 함께 모여
　　　　야 해요. 다음 주 중으로 회의 스케줄을 한번 잡아 보겠어요.
　　　　빠를수록 좋죠.

낸　시 : 아주 좋은 아이디어에요. 이 문제를 빨리 처리하고 싶어하는
　　　　거죠.

케이트 : 네. 그리고 저는 이만 다시 일하러 가 봐야겠습니다. 저는 추
　　　　가 주문에서 발견된 복잡한 문제의 해결 방안을 찾아봐야겠
　　　　어요. 제 얘기를 들어 주셔서 고마워요. 낸시.

낸　시 : 천만에, 케이트.

당신은 낸시가 단 한 번의 경우에도 케이트로부터 '공(ball)'을
가져오지 않은 것을 주의해서 보았는가? 그녀는 공감하면서 들
었으며, 케이트의 메시지가 끝날 때마다 피드백을 해 주었고, 어
떤 대화 장애물을 사용하는 것도 피했다. 케이트의 태도는 확실히

방어적이 아니었고, 이것이 케이트로 하여금 자기 마음에 드는 해결 방안을 찾아내도록 했다.

▬▬▬ 적극적 듣기에 대한 올바른 관점

지금까지 내가 예시한 적극적 듣기 사례는 신중히 취사 선택한 것이다. 그 목적은 리더가 적극적 듣기가 어떤 응답인지 정확히 인식하고, 이것이 12가지 의사소통 장애물과 어떻게 다르며, 두 사람 중에서 한 사람이 문제를 가지고 있는 경우에 실제 대화에서 적극적 듣기가 어떻게 수행되는지를 보여 주는 것이었다. 중요한 기술인 이 적극적 듣기에 대한 오해와 그릇된 개념을 방지하기 위해서 다음과 같이 더 많은 논의가 필요하다.

각각의 메시지마다 피드백이 필요한가?
물론 그렇지 않다. 문제 해결을 원활하게 하는 다른 3가지 응답—말문을 열게 하는 말, 소극적 듣기, 동의적 응답—이 있다는 것을 기억하라. 즉 리더는 문제를 가지고 있는 사람의 좋은 상담자가 되려고 할 때, 이 3가지 응답도 역시 사용할 것이다. 그리고 만일 리더가 피드백을 해 줄 만큼 상대방의 메시지를 잘 이해하지 못하였다면, 그는 침묵하거나 그저 "음—."이라고 응답할 수도 있을 것이다.

의사소통의 장애물은 절대로 사용하면 안 되나?
그렇다. 일반적으로 다른 사람의 문제를 다룰 경우에 이 장애물을 사용하면 안 된다. 메시지 발신자가 문제를 소유하고 이것을 해결하기 위해서 리더의 도움을 요청할 경우에는 앞에서 다룬 4가지 응답이 최선의 방법이다. 이런 특수한 경우에 대화 장애물은 도움받는 사람의 지속적인 의사 전달을 차단하고 문제 해결을 방해할 가능성이 매우 높다. 나중에 설명하겠지만 그 이외의 경우에는—예컨대 행동의 창에서 '문제가 안 되는 영역'에서나 생산적인 업무 시간—이 장애물이 의사소통을 차단할 가능성은 낮다. 이런 경우에는 리더가 지시하고, 가르치고, 충고하고, 해결 방안을 제안하고, 질문하고, 평가하고, 또는 농담하면서 이 장애물을 사용한다고 해도 구성원들과의 관계를 손상할 가능성은 거의 없다. 그러나 이런 경우에도 리더는 구성원들이 더 이상 문제가 없고 생산적인 상태가 아니라는 것을 알려 주는 신호와 암시를 민감하게 감지할 수 있어야 한다. 리더는 만일 그런 신호를 인식했다면 즉시 적극적 듣기로 전환해야 한다.

문제 소유자가 항상 문제를 해결할 것이라고 확신할 수 있나?

우리는 일반적으로 다른 사람들이 자기들의 문제를 해결하는 능력을 과소평가하는 잘못을 범하고 있기 때문에, 이것은 우리가 생각해 볼 수 있는 가장 이상적인 가정이다. 물론 사람들이 항상 훌륭한 해결 방안을 찾아내는 것은 아니다. 때로는 리더가 도움을 주고 좋은 경청자가 되려고 하지만 바로 그 순간에 도움받는 사람은 문제를 해결하고 싶은 마음이 없을 수 있다. 이런 때에 리더는 뒤로 한발 물러서서 이를 존중해 주어야 한다. 어떤 경우에 리더는 문제 소유자가 원하는 것은 단지 자기 문제를 얘기하고 감정을 배출하는 것이라는 사실을 발견하고 놀랄지도 모르겠다. 그녀가 바라는 것은 해결책이기보다는 그저 듣는 사람으로부터의 조그만 공감과 그녀의 감정이 받아들여지는 기회인 것이다. 또 다른 경우에는 도움받는 사람이 문제 해결 과정의 1, 2단계를 마치고 도중에 정말 고맙다는 말을 남기고 가 버릴 수도 있다. 이럴 때 실망하지 말라! 이런 사람들은 나중에 리더의 도움 없이 문제 해결 과정을 끝마치거나 또는 리더의 도움을 다시 요청할 것이다. 마지막으로, 어떤 사람들은 많은 경우에 다음의 예처럼 문제 해결에 필요한 자원(정보, 도구, 돈)을 갖고 있지 못하는 문제를 가지고 있다.

구성원 : 정말 난처하군요. 저는 새로 나온 소프트웨어가 필요한데 저희 부서에 이것을 구매할 수 있는 예산이 있는지 모르겠습니다.

리　더 : 그래요, 예산이 **빡빡하죠**. 하지만 다른 곳에 배정된 예산에서 쓸 수 있는 돈이 있는지 한번 찾아보도록 합시다. 나중에 알려 주도록 하지요.

이런 경우에는 '합법적 의존(legitimate dependency)'이라는 용어를 쓴다. 즉 리더는 구성원들이 필요로 하지만 갖고 있지 못한 것을 가지고 있기 때문에 구성원들은 정보나 다른 자원에 대해 리더에게 합법적으로 의존한다. 이런 경우에 적극적 듣기는 불필요할 뿐만 아니라 대체로 부적합하다.

적극적 듣기는 동의를 의미하나?

왜 이런 질문이 자주 제기되는지 이해할 만하다. 그것은 우리들 대부분은 동의한다든지 또는 동의하지 않는다는 식으로 대화하는 데 익숙해져 있기 때문이다. 사람들은 대개 타인의 말을 들을 때 옳다, 그르다, 건전하다, 불건전하다, 논리적이다, 비논리적이다, 좋다, 나쁘다는 뜻을 함축하는 말로 응답한다. 그러나 적극적 듣기는 결코 상대방의 말에 대한 부정적인 평가나 혹은 동의하지 않음을 전달하는 것이 아니다. 하지만 이 기술을 처음으로 접하는 일부 리더들은 타인의 감정(특히, 분노, 미움, 실망, 낙망 등)을 피드백하는 것이 "나는 당신이 그런 감정을 가질 수 있다고 생각한다." 혹은 "나는 당신의 감정을 인정한다." 혹은 "나는 당신이 옳다고 생각한다." 혹은 "나는 당신의 의견에 동의한다."는 뜻을 전달할까 봐 두려워한다. 이것이 바로 내가 사람들로부터 "적극적 듣기는 부정적인 감정을 보강하거나 강화시키는 것이 아닙니까?"라는 질문을 자주 받는 이유이다.

이런 두려움의 원인은 수용을 동의로 잘못 생각하기 때문이다. "당신은 희망이 없다고 정말로 느끼는군요."라는 말은 "당신이 희망이 없다는 데 저도 동의해요."라는 말과 한참 다르다.

적극적 듣기는 "나는 당신이 느끼고 있는 것을 듣는다."라는 것을 전달하는 것이지, 동의나 반대 또는 그 감정이 옳다거나 그르다는 판단을 전하는 것이 아니다. 듣는 사람은 단지 그 감정이 존재한다는 사실을 수용한다는 것을 전달할 뿐이다. 사람들은 이런 응답을 거의 접해 보지 못했기 때문에 이런 종류의 수용 태도는 상대방의 마음을 무장해제시킨다. 이것이 다음과 같은 적극적 듣기의 독특한 효과를 설명한다. 즉 발신자는 자신의 감정이 적절한지 그렇지 않은지 평가하는 책임을 혼자 지게 된다. 그리고 이것은 종종 생산적인 문제 해결로 인도한다.

듣기 기술만 있으면 충분한가?

그렇지 않다. 그러나 집단 구성원들이 자신들의 욕구 충족을 방해하는 문제를 가지고 있는 많은 경우에는 듣기 기술만으로도 충분하다. 그러나 다른 경우에는 리더가 구성원들의 문제를 이해한 후에, 그 문제가 해결되는 것을 돌보기 위해서 다른 구체적인 조치를 취해야 하는 것은 분명하다.

- 킴은 리더가 자주 스태프 회의를 5시가 넘도록 끌기 때문에 회사 퇴근 버스를 타지 못하는 것에 대한 불만을 가지고 있다.
- 브라이언은 자신의 업무 장소가 사람들이 많이 지나다니는 곳에 위치하고 있어 업무 효율이 떨어진다고 리더에게 말했다.
- 테스는 충분한 행정적인 지원을 받지 못해서 그녀의 프로젝트가 큰 비용을 발생시키고 지연되는 것에 대해 마음이 상해 있다.
- 당신의 그룹 구성원들은 불필요한 서류 작성을 요구하는 회사의 정책 때문에 생산성이 심각하게 떨어지고 있다고 확신하고 있다. 그러나 당신은 상사의 승인 없이 이 정책을 바꿀 수는 없다.
- 애론은 자기 애가 학교에서 돌아올 때 집에 있을 수 있도록 일주일에 두 번 1시간씩 일찍 퇴근할 수 있는지를 리더에게 물었다. 애론은 그 대신 1시간 일찍 출근하겠다고 제의했다.

이런 각각의 문제에 대해 리더가 무슨 조치든지 취해야 하는 것만은 확실하다. 따라서 팀원들의 문제를 적극적으로 듣는 것만으로는 충분하지 못하다. 그들은 해답을 원하거나 리더가 중재해 주기를 바란다. 적극적 듣기가 문제를 정의하고 해결 방안 도출을 원활하게 하지만, 도출된 해결 방안 중에는 리더가 수행해야 하는 일도 있다.

이해심을 갖고 타인의 입장을 수용하고 공감하면서 듣는 것은 성공하는 리더에게 핵심적인 기술이지만, 그러나 이것이 집단 구성원들이 직면하는 모든 문제를 해결하는 유일한 수단일 수는 없다.

듣고 싶지 않을 경우에는 어떻게 하는가?

적극적 듣기는 다른 사람들이 문제를 해결하도록 도와주는 강력한 기법이지만, 이것은 단지 하나의 수단일 따름이다. 상대방을 수용하는 자세와 상대방의 입장을 공감하고 이해한다는 감정을 전달하는 수단일 뿐이다. 만일 구성원이 자신의 문제로 리더와 대화를 나누고 싶어할 때, 리더가 어떤 이유에서든지 수용할 마음이 없다고 한다면, 적극적 듣기 기술이 리더의 이런 진짜 감정을 숨겨 줄 수는 결코 없다. 그리고 만일 리더가 이해하려는 의도가 없다면, 듣는 일을 제대로 할 수도 없을 것이다.

리더가 당장 완료해야 할 일—예를 들면, 기한 내에 계약을 끝내야 한다든지, 중요한 전화를 해야 한다든지, 중요한 회의에 서둘러 참석해야 한다든지—때문에 굉장히 바쁜 경우에 그룹의 구성원이 리더와 얘기하고 싶어한다고 가정해 보자. 이런 때는 적극적 듣기를 시작하면 안 된다. 그것은 리더의 마음이 그곳에 함께 있지 않기 때문이다. 이런 때에 리더는 그 사람에게 당장 도와줄 수 없다는 것을 말해 주는 편이 훨씬 낫고, 그 이유를 설명하고 그녀에게 나중에 다시 와 줄 수 있는지 물어보도록 한다.

앞에서 언급한 '가득 찬 컵의 원리'가 강조하는 것처럼 리더가 비교적 만족하고(자신의 욕구의 압력으로부터 자유로움) 있지 않는 한, 리더는 타인을 돕고 싶은 기분이 들지 않을 것이다. 그리고 잘 할 수도 없다. 다른 사람을 도와서 문제 해결 과정을 밟아 나가도록 하는 일은 시간과 상대방을 진정으로 수용하는 리더의 마음도 필요로 한다. 따라서 수용할 마음이 없다면 이를 가장하지 말아야 하고, 도와줄 마음이 없다면 도움을 주겠다고 말하지 않는 것이 좋다. 그룹의 구성원들이 안고 있는 대부분의 문제들은 리더가 진정으로 도우려는 마음이 들 때까지 몇 시간(또는 며칠) 정도는 참을 수 있는 것들이다.

다른 사람의 감정을 공감하며 정확히 듣는 일은 대단한 주의력을 요구한다. 만일 리더가 자신의 생각에 몰두해 있거나 다른 일을 걱정하고 있다면 적절한 집중력을 가지고 들을 수 없게 된다. 그룹의 구성원들이 필요로 하는 리더는 그저 듣기만 하는 리더가 아니다. 그들이 원하는 리더는 진정으로 이해하고 수용하며 염려하는 마음으로 들어 주는 리더이다.

5

일상생활에서 적극적 듣기의 활용

집단과 조직에서 상대방의 입장에 대해 공감하며 듣는 적극적 듣기를 필요로 하는 상황은 거의 무한하다. 리더는 날마다 듣기 기술의 효과를 경험하는 기회를 갖고 있다는 말은 과장된 것이 아니다. 만일 리더가 이 중요한 의사소통 수단의 역량을 배양하기 위해 노력을 기울인다면, 그 노력은 여러 가지 내실 있는 결실로써 충분히 보상받을 것이다. 그러나 역량은 오직 실습을 통해서 얻어진다. 다른 기술과 마찬가지로 강사가 지도하는 정식 훈련이 적극적 듣기를 배우는 최선의 방법이지만, 장기적으로 볼 때 기술 습득의 책임은 전적으로 리더 자신에게 있으며, 기술 향상은 여러 다양한 상황에서 실제로 이것을 사용해 볼 때만 일어날 수 있다.

이 장에서 나는 당신이 어떻게 이 적극적 듣기 기술을 일상생활에서 적용할 수 있는지 보여 주려고 한다.

■■■ 감정은 도움이 되는 것이다

사람들은 거의 유아기부터 감정은 나쁘고 위험한 것, 즉 좋은 인간관계의 적이라는 생각에 익숙해져 있다. 사람들은 자기 자신 뿐만 아니라 타인의 감정도 두려워하며 커 왔다. 그 주된 이유는 그들이 생활 속에서 어른들로부터 이런 말들을 들어 왔기 때문이다.

"제발 나한테 네 아기 동생을 미워한단 소릴랑 하지 말아라."
"무슨 일이 일어나더라도 실망해선 안 돼."
"좋은 말을 하지 못하겠으면 아무 말도 하지 마."
"기분 나빠 하지 마. 내일이면 모두 좋아질 거야."
"무서워 할 건 아무것도 없단다."
"입술을 꼭 깨물어."
"자존심을 죽여."
"입 조심해, 어린 숙녀 아가씨야."

그 후에 우리는 우리의 감정 표현을 더욱 강하게 억제하게 하는 상황과 접하게 된다.—직업 세계에서 감정이란 단지 사치스러운 것이라는 사실을 깨닫는다. 어떤 의미에서 감정과 기분은 직장에서 우리가 원하는 관계를 맺기 위해 요구되는 합리성과 얄팍함과는 반대의 것으로 인식되고 있다. 모든 걱정거리는 문 밖에 내려놓고 입술을 질끈 깨물고 사무실 문을 들어서는 것이 조직 생활을 하는 사람들에게 적절한 행동으로 여겨진다. 사람들은 장기적으로 볼 때 이런 행동이 높이 평가받고, 또 보상도 받을 것이라고 생각한다.

널리 퍼져 있는 이런 억압적인 조직 규범은 메마른 심리적 건강 상태를 만드는 커다란 원인이며, 조직의 효과적인 역할도 저하시킨다. 모든 사람이 잘 알고 있듯이 여러 사람들과 함께 일할 때 온갖 종류의 감정이 생기는 것은 어쩔 수 없다. 온건한 것으로부터 주체할 수 없이 강한 것까지 생겨나는 온갖 종류의 감정들, 즉 초조, 분노, 낙담, 실망, 고통, 공포, 허망함, 절망, 미움, 비통, 의기소침 등. 이런 감정을 경험하는 것은 건강에 해로운 것이 아니지만, 이들을 억압하는 것은 해롭다. 이런 감정을 지속적으로 억누르면 분명히 건강을 해치며, 결국에는 위궤양, 두통, 가슴앓이, 고혈압, 경련성 결장(結腸), 여러 가지 정신 질환을 초래한다. 억압받은 감정은 주의를 산만하게 하여 효과적인 업무 생산성을 저하시킨다.

학교의 억압적인 분위기를 어떻게 견디어 낼 수 있느냐는 질문에, 한 교사가 내게 이렇게 말해 주었다. "여기 있는 대다수 교사들처럼 저녁 전에 마티니 술 석 잔을 마시는 요법 같은 것을 씁니다." 내가 컨설턴트로 일했던 다른 조직의 판매 책임자는 다음과 같은 생존 처방을 갖고 있었다. "제 의견은 저만 알고 있는 겁니다."

"감정이란 이런 곳에 어울리는 것이 아니다."라는 믿음과는 반대로, 감정을 표현하는 것이 실제로는 집단의 생산성과 효과성을 향상시킨다는 증거가 있다. 감정의 자유로운 표출은 마치 통증이 신체를 위해 수행하는 것과 동일한 기능을 집단을 위해 수행한다. 통증은 사람의 몸 안에 무엇인가 잘못되고 있다는 경고 신호이다. 집단 구성원들의 감정은 리더에게 집단 안에 무엇인가 잘못되고 있다는 것을 알리는 이와 유사한 경고 신호이다. 따라서 구성원들이 자유롭게 감정을 표출할 수 있는 분위기를 조성하는 것은 리더에게 유익한 것이다.

리더는 감정을 '도움이 되는' 것으로 대해야 하며, 위험한 것으로 취급해서는 안 된다. 감정은 문제가 존재하고 있다는 것을 알리는 신호와 암시이므로 감정의 표현은 환영받을 일이다. 만일 리더가 이와 같은 자세를 가지고 있다면, 그는 이 같은 신호를 무시하지 않을 것이다. 그는 또한 의사소통 장애물을 사용하여 발신자가 이런 메시지를 보내는 것을 막는 훨씬 더 해로운 행동도 하지 않을 것이다. 그 대신에 리더는 적극적 듣기를 통해서 구성원에게 용기를 주고 감정 밑에 숨겨져 있는 보다 근본적인 문제에 접근하도록 해야 한다. 다음과 같은 가상적인 상황에서 감정에 대한 두 가지 서로 다른 반응을 대비시켜 보자.

1. 구성원 : 또 뭐야! 우리가 작업장에서 하는 일에 대한 불평은 이제 그만들 했으면 좋겠어!
   (A) 리 더 : 진정해, 로브. 그런 것은 건설적인 비판으로 받아들이라고. (훈계, 설교)
   (B) 리 더 : 사방으로부터 비난을 받고 있다고 느끼고 있군요. (적극적 듣기)

2. 구성원 : 레이는 왜 저렇게 많은 실수를 저지를까요?
   (A) 리 더 : 그 친구 요즘 스트레스 많이 받고 있어요. (훈계, 사실 제시)
   (B) 리 더 : 당신은 그 친구 실적에 아주 마음이 상해 있군요. (적극적 듣기)

3. 구성원 : 이 일을 잘 해낼 수 있을지 별로 자신이 없습니다.

(A) 리　더 : 난 당신이 하려고 맘만 먹으면 잘 해낼 것을 알고 있어
　　　　　 요. (재확인)
(B) 리　더 : 이 일이 당신에게 무리한 일이 되지나 않을까 걱정하고
　　　　　 있는 것 같아요. (적극적 듣기)

4. 구 성 원 : 스태프 미팅에서 다시는 말썽을 일으키지 않을 겁니다.
(A) 리　더 : 짐, 분명히 도가 지나쳤어요. (판단, 비판)
(B) 리　더 : 당신이 비판받았다고 느껴서 소리를 높인 것에 대해 미안
　　　　　 해하는 것이군요. (적극적 듣기)

이 예에서 볼 수 있듯이, 구성원의 감정에 대한 리더의 첫 번째
응답(A)은 구성원이 문제 파악 과정으로 진입하는 것을 차단할
가능성이 높다. 반면에 적극적 듣기인 두 번째 응답(B)은 리더의
수용하는 감정을 전달하고, 구성원에게 용기를 주어 그가 감정을
극복하고 진짜 문제를 정의하도록 할 것이다.

■■■■ 감정은 일시적인 것이다

사람들이 "나는 이 일이 싫습니다!" 또는 "나는 사라와 같이 일
할 수가 없어요." 또는 "여기 있는 어떤 사람도 제 업무의 가치를
몰라줍니다."라고 말할 때, 대다수 사람들은 이런 감정이 꽤 지
속적이고 변화하지 않는 것으로 생각하고 있다. 그리고 대체로
감정이 강하면 강할수록, 마치 최종적이고 번복할 수 없는 것처럼
들린다. 예를 들면, 만일 내 아내가 현관에서 "난 당신 때문에 화

가 나 미치겠어요."라고 말한다면, 나의 즉각적인 반응은 내가 이 보금자리에 대해 뭔가를 잘못했고, 아마 내 아내는 전과 같은 감정을 다시는 갖지 않을 것이라고 생각하는 것일 것이다. 부모의 경우도 역시 마찬가지이다. 어린애가 "다시는 엄마 아빠와 아무 데도 같이 안 갈 거예요."라고 불쑥 말할 때 부모도 이와 유사한 반응을 보인다.

그러나 다행스럽게도 부정적인 감정은 아주 일시적인 것이다. 그 이유 중 하나로 사람들은 "나는 당신의 전적인 주목을 확실히 받고 싶다." 또는 "나는 당신이 내 기분을 얼마나 상하게 했는지 알려 주고 싶다."는 의사를 전달하기 위한 부호(code)로서 의도적으로 강한 부정적 감정을 선택하기 때문이다. 만일 듣는 사람이 부정적인 감정의 부호를 해석하고 그것에 대하여 수용하고 공감하는 마음을 갖고 응답할 수 있다면, 거의 마술처럼 처음의 그 강한 감정은 사라지고 훨씬 부드러운 감정으로 대체되고, 때에 따라서는 긍정적인 감정으로 대체되기도 한다. 나는 아이들이 자주 부모에게 "난 아빠 미워." 또는 "엄만 바보야."라고 말하는 것을 듣는다. 그러나 만일 부모가 아이들의 이런 첫 번째 감정을 받아들이면 아이들이 얼마 안 있어 부모를 껴안고 키스를 해대는 것도 본다.

이와 동일한 일들이 집단과 조직에서 성인 사이의 관계에서도 나타난다. 만일 리더가 강한 감정이란 돌에 새겨진 것이 아니라는 것을 알고 있다면, 구성원들의 강한 감정의 분출에 그렇게 놀라지 않고 이것을 훨씬 건설적으로 다룰 수 있게 될 것이다. 다시 말하지만, 적극적 듣기는 대체로 감정을 완화시키는 효과가 있기 때문에 매우 좋은 도구이다. 이런 사실은 중서부 지역의 한 화학 회사

노사 관계 담당 이사와 면담한 내용에서도 볼 수 있다.

"나는 노조 위원장이 극도로 화가 나서 내 사무실에 찾아왔던 실제 사례를 얘기해 주고 싶군요. 그는 너무나 자기의 감정에 휩싸여 있었기 때문에 나는 그에게 아무런 영향을 미칠 수가 없었습니다. 나는 그의 질문에 대답을 해 주었는데 그것이 오히려 그의 화를 북돋웠어요. 그래서 급기야는 벌떡 일어나 사무실을 걸어 나가는 것이었습니다. 아마 두 발자국쯤 걸어 나갔을 때일 겁니다. 저는 목소리를 약간 높여 그의 등에다 대고 말했습니다. '정말 당신은 그것 때문에 속이 상했군요.' 그러자 그는 멈춰 서서 잠시 머뭇거리더니 뒤돌아서는 것이었어요. 그때 그의 얼굴은 홍당무처럼 빨간색이었죠. 어쨌든 그는 다시 돌아와 자리에 앉더니 이렇게 말하더군요. '당신이 잘 봤소, 난 정말 화가 났단 말이오!' 그러고는 그 자리에 한 5분 정도 앉아 있더군요. 그가 내 사무실을 나갈 때 우리는 아직도 좀 심각한 문제가 남아 있었지만 그의 얼굴 색깔은 전보다 훨씬 덜 빨갛더군요. 그리고 저는 그가 문제의 책임을 우리한테 돌리고 소동을 일으킬 것이라는 느낌은 들지 않았습니다. 문제가 조금은 완화된 것이었죠. 제 생각으론 그가 위협했던 그런 행동을 피할 수 있게 하는 어떤 조치가 일어나기를 그도 내심 바라는 것 같았습니다."

동부 해안에 위치한 한 의류 제조업체의 조직 개발 담당 매니저는 다음과 같은 경험을 나에게 전해 주었다.

"저희 회사 작업팀 감독자 중 한 사람은 L.E.T. 과정을 마친 뒤에 팀 회의에서 처음으로 적극적 듣기를 사용한 후, 이렇게 말하더군요.

'이 L.E.T. 기술이 효과가 있었어요. 우리가 이보다 더 생산적인 회의를 한 적이 이전에는 없었으니까요. 그저 그들이 관심을 갖고 있는 것을 적극적으로 들어 주기만 했는데 회의 내내 불평 없이 문제 해결 방안에 대해서 논의하고 상당한 진전도 있었습니다.'"

다음은 경관한테 교통 위반 딱지를 떼인 데 대해 불만을 토로하려고 전화를 건 사람의 말을 적극적으로 들어 준 경사의 사례이다. (경사의 첫 번째 응답은 실제로는 '들은 말을 앵무새처럼 되풀이'하고 있다. 즉 감정이 아닌 사실을 그대로 반복하고 있다. 그 후에야 적극적 듣기를 시작하는 것을 주목하라.)

경   사 : 안녕하십니까! 제 팀에 소속된 경관 문제로 전화 주신 것에 대한 회신으로 전화를 드렸습니다. 어떤 문제인지 말씀해 주실 수 있습니까?

불만 신고자 : 전화해 줘서 고맙소, 경사. 찰리 윌리엄 경관이 버릇이 없었고 무례했었소.

경   사 : 찰리가 버릇이 없었고 무례했었군요.

불만 신고자 : 그렇다니까요. 내 차를 길 옆에 멈추게 하더니 대뜸 제 운전면허증과 차량등록증, 그리고 보험증을 내라는 거예요. 겨우 그 말밖에 안 하더군요.

경   사 : 찰리가 선생님의 운전면허증과 차량등록증, 그리고 보험증을 요구했다는 말이죠.

불만 신고자 : 맞아요. 그러곤 자기 경찰차로 가서는 딱지를 떼서 주더군요. 그런데 내가 왜 빨간불에 정지할 수 없었는지에 대해서는 묻지도 않더군요.

경   사 : 선생님은 빨간불에 정지하지 않으셨군요.

불만 신고자 : 그래요, 서지 않았소. 하지만, 내 차 뒤에 차가 너무 바
짝 따라와서 브레이크를 밟았다가는 추돌 사고가 날 것
같았소.

경   사 : 선생님은 사고를 일으키고 싶지 않아서 그랬단 말이죠.

불만 신고자 : 바로 그거요! 왜 내가 빨간불에 정지해야 한다는 걸 모
르겠소. 하지만 내 뒤에 있는 차가 마음에 걸렸어요.
그 경관은 내가 왜 신호등을 지나칠 수밖에 없는지 물
어봤어야 했단 말이오.

경   사 : 만일 찰리가 선생님에게 교통 법규를 지키지 못할 사정
이 있었는지 물어보았더라면 좋았겠군요.

불만 신고자 : 그래요. 최소한 찰리가 물어봤어야지요. 그는 자기 일
밖에 신경을 안 쓰더군요. 내 생각은 해 주질 않았어요.

경   사 : 찰리는 너무 업무적이기만 했지 선생님의 안전이나 사
고에 대해서는 큰 관심을 보이지 않았다는 말이지요.

불만 신고자 : 정확히 말하셨소. 최소한 몇 분간만이라도 내게 얘기
해 주었어야 했다고 봐요. 그는 그저 교통 위반 카드나
떼 주고 갔어요.

경   사 : 선생님은 만일 찰리가 몇 분간만이라도 선생님의 사정
을 들어 주고, 교통 위반 카드나 '출두 통지' 과정에
대해 무슨 의문이라도 있는지 물어왔더라면 좋으셨겠
군요.

불만 신고자 : 그렇죠. 제가 말하고 싶은 것은 그가 정말로 버릇없고
무례했다는 것이 아니라 제 얘기를 들어 줄 만큼 시간
을 내지 않았다는 거예요. 내가 교통 위반 카드에 서명

하고 나니까 겨우 한다는 말이 "좋은 하루 보내십시오."
라는 겁니다. 어떻게 딱지 떼이고 좋은 하루가 되겠어요?

경   사 : 알겠습니다. 지금까지 선생님 말씀 잘 들었는데요, 제
가 대답해야 될 다른 질문은 없으십니까?

불만 신고자 : 없군요. 어쨌든 들어 줘서 고마워요. …… 감사해요.

어떤 사람이 당신에게 감정적인 메시지를 전하면, 당신은 느긋
하게 앉아서 그 사람의 기분을 이해하고 수용하고 있다는 것을 보
여 주기 위해서 적극적 듣기를 해 보라. 그러면 그 감정은 갑자기
분출된 것만큼이나 빠르게 사라질 것이다.

■■■■ 진짜 문제에 접근하기

사람들의 문제란 마치 양파 같다. 여러 겹으로 싸여 있기 때문
이다. 겉껍질이 벗겨 나간 후에야 비로소 사람들은 문제의 핵심에
다가간다. 때때로 사람들은 진정한 문제가 무엇인지 알고 있지
만, 그 사람들도 그것을 건드리기를 두려워한다. 하지만 자신의
심연에 무슨 문제가 있는지조차 자각하지 못하고 있는 사람들이
더 많다. 만일 어떤 사람이 자기가 걱정하고 있는 문제를 리더에
게 말하기 시작했다면, 리더는 보통 겉으로 드러난 문제에 대해서
만 들을 뿐이다. 적극적 듣기는 도움받는 사람이 표면적인 문제를
지나서 마침내 핵심적인 문제를 다루도록 하는 데 효과적이다.

L.E.T. 과정을 마친 다음 수개월 뒤에 우리가 면담한 감독자 한
사람은 자기 팀원들이 핵심적인 문제에 도달할 때까지 기다리며

듣는 방법을 어떻게 습득했는지 말해 주었다.

"수년 동안 제가 가지고 있던 문제 중의 하나는 다른 사람이 저에게 말할 때 듣지 않는다는 것이었습니다. 그런데 제가 듣는 법을 배운 거죠. 그것은 다른 사람의 말에 내가 어떻게 대답할 것인가를 미리 생각하지 않는 것이었어요. 사실 제가 많이 그랬었지요. 저희 직원이 무슨 불만을 갖고 찾아오면 저는 즉시 이 사람에게 어떻게 응답할까를 생각하곤 했습니다. 다시 말하면 그 직원의 말을 전혀 듣지 않은 거죠. 사실 그 때문에 이득도 많이 보긴 했습니다. 그러나 지금은 누가 문제를 가지고 저한테 오면 일단 제 생각은 접어두고 가끔 메모도 하면서 그저 듣습니다. 이렇게 하면서 제가 발견한 것은 제가 때로는 엉뚱한 문제를 풀고 있었다는 사실입니다. 상대방은 반쯤 말했는데 저는 이미 해답을 가지고 있었으니까요. 그것도 해답은 해답이었어요. 그러나 그것은 그 사람을 정말로 괴롭히는 문제의 해답은 아니었습니다."

적극적 듣기를 사용해서 자기 직원이 겉으로 드러난 문제로부터 더 근본적인 문제로 접근할 수 있도록 도와준 또 다른 사람의 이야기가 여기에 있다.

서부 지역에 있는 한 도시의 시청에 근무하는 인사 담당 국장은 어떻게 적극적 듣기가 그녀로 하여금 한 시청 직원과의 면담에서 진짜 문제를 발견할 수 있도록 했는지 말해 주었다. 처음에 그 직원은 자신이 부서 책임자로부터 방금 받은 실적 평가의 부당함에 대해서 신랄하게 하소연했다. 인사 담당 국장은 처음에 그 직원은 자신의 상관이 설정해 준 업무 목표가 불공정하고 도저히 달성할 수 없는 것이라고 느끼고 있다고 확신했다. 그런데 결국 적극적 듣기를 통해서 진짜 문제의 모습이 드러났다. 그녀는 가까운 장래에 결혼하고 밴쿠버로 이사하려고 했기 때문에 이미 사직을 결심하고 있었다. 그렇지만 그녀는 다음 새 직장을 얻는 데 시청으로부터 좋은 추천서를 받지 못할까 우려하고 있었다. 이렇게 진짜 문제가 드러나자 인사 담당 국장은 그녀로 하여금 직접 상관을 만나서 추천서를 요청하는 결정을 내릴 수 있도록 도와주었다. 실제로 그녀는 좋은 추천서를 받을 수 있었다.

자주 볼 수 있는 이 같은 경우에는 리더가 겉으로 나타난 문제를 조금 들어주는 것만으로 구성원들이 마음속으로 우려하는 문제를 드러나게 할 수 있다. 리더는 그 다음 그것에 대한 적절한 해결 방안을 찾도록 한다.

■■■■ 사람이란 생각보다 훨씬 좋아할 수 있는 존재

모든 사람들은 정도의 차이는 있지만 사물을 평가하고 판단한다. 우리는 어떤 사람의 행동을 보고 그는 어떤 사람일 것이라는 것과 그 사람을 얼마만큼 좋아할 수 있을 것인지를 판단하는 경향이 있다. 그러나 사람의 행동 이면에 무엇이 있는지 이해하지 못하고, 특히 그 행동이 유별난 것이라면 우리는 보통 그 사람을 싫어하게 된다. 반대로, 우리는 다른 사람을 알게 되면 될수록 대체로 그 사람을 더 좋아하게 된다. 그리고 적극적 듣기는 상대방이 자기 자신과 솔직한 감정에 대해서 말할 수 있도록 용기를 북돋워주는 효과적인 방법이기 때문에, 적극적 듣기의 가장 일반적인 결과는 듣는 사람이 '사람이란 생각보다 훨씬 좋아할 수 있는 존재'라는 사실을 발견하는 것이다.

최근에 L.E.T. 과정을 마친 한 부서 감독자와의 면담 내용을 살펴보도록 하자.

"저희 부서에 지금은 병원에 입원해 있으나 곧 복귀하는 한 친구가 있지요. 그는 이전에 여러 사람들과 문제가 많았던 친구인데 결국 저희 부서에서 그를 받았습니다. 그때 사람들이 제게 말하더군요. '잘해 봐, 게리. 이젠 그 친구와 무슨 일을 같이할 수 있을지 잘 생각해 봐야 할 거야.' 처음엔 저도 개인적으로 그와 잘 지낼 수가 없더군요. 그를 좋아하지 않았으니까요. 그러나 그가 말하는 것을 적극적으로 듣고 또 그가 다른 사람들에게 말하는 것을 듣다 보니 지금은 서로 잘 지내고 있습니다. 사실 아무 문제가 없죠. 가끔 그가 이성을 잃고 흥분할 때도 있긴 있어요. 그럴 때는 제게 와서 이렇게 말합니다. '뭘 준다고 해도 여기서는 더 이상 오버타임은 못 하겠습니다.' 그러면 저는 그를 진정시키고는 그와 대화하면서 말하죠. '이봐, 톰. 무슨 문제인데 그래?' 그가 무슨 일이 있었는지 말하고 설명하면 전 듣습니다. 그러면 다음 날 그는 말짱합니다. 저는 이런 면에서 L.E.T.가 좋다고 생각합니다. 또한, 집에서는 가족들의 말을 점점 더 듣게 되더군요. 윌슨 박사까지 이렇게 말하죠. '게리는 어느 누구보다도 톰과 잘 지내고 있군.' 솔직히 말해서 저도 전에는 그가 괴팍한 친구라고 생각했었어요. 그런데 그가 왜 소란을 피우는지 알게 되었고, 지금은 서로 아주 잘 지내고 있습니다."

■■■■■ 분노를 진정시켜라

인간관계에서 갈등이 생기면 자주 감정이 솟구쳐 격한 감정을 서로 주고받게 된다. 이쯤 되면 어느 누구도 문제를 건설적으로 해결하기에 적합한 상태에 있다고 말할 수 없다. 즉 사람들은 너무 감정에 휩싸여 있어서 효과적인 문제 해결에서 요구되는 그런 종류의 생각을 할 수 없게 된다. 바로 이때 적극적 듣기가 진가를 발휘한다. 이것은 사람들이 가슴에서 감정을 털어 내는 것을 도와주고, 그 다음 일어나는 문제 해결을 위한 길을 준비해 준다.

사람들은 분노하거나 속이 상할 때, "내 속을 뒤집어 놓은 문제를 해결하기 전에 당신은 내가 얼마나 분노하고 속상해하고 있는지 알아야 한다."는 심정을 전달하려고 한다. 이렇게 해서 상대방을 곤혹스럽게 만들고 싶어하는 것이다. "당신이 나를 얼마나 화나고 속상하게 만들었는지 똑똑히 봐요! 미안한 마음도 없어요?" 그런데 갈등 상태에 있는 사람들이 강렬한 감정을 발산하는 또 다른 이유는 상대방에게 겁을 주어 자신들의 요구를 들어주게 만들려는 것이다. "내가 만일 분노를 확실히 보여 주고 큰 소리로 고함을 친다면, 아마 내가 원하는 것을 얻게 될 것이다." 이것은 애들의 짜증과 별로 다르지 않으며, 이것에 대한 최선의 전략은 부모들이 잘 알고 있듯이 감정이 가라앉을 때까지 기다리는 것이다.

다음 사례는 한 인사 담당 이사의 경우 어떻게 적극적 듣기가 화난 사람들을 진정시켜 문제 해결 과정으로 나아가게 했는지 보여 준다.

"제 경우에 적극적 듣기의 덕을 본 것은 노동조합 간부들을 상대할 때였습니다. 이전에 그들의 스타일은 크든 작든 어떤 불만거리를 갖고 사무실로 뛰어들어와 그 문제를 부풀리는 것이었죠. 만일 그들이 큰 소리로 고함을 쳐 대면 경영진 중의 누군가는 체념하고 그들의 요구 조건을 들어줄 방안을 마련해서 그들을 진정시키곤 했습니다. 20년 동안 그렇게 하다 보니 회사는 너무나 많은 것들을 그들에게 주어서 뭔가 다시 시작해야 할 지경에 이르렀습니다. 어쨌든 L.E.T. 과정을 마친 다음, 저는 종이 위에 다음과 같이 썼습니다. '당신은 정말 마음이 상하셨군요. 하지만, 좀 천천히 말씀해 주시면 제가 여기에 적어 보겠습니다.' 노조 간부들과의 회의는 항상 이런 식이었습니다. 그들은 오랜 시간 자기들끼리 고함치고 온갖 소란을 떱니다. 그들이 '이런저런 감독자는 못할 짓을 하고 있으며 우리는 이런저런 것으로 보복할 것입니다.'라고 말할 때마다 저는 하여튼 이것들을 적고 또한 적극적으로 들어 주었습니다. 그리고 저는 그들이 정말로 마음이 상해 있다는 것에 대해 이해한다는 것을 계속 피드백해 주고, 그 이유를 좀 더 잘 알고 나서 함께 해결 방안을 찾고 싶다고 말해 줍니다. 그러면 보통 그들은 잠잠해지더군요. 마치 물 위에 기름을 부은 것처럼 조용해지죠. 그리고 회의가 끝나기 전엔 그들이 제 얘기에 기꺼이 따르려고 하고 이렇게 말합니다. '좋아요. 앞으로 우리가 검토해야 할 문제가 있다는 것을 잘 알았습니다. 언제쯤 우리에게 대답을 해 주시겠습니까?' 다시 그들이 방문할 때는 그들의 감정은 이전과는 전혀 다르죠. 그들은 대개 이렇게 말합니다. '이런저런 것에 대해 뭐 좀 알아보셨나요?' 그러면 저는 '네, 이것이 제가 알아본 겁니다.'라고 말하죠. 제 대답이 항상 긍정적인 것만은 아니었고, 그들도 자신들이 듣기 원했던 것을 항상 듣게 되는 것도 아닙니다. 그러나 그런 경우에도 그들은 회사가 그들의 요구를 진정으로 경청하고 있다고 느끼면서 전체적인 상황에 대해서 마음을 누그러뜨리는 것 같았습니다."

나는 사람들의 감정이 격해졌을 때 적극적 듣기보다 그들의 얘기가 정말로 경청되고 있다는 느낌을 갖도록 만드는 더 좋은 방법을 알지 못한다.

■■■■ 사람들이 성장하도록 도우라

그렇게 빈번하지는 않지만 때때로 집단 구성원들의 개인적인 성장에 상당히 기여할 수 있는 기회가 리더에게 찾아온다. 리더가 적극적 듣기 기술을 가지고 있지 못하다면, 그가 곤란한 처지에 있는 구성원의 상담자 역할을 할 수 있는 기회를 놓치게 될 것은 자명하다. 듣기 기술을 갖추지 못한 리더는 의사소통을 가로막는 12가지 장애물로 대화의 흐름을 차단하고, 구성원이 문제를 돌파하여 식견을 넓히거나 건설적인 해결 방안에 도달할 수 있도록 도와줄 수 있는 기회를 놓치게 된다. 적극적 듣기 기술을 갖고 있는 리더는 집단 구성원의 문제가 도리어 개인적인 성장의 기회가 되도록 도와줄 수 있다.

구성원과의 상담이 구성원의 업무 수행 성과를 크게 향상시키는 경우는 아주 많다. 예를 들면, 부끄럼을 많이 타는 사람에게 회의 석상에서 자주 발언할 기회가 주어진다. 부주의한 작업자가 그 원인을 알게 되고 개선을 위한 조치를 취한다. 독재적인 감독자가 자신의 독단적 성향을 이해하게 되고 자신의 팀을 보다 이해하게 된다. 책을 느리게 읽는 사람이 학교에 가는 두려움을 극복하고 속독 과정에 등록한다. 또한, 다음의 사례처럼 강박 관념과 완벽주의를 갖고 있는 회계 사무원이 그녀의 비현실적인 업무 기준을 완화시킴으로써 오히려 업무 속도를 향상시킨 경우도 있다.

할　 : 캐시, 난 말이야 오늘 아침 우리가 얘기했던 당신의 기분, 그리고 당신의 업무량에 대해 영 마음이 개운하지 않아요. 난 문제가 해결됐다는 기분이 안 들어요. 그래서 우리가 다시 한 번 이 문제를 풀어 보는 시도를 해 보았으면 해요. 당신의 문제를 다시 말해 줄 수 있어요?

캐시 : 물론이에요. 저도 얘기 결과가 마음에 썩 내키지는 않았어요. 제가 얼마나 이 문제를 심각하게 생각하고 있는지 당신이 진정으로 이해하지 못하고 있다고 느꼈어요.

할　 : 당신은 마음이 아주 많이 상했었군요. 그리고 나는 그것을 이해하고 있는 것 같이 행동하지도 않았고. 그런가요?

캐시 : 맞아요. 제가 당신에게 말하려 했던 것은 그것이 정말로 제 업무에 영향을 주고 있다는 사실이에요, 할.

할　 : 아-하.

캐시 : 저는 제가 뒤처져 있고 제 역할을 다하지 못하고 있다는 이 기분이 싫어요.

할　 : (침묵)

캐시 : 저는 이것 때문에 죄 지은 기분이고 저녁에 집에 돌아가서도 기분이 좋지 않아요.

할　 : 정말로 이것이 당신 마음에 걸리는가 봐요?

캐시 : 정말 그래요. 하여튼 이것에 대해 뭔가를 해야겠어요. (한숨 돌림)

할 : 알아요.

캐시 : 제가 소심하다는 걸 전 정말 알아요, 할. 하지만 저는 일을 정
확하게 잘하고 싶어요.

할 : 음～.

캐시 : 전 가끔 제가 너무 소심하고 정확한 것에 대해 너무 까다롭다
고 느끼곤 하죠.

할 : 당신은 자신의 일에 대해 자부심을 가지고 있고 또한 일을 최
고로 잘하고 싶어하는 것처럼 들리는군요. 그런데 당신은 자
신의 산출물을 초일류로 만들기 위해서 너무나 많은 시간과 노
력을 들이는 것이 아닌가 하는 회의가 들기 시작하는 건가요.

캐시 : 네, 저도 그렇게 생각해요. 제가 보고서를 3번, 4번 보고 또 볼
때면 저도 마음으로는 이것이 불필요하다는 것을 알아요. 왜
냐하면 실수한 것을 찾은 적이 거의 없거든요.

할 : (침묵)

캐시 : 가끔은 이렇게 마음먹죠. 좋아, 이번엔 한 번만 검토한 뒤에 옆
으로 치워 놓고 다음 일을 하겠다고요. 하지만 제 마음속에 있
는 무엇이 이렇게 말하죠. 그래도 다시 한 번 더 보는 것이 좋
을 거야라고요. 왜냐하면, 다른 사람이 제 실수를 집어내는 것
을 원치 않기 때문이에요.

할 : 그런데 마치 당신 자신의 일에 대해 신뢰가 부족한 것처럼 들
리는군요. 당신 내부의 그 무엇……. 아마 잘못을 저지를 것
같다는 두려움……. 바로 이것이 당신으로 하여금 계속 점검
하도록 내모는군요.

캐시 : 네, 전 항상 이런 식이었어요. 저의 일뿐만 그런 것이 아니라 다
른 많은 것들에 대해서도 이런 식이죠.

할 : 그렇군요.

캐시 : 저는 다른 사람들에게 제 실수를 보여 주고 싶지 않아요. 아마 당신은 제가 일종의 완벽주의자라고 말하실지 모르겠어요.

할 : 이를테면 당신은 이것을 당신의 생활 전체에서 중요한 주제로 보고 있군요. 당신은 비난받아서는 안 되고 항상 완벽해야 한다는 것 말이에요.

캐시 : 네, 그렇지만 완벽하게 하려면 시간이 걸리기 때문에 이것은 제게 정말로 부담이 돼요. 그리고 이것은 마치 되로 주고 말로 받는 것과 같아요. 그 이유는 완벽하게 하지 못할 바에는 차라리 아무것도 하지 말아야 한다고 생각하기 때문에 많은 것을 할 기회를 놓치게 되거든요.

할 : 그렇군요. 완벽하고 싶다는 욕망이 다른 것을 못 하게 만들고 좀더 윤택한 삶을 살지 못하게 하고 있는 것 같아요.

캐시 : 그렇습니다. 저도 그것이 진실이라는 생각이 들기 시작했어요. 전 오랫동안 정말로 테니스를 치고 싶었는데 겨우 두 달 전에야 테니스 과정에 등록을 했어요.

할 : 저런.

캐시 : 그런데 제 친구가 테니스를 같이 치자고 제게 전화를 했더군요. 전 정말로 치고 싶었어요. 하지만 전 치고 싶지 않다고 말했어요.

할 : 오~.

캐시 : 제가 그렇게 말한 이유는 좀더 테니스 교습을 받아 자신감을 더 갖고 싶었기 때문이었어요.

할 : 이해해요.

캐시 : 그런 다음에 제가 친구와 같이 테니스를 하러 가면, 다른 사람

들이 제가 실수하는 것을 보지 못할 테니까요. 한편으론 제가 테니스를 잘하는 모습을 다른 사람들이 보는 것을 상상해요.

할 : 음……. 뭐랄까……, 잘 보이고 싶은 욕구가 당신의 사회적 접촉과 재미, 그리고 자유로움을 막고 있는 것처럼 들리네요. 또한, 그것이 생활의 즐거움을 많이 빼앗아 가고요.

캐시 : 맞아요, 바로 그거에요. 일만 해도 그렇죠. 만일 제가 모든 것이 완전무결해야만 한다는 강박 관념을 적게 가질 수만 있다면, 저는 더 많은 것을 해낼 수 있을 것이라고 확신해요.

할 : 어쩌면 당신은 문제에 대한 어떤 해결 방안을 가지고 있는 것도 같군요. 그리고 그것은 당신의 걱정과 반복적인 검토를 줄여 주는 거겠죠. 그 방안이 앞으로 어떤 결과를 가져올지는 당신이 보게 되겠지만.

캐시 : 네, 어떤 일들은 그렇게 많은 시간이 소요되는 것을 정당화할 수 없는 것들도 있어요. 제 생각으로는 우리 업무에서 설령 실수가 한 번 있다고 해도 그렇게 치명적인 것은 아니에요.

(잠시 쉼)

할 : 알아요.

캐시 : 부기(簿記)에서는 서로 수치를 대조하고 대차 계산을 하는 과정이 너무 많기 때문에, 모든 수치 하나하나를 점검하고…… 또 점검하고 또 하는 것이 필요하지는 않아요.

할 : 그렇군요.

캐시 : 바로 이것이 일을 더디게 만들었다고 생각해요.

할 : 당신이 상상하는 것처럼 6개월에 한 번 어쩔 수 없이 실수를 한다고 해도 그리 큰 피해가 없으리라는 것을 이제 알았군요.

캐시 : 맞아요, 맞아요. 바로 그거에요!

할   : 이 가정을 시험해 볼 용기가 생긴 것처럼 보이네요.

캐시 : 저는 이것을 일주일 정도 시험해 보고 제가 변할 수 있는지 보
       겠어요. 제가 할 수 있을지 확실히 모르겠어요. 그렇지만 아주
       괜찮은 생각 같아요. 한번 시도해 볼 거예요. 그리고 다른 해
       결 방안이 필요하면 다음에 다시 찾아뵙지요.

할   : 음~.

캐시 : 그런데 그것이 과연 제 책상 위에 쌓여 있는 일거리를 정말로
       줄여 줄 수 있을까, 그것도 많이 줄여 줄 수 있을까 하는 의심
       이 언뜻 드네요.

할   : 당신은 이 방안의 결과에 대해서 의심이 좀 있지만, 그러나 한번
       시도해 볼 의사는 있군요.

캐시 : 네, 있어요.

       (잠시 쉼)

캐시 : 좋아요. 자리에 돌아가서 한번 시도해 봐야겠어요. 들어 주셔서
       너무 감사드려요.

할   : 천만에, 나는 이 대화가 참 좋았어요.

캐시 : 저도 역시 그래요.

할   : 좋아요.

두 사람이 서로 주고받은 이 짧은 대화는 적극적 듣기의 좋은
예이다. 다음과 같이 중요한 사항을 놓치지 않기 위해서 할과 캐
시의 상담 내용은 다시 읽어 볼 가치가 있다.

1. 할은 거의 전적으로 소극적 듣기, 동의적 응답, 적극적 듣기를 사
   용하고 있음을 주목하라.

2. 캐시가 "네.", "정말 그래요.", "맞아요.", "저도 역시 그래요." 등을 사용해서 할의 적극적 듣기 응답의 정확성을 확인해 준 것을 주목하라.

3. 어떻게 캐시가 겉으로 드러난 문제(그녀의 업무가 지연됨)로부터 보다 근본적인 개인적인 문제(다른 사람에게 잘 보이려는 욕구)로 접근하게 되었는지 주목하라.

4. 할이 적극적 듣기를 통해서 문제의 책임을 캐시에게 유지시킨 방법과 그리고 캐시가 어떻게 자신의 문제 해결과 의사 결정에 대하여 전적인 책임을 담당하게 되었는지를 주목하라.

대다수 리더들은 집단 구성원들의 상담자 역할을 하기 위해서 꼭 필요한 듣기 기술을 가지고 있지 못하다. 그 결과 그들은 자신들이 감독하는 사람들의 개인적인 성장에 기여할 수 있는 많은 기회를 놓치게 된다. 그리고 구성원들이 가지고 있는 자기 존중, 성취, 개인적 성장에 대한 욕구를 충족시킬 수 있도록 그들에게 도움을 줄 수 있는 많은 기회도 역시 상실하게 된다. 내가 반복해서 지적하는 것처럼 팀이 가지고 있는 기본적인 욕구를 만족시켜 주는 것은 리더를 리더답게 만드는 것 중에서 핵심적인 사항이다. 그런데 이것도 역시 듣기 기술을 필요로 한다.

■■■■■ **교사로서의 리더**

리더는 많은 교육을 실시한다. 예컨대 작업 방법을 지시하고, 새로운 정책과 절차를 설명하고, 일을 통해서 배우는 훈련도 실시한다. 하지만 극소수의 리더들만이 이런 중요한 기능을 수행하기 위한 특별한 훈련을 받을 수 있었다. 그들은 사람들을 효과적으로 가르친다는 것이 얼마나 어려운 일인지를 깨닫지 못하고 있다. 사실 이것은 대부분의 사람들이 생각하는 것보다 훨씬 복잡하다.

우리는 우선 사람들이 새로운 것을 반드시 배워야 하는 처지에 놓이는 것을 얼마나 싫어하고 있는지를 잘 알지 못하고 있다. 이것은 익숙한 업무 방법과 친숙한 사고 방식을 포기할 것을 요구하기 때문에 힘든 일인 것이다.

학습은 변화를 수반하며, 변화는 사람을 불안하게 하고 때로는 심지어 위협적이기까지 하다. 더구나 '교사'에 비해 '학습자'의 역할은 격이 낮은 것으로 느껴진다. 그것은 우리 모두가 학창 시절에 교사들에게 주눅 들고, 처벌받고, 철없는 아이 취급을 받았던 기억 때문이라는 것은 의심의 여지가 없다. 이것은 리더가 구성원들을 가르칠 때 그들이 "어린애 취급을 받고 있다."는 기분이 들게 만드는 교수법은 절대로 사용하지 말아야 한다는 것을 의미한다.

맡은 업무를 제대로 처리하지 못하기 때문에 보다 나은 업무 처리 방법을 가르쳐 줘야 할 필요성이 있는 구성원을 발견한 지극히 통상적인 리더의 상황을 살펴보자. 이것은 어찌 보면 직원의 직무 수행 방법을 교정하고 더 좋은 방법을 가르치는 아주 단순하고 쉬운 문제 같지만, 그러나 그렇게 쉬운 경우는 거의 없다. 이때 집단 구성원들은 당황, 초조, 방어, 분노 등 다양한 방식으로 반응한다. 또한, 배우는 사람이 처음에는 리더의 지시 사항을 제대로 파악하거나 새로운 방식으로 업무를 수행하는 데 어려움을 겪는 경우가 자주 있다.

대체로 다음과 같은 신호와 암시는 이 같은 반응을 나타내는 것
이다.

"저는 전부터 항상 이 방법으로 일해 왔습니다."

"제가 하는 방식에 뭐 잘못된 것이라도 있나요?"

"어느 누구도 달리 말해 준 사람은 없었습니다."

"하지만, 그것은 매니저께서 일하시는 방식이겠죠."

"무슨 말씀인지 모르겠군요."

"와―, 저는 그렇게 일하는 방법을 배운 적이 없는데요."

"아주 불편하게 느껴져요. 자연스럽지 못하군요."

"너무 앞서 가시는데요."

"이해가 안 돼요. 전 바보인가 봐요."

"전 그렇게 일하는 방법을 절대로 배우지 않을 겁니다."

이 같은 메시지는 말할 필요도 없이 리더의 간섭이 그룹 구성원
에게 문제를 야기하고 있음을 전달하는 것이다. 행동의 창을 다시
살펴보자.

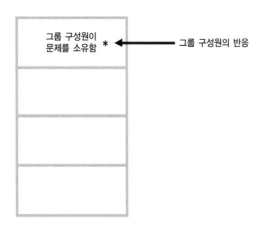

만일 리더가 그룹 구성원의 반응을 행동의 창에서 적절한 영역에 배치했다면, 어떤 기술을 사용해야 하는지도 알 것이다. 지금은 적극적 듣기로써 이해와 공감, 그리고 수용하고 있음을 보여줄 때이다. 리더가 팀원의 기분을 인정하고 이것을 어느 정도 극복할 수 있도록 그를 돕기 전에는 학습은 거의 이루어지지 않는다. 리더는 그가 배울 준비를 갖추기 전에는 가르치는 것을 중단해야 한다.

이것이 효과적인 가르침의 가장 중요한 원리이다. 리더는 지지자 없이 리더가 될 수 없는 것처럼, 교사는 배우는 사람 없이 교사가 될 수 없다.

적극적 듣기를 또 다른 방법으로 유용하게 응용하면 교사-학습자 사이의 관계를 도울 수 있다. 우리는 학습자가 학습 과정에 소극적이기보다는 적극적으로 참여할 경우에 학습 효과가 크다는 사실을 알고 있다. 그렇지만 아직도 대부분의 학습 과정에서 교사는 적극적인 발신자 역할—말하고, 설명하고, 강의하고, 발표하고—을 담당하고, 학습자는 수동적인 수신자 역할을 한다. 유능한 교사의 특징은 학습자가 학습 과정에 보다 적극적으로 개입하고 참여하게 만드는 것이다.

이것을 실천하는 한 가지 방법은 학습자에게 주제에 대해 말할 기회를 더 많이 주는 것이고, 이때에도 적극적 듣기가 유용하다는 사실이 밝혀졌다. 여기서 중요한 점은 리더가 자신의 발표나 가르침을 아주 짧은 토막으로 나누어 전달하고, 이 '작은 발표'에 대해서 집단 구성원들의 반응을 요청하고 들어 보는 것이다. 이때에도 리더는 구성원들이 보내는 메시지에 대한 이해와 수용을 나타내 보여 주기 위해서 적극적 듣기를 사용한다.

이것은 학습자에게 리더의 가르침에 대해서 목소리를 내어 반응하도록 용기를 주고, 학습자가 얼마나 리더의 가르침을 이해했는지를 리더가 분석할 수 있게 하는 학습자의 반응을 조장한다. 리더는 이 반응을 듣고 어떤 가르침이 더 필요한지 결정할 수 있다.

6

리더 자신의 욕구를 충족시키는 방법

지금까지 리더가 다른 사람들을 효과적으로 돕는 방법에 대해 알아보았다. 이제는 리더 자신을 돕는 방법에 대해 알아볼 필요가 있다.

어째서 어떤 사람들은 다른 사람들과의 관계에서 자신들의 욕구를 충족시키는 데 그렇게 성공할 수 있을까? 만일 다른 사람의 행동이 리더에게 심각한 문제를 야기할 때, 리더는 어떻게 그 사람의 체면을 손상시키지 않으면서, 그리고 리더에 대해 불쾌한 느낌을 갖게 하지 않으면서 그 사람을 변화시킬 수 있을까?

- 제니는 일을 너무 느리게 처리해서 다른 사람들의 업무를 지연시킨다.
- 당신의 리더는 당신이 알아야 하는 것들을 말해 주지 않는다.
- 하워드는 언제나 회의에 늦는다.
- 메리는 고객의 전화를 응대할 때 퉁명스럽고 무례하다.

- 다른 부서의 감독자가 당신에게 비협조적이다.
- 로라는 고객의 요청에 신속하게 응답하지 못한다.
- 프랭크는 자발적으로 일을 맡지만 종종 제대로 끝내지 못한다.
- 잰은 부서 활동에 대한 정보를 당신에게 제때 보고하지 않는다.
- 에릭의 업무 그룹의 이직률은 다른 그룹에 비해서 아주 높다.

이런 사례와 그리고 이와 유사한 수없이 많은 사례들은 리더의 욕구 충족을 방해하기 때문에 행동의 창 아랫부분에 속한다.

리더가 이런 문제를 다루기 위해서는 다른 사람이 문제를 소유한 경우와는 아주 다른 방법이 필요하다.

다른 사람이 문제를 소유한 경우	리더가 문제를 소유한 경우
리더는 듣는 사람.	리더가 발신자.
리더는 상담자.	리더는 영향을 미치는 사람.
리더는 다른 사람을 돕기 원한다.	리더는 자기 자신을 돕고자 한다.
리더는 울림판이다.	리더는 자신의 목소리를 내기 원한다.
리더는 다른 사람이 자신의 해결 방안을 찾도록 도와준다.	리더는 자기 스스로 해결책을 찾아야 한다.
리더는 다른 사람의 해결 방안을 수용할 수 있다. 리더 자신의 욕구가 충족될 필요는 없다.	리더는 반드시 해결 방안에 만족해야 한다.
리더는 주로 다른 사람의 욕구에 관심을 가지고 있다.	리더는 주로 자기 자신의 욕구에 관심을 가지고 있다.
리더는 수동적이다.	리더는 자기의 주장을 내세운다.

리더는 다른 사람이 문제를 소유한 경우에는 듣는 기술을 이용한다. 그러나 리더가 문제를 소유한 경우에는 '자기의 주장을 내세우는 기술'을 반드시 도입해야 한다. 물론 자기의 주장을 내세우는 기술은 듣는 기술과 확연히 다르다. 많은 리더들은 자기의 주장을 내세울 줄 모르기 때문에 다른 사람들의 행동이 그들에게 문제를 초래하여도 다른 사람들과 맞서는 것을 여러 가지 다양한 이유로 힘겨워한다.

우리 모두는 다른 사람에게 그의 행동이 수용되지 않는다거나 문제를 일으키고 있다고 말해 주기를 꺼려한다. 그렇게 할 경우에

는 그 사람이 상처를 받거나, 화를 내거나, 우리를 좋아하지 않게
되는 위험을 무릅쓰는 것이다. 그리고 이런 두려움이 아무런 근거
가 없는 것은 아니다. 어느 누가 자신의 행동이 용납될 수 없는
것이라는 말을 듣고 싶어하겠는가? 이런 경우에 사람들은 종종
우리가 듣고 싶어하지 않는 부정적인 반응으로 우리의 주장에 대
응한다. 어쩌면 그들은 논쟁을 일으킬지도 모른다. 그들은 비판
적인 메시지로 반격할 수도 있다. 그들은 상처를 받거나 화를 내
면서 걸어 나갈지도 모른다. 또는 그들은 자기 방어적이 되고 리
더의 주장에 동의하지 않을지도 모른다. 따라서 자기 자신의 주장
을 내세우고 다른 사람과 맞서 대면하기 위해서는 어느 정도의 용
기가 필요하다.

나는 자기들의 주장을 내세우지 않고 다른 사람들과 맞서려고
하지 않는 리더들을 알고 있다. 그들이 분명히 알아야 하는 것은
아무런 대가 없이 그 문제들이 저절로 사라지는 법은 거의 없다는
것이다. 그들은 말없이 고통을 감수하거나, 문제를 일으키고 있
는 사람에 대한 분노의 감정을 쌓아 간다. 대인 관계에서 다른 사
람은 유리하고 리더가 불리한 상태로 남아 있다면 리더는 불공정
하다고 느낄 것이다. 불공정한 관계를 참고 인내하는 것을 사람들
은 종종 '관대함' 이라고 부른다. 그런데 관대한 부모와 마찬가지
로 관대한 리더는 결국은 실패자로 끝나게 되고 관대함마저 싫어
하게 된다.

리더가 다른 사람들과 맞서는 일을 이같이 불안한 마음을 가지
고 접근하는 데에는 또 다른 중요한 이유가 있다. 그것은 리더가
구사하는 특정한 언어—리더가 아이였을 때 그가 맞섰던 어른들
에게서 처음 배운 것들이지만—가 상대방의 저항과 반발을 일으

키거나 상대방과의 관계에 손상을 끼칠 가능성이 매우 높기 때문
이다. L.E.T. 과정에서 강사는 간단한 실습을 통해서 대부분의 리
더들이 문제를 일으킨 사람들과 맞설 때 사용하는 언어가 거칠거
나, 위협적이거나, 비판적이거나, 교훈적이거나, 거만스럽거나,
빈정대거나 또는 상대방의 자긍심에 상처를 주는 말이라는 사실
을 보여 준다. 다음 상황을 가정해 보자.

　앤은 당신 팀의 한 구성원이고 스태프 회의에서 당신과 다른 구
성원들의 발언을 거듭해서 가로막기 때문에 팀의 효과적인 문제
해결 능력을 현저히 저하시키고 있다. 오늘도 그녀는 똑같이 이런
일을 반복하므로 당신은 회의 뒤에 이 문제에 대해 그녀와 맞서
대면하기로 결정했다.

　다음은 L.E.T. 과정에 참가한 사람들이 이 가상적인 상황에 대
한 반응으로 나타내 보인 전형적인 메시지이다.

"앤, 당신 주장을 말하기 전에 다른 사람들도 말을 좀 하게 해요. 말
　좀 적게 해요!" (명령, 지시)
"앤, 당신이 만일 회의에서 모든 사람들의 발언을 계속해서 방해한다
　면, 당신에게 모두들 몹시 화를 내게 될 거예요." (경고, 위협)
"말참견하기 전에 다른 사람이 말하는 것을 끝까지 들어 주는 것은 간
　단하고도 기본적인 예의이지요." (교훈, 설교)
"하나님이 우리에게 두 귀와 한 입을 주신 것은 우리가 말하는 것의 두
　배만큼 들으라는 겁니다." (가르침, 강의)
"앤, 우리가 다음 회의를 할 때에는 다른 모든 사람들이 말을 끝마칠
　때까지 참아 줬으면 좋겠어요." (충고, 해결책 제시)
"앤, 당신은 우리 스태프 회의에서 정말 무례하더군." (비판, 판단)

"앤, 나는 당신이 명석하고 항상 좋은 아이디어를 가지고 있다는 것
을 알고 있지만 다른 사람들 생각도 좀 해요."(칭찬, 아부)
"당신은 회의에서 마치 모든 것을 다 아는 것처럼 행동하더군."(비난)
"나는 당신이 말 중간에 끼어드는 습관을 쉽게 그만둘 수 있으리라고
확신해요."(재확인)
"내가 생각하기엔 당신은 우리 회의를 단지 당신의 대단한 경험과 지
식을 과시하는 자리로 이용하는 것 같더군."(정신분석)
"당신은 왜 토론을 좌지우지하려 하고 모든 사람들의 말에 참견하는
거예요?"(심문, 질문)
"앤, 당신은 회의에서 너무 수줍어하는 것 같았어. 우린 당신의 의견
을 하나도 듣지 못했어요."(비꼼, 농담)

이런 상황에 대한 리더의 반응은 다양하지만, 리더는 위의 12
가지 부류에 속하는 메시지를 사용해서 다른 사람들과 맞선다. 귀
에 익은 소리 같지 않은가? 이것들은 의사소통을 가로막는 12가
지 장애물이다. 이러한 대화 방식은 다른 사람이 문제를 소유하고
있을 때뿐만 아니라 리더가 문제를 소유하고 있는 경우에도 비효
과적이다.
의사소통을 가로막는 12가지 종류의 장애물을 각각 검토해 보
면 그 속에는 모두 강한 '당신(너)'이라는 말이 들어 있음을 발견
하게 될 것이다.

"당신 그만 해."
"당신이 만일 그만두지 않으면, 그 뒤에는……."
"당신은 그것을 하면 안 돼."

"당신은 좀더 많은 것을 알아야 합니다."

"당신은 이것을 할 필요가 있어요."

"당신이 한번 해 보면 어때."

"당신 무례하구먼."

"당신이 그것을 해야 하는 이유는……."

"당신은 왜 이것을 합니까?"

"당신이 마땅히 해야 할 일은 바로 이거요."

이것들을 보면 내가 왜 다른 사람들과 맞서 대면할 때 사용하는 이런 종류의 메시지를 '너-메시지(You-Message)'라고 부르는지 확실히 알 수 있다. 그리고 사람들은 너-메시지를 듣는 것을 싫어한다. 너-메시지는 다음과 같은 이유 때문에 인간관계를 손상시킬 수 있는 위험성이 높다.

1. 너-메시지는 사람들이 죄책감을 느끼도록 만든다.
2. 너-메시지는 책망하거나, 창피를 주거나, 비평하거나 또는 거절하는 말로 느껴질 수 있다.
3. 너-메시지는 상대방에 대한 존경이 결여되어 있음을 전할 수 있다.
4. 너-메시지는 종종 반항적인 행동이나 보복적인 행동을 유발할 수 있다.
5. 너-메시지는 듣는 사람의 자기 존중 의식을 손상할 수 있다.
6. 너-메시지는 변화에 대해 열린 마음 대신에 저항하는 마음을 일으킬 수 있다.
7. 너-메시지는 종종 처벌하는 말로 느껴진다.

너-메시지가 인간관계에 상처를 주는 것은 논외로 하더라도, 너-메시지는 대개 리더가 성취하고자 했던 것—소위 다른 사람에게 영향을 미쳐서 리더가 수용할 수 없다고 여기는 행동을 바꾸게 히는 일—을 이룰 수 없다. 그 이유는 세 가지가 있는 것 같다.

첫째, 사람들은 무엇을 하라는(또는 하지 말라는) 말을 듣기 싫어하기 때문에 어떠한 변화에도 완강히 저항한다. 사람들은 자신들의 행동이 다른 사람의 욕구를 방해하는 것이 분명한 경우에도, 자기들이 변화를 선도하는 것을 좋아하는데 이것이 인간의 본성이다. 그러나 일반적으로 너-메시지는 그 사람에게 그런 기회를 주는 것을 거부한다. 예를 들면, "당신 보고서에는 부주의해서 실수한 것이 많이 있어요. 당신은 보고서를 다시 작성해야 합니다."라고 얘기할 때, "당신은 보고서를 다시 작성해야 합니다."라고 말하는 것은 상대방이 자발적으로 보고서를 다시 작성하는 기회를 부정하면서, 이런 자발적인 제안을 통해서 약간의 체면을 세우는 것조차 불가능하게 만든다.

둘째, 너-메시지가 비효과적일 수밖에 없는 이유는 너-메시지가 듣는 사람에게 책임을 전가하기 때문이다. 너-메시지는 "당신은 나에게 문제를 일으키는 잘못을 저질렀다.", "당신은 나쁘다.", "당신은 좀더 많이 알았어야 했다." 또는 "당신은 경솔하고 사려가 깊지 못하다."는 등의 의사를 전달한다.

대부분의 상황에서 비난은 부적절하다. 내가 추측건대 사람들이 자신들의 행동이 타인에게 수용되지 않는 것이라고 깨닫고 있는 경우는 극히 드물다. 일반적으로 사람들의 행동은 단지 자신들의 욕구를 충족시키려는 동기로 한 것이지 다른 사람들의 욕구를 고의적으로 방해하려고 그렇게 한 것은 아니다. 그러나 리더가 너-메시지를 보낸다면, 리더는 "당신은 당신 자신의 욕구를 충족시키려고 그런 행동을 했기 때문에 나쁘다."라는 다소 어처구니없는 견해를 전달하는 것이다.

마지막으로, 너-메시지가 비효과적인 이유는 이것이 '허술한 부호'이기 때문이다. 앞에서 논의한 의사소통 과정을 상기하고 발신자가 자신의 메시지를 부호화하고 수신자가 해석하는 그림을 그려 보라. 만일 다른 사람의 행동이 리더가 수용할 수 없는 것이라면 분명히 문제는 리더가 소유하고 있다. 즉 염려하고, 기분이 상하고, 부담을 느끼고, 실망하고, 두려워하는 사람은 바로 리더이다.

예를 들어 책을 서가에 제때 반납하는 것을 잊어버린 한 구성원 때문에 당신이 책을 찾는 데 많은 시간을 낭비해서 마음이 상한 경우를 생각해 보자. 이 경우에 당신의 감정을 나타내는 정확한 부호는 다음과 같다.

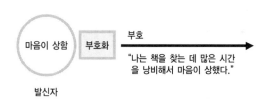

이 부호는 '너'가 아닌 '나'를 포함하고 있다. 누군가 당신에게 문제를 일으킨 경우에 분명하고 정확한 부호는 항상 나-메시지(I-Message) 형태가 될 것이다. "나는 실망했다.", "나는 방해 받는 것을 싫어한다.", "나는 걱정한다.", "나는 낙심하고 있다.",

"나는 많은 시간을 낭비했다." 그러나 너-메시지는 상대방을 언급하고, 문제를 소유하고 있는 사람의 감정에 대해서는 아무것도 말하지 않는다.

나-메시지를 전달하는 것을 때로는 '평준화(leveling)'라고 부르는데, 생활에서 이것이 당신을 다른 사람들과 대화할 때 개방적이고, 직설적이고, 솔직하게 한다는 점에서 그 이유를 이해할 만하다. 이것이 나-메시지가 가지고 있는 영향력의 근원일 것이다. 나-메시지는 "나는 문제를 가지고 있는 인간이고 다른 모든 사람들과 똑같이 느낀다."라는 의사를 전달한다. 어떤 의미에서 나-메시지는 문제를 안고 있는 사람이 도움을 간청하는 것이며, 대부분의 사람들은 이 같은 간청을 쉽게 무시하지 못한다. 이것이 바로 나-메시지가 다른 사람들에게 그들의 행동을 수정하도록 영향을 줄 수 있는 가능성이 큰 이유이다. 이제 당신의 보스가 보내는 다음과 같은 나-메시지를 당신이 들었다고 상상해 보자. 그리고 당신이 이런 메시지를 들었을 때 느끼는 것과 이런 메시지가 당신으로 하여금 보스의 욕구를 고려해서 자신의 행동을 수정하도록 동기를 부여하는지의 여부를 생각해 보자.

1. "당신 부서에서 무슨 일이 일어나고 있는지 나에게 지속적으로 알려 주지 않으면, 나는 걱정이 되고 당신이 해결할 수 없는 문제를 가지고 있지나 않은지 온갖 상상을 하게 됩니다."

2. "나는 우리의 잠재적인 고객들의 문의에 대해서 며칠 동안이나 제때 대답해 주지 않고 방치하고 있다는 말을 들을 땐 정말 속이 상해요. 왜냐하면, 그렇게 되면 거래를 놓치게 되거나, 우리 조직에 대한 나쁜 인상을 심어 주지나 않을까 걱정이 되기 때문이에요."

3. "당신이 스태프 회의에 참석하지 않으면, 당신이 마케팅 분야에 대해 갖고 있는 경험과 지식을 들을 수가 없기 때문에 회의의 질이 떨어지는 것이 나는 무척 안타까워요."

4. "나는 당신 부서에서 쓰는 비용이 예산을 많이 초과하는 것을 보면 불안해져요. 그리고 그것을 시정하기 위한 조치가 전혀 취해지지 않는 것을 보면 참 의아한 생각도 들어요."

5. "난 당신이 개인적인 용도로 음악이나 다른 파일들을 다운로드 받는 것을 보면 내 마음이 상해요. 그렇게 하면 컴퓨터가 업무 관련 프로그램을 실행할 수 없지 않겠어요?"

당신이 이런 메시지를 듣고서 기분이 좋을 수는 분명히 없지만 (아무도 자신의 행동이 다른 사람이 수용할 수 없는 것이라는 말을 듣기 좋아하지 않는다), 그래도 당신은 무엇을 하라는 명령을 듣거나, 경고를 받거나, 질책을 받거나, 훈계를 들었을 때보다는 훨씬 더 자신의 행동을 바꾸어 볼 마음이 생길 것이다.

L.E.T. 훈련을 받은 한 은행의 매니저는 자신의 상사에게 보낸 나-메시지를 다음과 같이 소개했다.

" '이사님이 제 부서 담당인 보험에 대한 고객의 불만 사항을 접수하고 처리하시면, 저는 제 임무를 수행할 기회를 갖지 못할 뿐만 아니라 제가 무능하다는 생각이 듭니다.' 라는 저의 말에 대해 제 보스는 이렇게 대답하더군요. '그건 내 의도가 아니었어요.'

하지만 저는 그것만으로는 제 성에 차지 않아서 계속 얘기했어요. '더구나 이사님이 제 부서 직원을 부르셔서 그 일에 대해 설명하게 하실 때에는 전 얼마나 당황했는지 모릅니다. 그 이유는 혹시 이사님이 그런 일을 저에게 맡기실 만큼 저를 신임하지 않으신다는 인상을 제 부서 직원들이 받을까 봐 염려했기 때문입니다.'

제 보스는 이렇게 응답하더군요. '나는 불만 사항을 접수하고서 내가 처리해도 괜찮을 것으로 생각해서 그렇게 했어요. 그러나 나는 당신이 그런 얘기를 하는 것도 이해해요.'

나중에 그는 이런 이메일을 저에게 보내왔습니다. '나는 당신이 말하는 뜻을 잘 압니다. 넘지 말아야 할 선을 넘은 것에 대해 미안하게 생각합니다. 나는 불만 사항을 보고받고, 화가 나서 처리했는데, 당신에게 이 일을 넘겼어야 했어요. 당신이 L.E.T.에서 배운 것을 잘 사용하길 바라고, 내가 한 일은 배우지 마세요.'

그날 이후로 모든 사람들은 과거보다 훨씬 기분 좋게 일을 하게 되었습니다."

■■■■ 나-메시지의 핵심 요소

당신은 사람들이 다른 말은 아무 말도 하지 않고 단지 그들이 느낀 것만 말하면서 당신에게 맞서던 경험이 있을 것이다.

"나는 당신 때문에 속상해요."
"나는 정말 실망했어요."
"나는 걱정이 돼요."
"나는 당신 때문에 기분이 나빠."

이 같은 메시지들은 모든 사람들을 어리둥절하게 하고 당황하

148

게 만들기 때문에, 이런 말을 들은 사람은 아마 맨 먼저 상대방이 왜 속상해하고, 실망하고, 걱정하고, 기분이 나빠하는지 물어보았을 것이다. 또는 "제가 무엇을 잘못했습니까?"라고 말했을 것이다. 여기서 지적하고 싶은 요점은 다른 사람에게 단지 느끼는 것만을 말하는 것은 불완전하게 상대방과 맞서는 것이라는 사실이다. 즉 앞의 말들은 완전한 나-메시지의 3가지 구성 요소 중에서 한 가지만을 담고 있다는 말이다. 그런데 세 가지 구성 요소는 (1) 당신이 수용할 수 없는 상대방의 행동에 대해서 간략하게 비난하지 않는 말로 설명하고, (2) 당신의 솔직한 감정을 표현하고, (3) 그 행동이 당신에게 미치는 분명하고 구체적인 효과(또는 결과)를 말하는 것이다.

우선 "제가 무엇을 잘못했습니까?"라고 하는 질문의 필요성을 없애기 위해서 당신은 상대방에게 그의 어떤 행동이 수용할 수 없는 것인지 정확하게 알려 줄 필요가 있다. 그런데 여기서 "당신은 경솔하다." 혹은 "당신은 부주의하다."와 같이 비판적인 너-메시지를 피하는 것이 매우 중요하다. 그 대신에 당신에게 문제를 일으키는 행동을 말로 표현한다. 둘째로, 그 수용할 수 없는 행동이 당신에게 미치는 정서적인 충격을 강조하기 위해서 직설적이고 솔직하게 당신의 감정을 표현하는 것이 보통 필요하다. 마지막으로, 당신이 상대방의 행동 변화를 원하는 데에는 논리적이고 이성적인 이유가 있다는 것을 상대방에게 확신시키기 위해서 그 행동의 효과(또는 결과)를 포함시킬 필요가 있다.(실제로 당신의 생활이 명백하고 구체적인 영향을 받고 있음을 나타낸다.)

나-메시지를 보내는 방법을 익히기 위해서 다음과 같은 나-메시지 공식을 기억해 두면 좋다. 즉 행동+감정+효과. 그런데 이

순서는 바뀌어도 무방하다.

아래에 이 세 가지 요소를 포함하는 나-메시지의 좋은 사례가 있다. 각 사례는 수용할 수 없는 행동에 대해서 비난하지 않는 말로 설명하고, 그것에 대한 감정과 그 효과를 담고 있다. 아래의 사례에서 이 세 가지 요소를 구별할 수 있는지 보라.

안내 사무원에게 :

"나는 당신이 전화에 대한 응답을 하기 위해서 아침 8시 30분까지 출근하지 않은 것을 알고서 마음이 무척 상했어요. 이런 경우에는 다른 누군가 당신 일을 대신하기 위해서 자리를 비워야 하잖아요."

동료에게 :

"나는 당신이 우리 두 사람 사이의 문제를 샌디에게 말한 사실을 샌디에게 들었을 때 내 마음이 상처를 받는 기분이었고 화가 났었어. 왜냐하면, 우리 관계에 대해 내가 가지고 있는 신뢰가 무너져 내리는 것 같았고, 문제를 해결하기 위해서 내가 필요로 하는 정보도 얻지 못했기 때문이었어."

매니저에게 :

"저는 제 소질, 의사 결정 능력, 그리고 제가 하는 일에 대한 가치를 인정받고 싶습니다. 그런데 매니저께서 저와 관계가 있는 결정을 저와 아무런 상의나 문의도 없이 내리실 때는 자신을 잃게 되고 일할 의욕도 없어집니다."

당신이 이 세 가지 요소를 완전히 갖춘 나-메시지를 보내는 것을 처음 배울 때에는 이것들을 의식적으로 점검해야 하기 때문에, 언어가 부자연스럽고 기계적으로 느껴질 수 있다. 그러나 나-메시지는 사용할수록 점점 자연스러워지고 의식적으로 세 가지 요소를 생각하지 않고도 사용할 수 있게 될 것이다. 새로운 골프 스윙을 배우거나, 테니스를 배우거나, 보트나 스키를 타는 것을 배우거나, 컴퓨터 같은 새로운 기술을 배울 때처럼 여기서도 연습이 필요하다.

■■■■ 나-메시지를 보내면 무슨 일이 일어나는가?

당신이 나-메시지를 보내서 상대방이 변화하도록 영향을 미치려고 할 경우에 여러 가지 일들이 일어날 수 있다. 당신의 처음 메시지는 변화 과정 중에서 단지 첫 번째 단계에 불과하지만, 이것은 그 이후에 일어나는 일들의 전반적인 분위기를 결정하기 때문에 중요하다. 나는 이 논의를 위해서 '변화시키는 사람(changer)'과 '변화를 받는 사람(changee)'이라는 용어를 사용할 것이다.

누가 문제를 소유하고 있는가?

'문제 소유권'에 대한 기본적인 개념을 확실히 이해하는 것은 매우 중요하다. 만일 누군가의 행동이 당신의 욕구 충족을 방해하기 때문에 당신이 그 사람을 변화시키고자 한다면, 그것은 당신이 문제를 소유하고 있는 것이지 '변화를 받는 사람(상대방)'이 문제를 소유하고 있는 것이 아니다. '변화를 받는 사람'은 문제를 가지고 있지 않다. 오히려 그 사람은 당신의 욕구가 충족되는 것을 막는 바로 그 행위를 통해서 자신의 욕구를 충족시키고 있는 것이다. 당신은 그 사람이 자신의 욕구를 충족시키려고 한다고 비난할 수는 없다. 그것이 바로 인간이 활동하는 방식이다. 따라서 당신이 자기 자신이 문제를 가지고 있다는 사실에 대해 속상해하는 것은 정당한 일이지만, 당신에게 문제를 일으키는 행동을 한 사람에게 화낼 일은 아니다. 이것이 바로 상대방을 비난하는 투의 너-메시지와는 달리 상대방을 비난하지 않는 투의 나-메시지를 통해서 전달되는 태도인 것이다.

'변화를 받는 사람'이 운전대를 잡고 있다

비록 당신은 자신이 문제를 소유하고 있다는 사실 때문에 '변화를 받는 사람'과 맞서야 하는 책임이 있지만, 궁극적으로 변화할 것인가 말 것인가를 결정하는 사람은 '변화를 받는 사람'이다. 즉 책임 소재는 '변화를 받는 사람'에게 있다. 당신이 문제를 가지고 있기 때문에, 당신은 사실상 '변화를 받는 사람'에게 의존한다. 다시 말하지만, 나-메시지는 이 태도를 효과적이고 정확하게 전달한다. 즉 이것은 문제에 대한 당신의 진술이지만 '변화를 받는 사람'에게 반드시 변해야 한다거나, 또는 어떤 식으로 변해야 한다고 말하지는 않는다. 앞에서 언급한 바와 같이 나-메시지는 도움을 간청하는 것이며, 이것이 흔히 접하게 되는 나-메시지의 놀랄 만한 효과의 원인이다. 대다수 사람들은 강제적인 요구, 위협, 해결 방안 제시, 훈계보다는 솔직한 요청에 응답을 더 잘한다.

'기어 변속'의 중요성

나-메시지가 너-메시지보다 다른 사람이 변화하도록 영향을 미칠 가능성이 더 크지만, '변화시키는 사람'이 상대방을 변화시켜야 한다는 기대를 갖고 맞서 대면한다는 사실은 '변화를 받는 사람'을 불안하게 한다. 나-메시지에 대해 '변화를 받는 사람'이 나타내는 공통적인 반응은 다음의 예에서 보는 것처럼 불안해하거나, 당황하거나, 자기 방어적이 되거나, 기분 나빠하거나, 변명하거나, 저항하는 것이다.

1. 변화시키는 사람 : "내가 이사회 회의에서 업무 보고를 하는 도중에 당신이 작성한 서류에서 몇 개의 치명적인 실수를 발견했을 땐 정말 당혹스러웠어요. 그런 실수는 나를 멍청하게 보이도록 만드니까 말이에요."
   변화를 받는 사람 : "그렇지만, 그렇게 일을 재촉하시는 바람에 제가 계산을 모두 점검해 볼 시간이 없었습니다."

2. 변화시키는 사람 : "나는 환자들로부터 당신이 호출 적신호에 즉시 응답하지 않는다는 소리를 들으면 기분이 몹시 좋지 않아요. 왜냐하면, 나는 혹시 우리 환자들에게 나쁜 일이라도 생겨서 책임지는 것을 아주 싫어하거든요."
   변화를 받는 사람 : "제 몸이 두 개가 아닌 이상 어떻게 한꺼번에 돌볼 수 있나요. 더구나 어떤 환자들은 자기들이 할 수 있는 것조차도 우리들을 호출하곤 합니다."

위의 두 가지 예에서 볼 수 있듯이, 완전히 좋은 형태의 나-메시지조차 방어적인 대답은 물론 어느 정도의 적대감마저 불러일으킨다. 그것은 나-메시지가 '변화를 받는 사람'에게 문제를 초래했기 때문이다. 그렇다고 이것이 절대로 이상한 일은 아니다. 사람들은 그들에게 어떤 식으로 말하든 자신들의 행동이 용납되지 않는다는 얘기를 듣고 싶어하지 않는다. 사람들이 변화에 저항할 때는 아무리 끈질기게 나-메시지를 사용한다고 해도 보통 아무 소용이 없다. 이럴 때 요구되는 것은 즉시 적극적 듣기로 전환하는 것이다. 위의 두 가지 상황에서 적극적 듣기로 전환하는 것은 다음과 같이 할 수 있다.

1. 변화시키는 사람 : "당신은 회의 시간이 너무 촉박해서 숫자를 점검해 볼 시간이 없었다고 느끼는 거지요, 그런가요?"

2. 변화시키는 사람 : "당신 뜻은 당신이 환자 방에 있을 때 다른 환자의 호출 적신호를 볼 수 없다는 것이로군요. 그리고 환자 자신들이 할 수도 있는 일로 당신을 부른다면 짜증이 나리라는 것도 나는 알아요."

메시지를 보내는 자세로부터 듣는 자세로 전환하는 것을 L.E.T. 에서는 '기어(gear) 변속'이라고 하는데 이것은 상대방과 맞서는 경우에 몇 가지 아주 중요한 기능을 담당한다.

1. 이것은 '변화시키는 사람'이 '변화를 받는 사람'의 처지, 즉 그 사람의 감정, 방어 논리, 행동의 이유를 이해하고 수용한다는(그러나 물론 동의하는 것은 아님) 의사를 전달한다. 이것은 '변화를 받는 사람'이 자발적으로 '변화시키는 사람'의 입장을 이해하고 받아들일 가능성을 높여 준다.("그녀가 내 말을 들어 주니, 내가 이

제는 그녀의 말을 들어 주어야겠다.")

2. 이것은 '변화를 받는 사람'의 감정적인 대응(감정의 상처, 당혹, 분노, 후회)을 무산시키고, 실현 가능한 변화, 또는 내가 나중에 기술하는 상호 문제 해결을 위한 기반을 다진다.

3. 이것은 꽤 많은 경우에 '변화시키는 사람'의 태도를 변화시킨다. 즉 이전에는 상대방의 행동이 수용할 수 없는 것이었으나, 이제는 그것이 수용할 수 있는 것임을 알게 된다.("아하, 난 이제 당신이 왜 환자들의 호출 적신호에 제때 응답하지 못했는지 알겠어요. 그것은 당신이 그것을 볼 수 없었기 때문이었어요.")

'변화시키는 사람'이 적극적 듣기로 '기어 변속'을 한 뒤에 다시 원래의 나-메시지를 반복하거나, 또는 부분적으로 수정한 나-메시지를 보내는 것은 괜찮다.("나는 왜 당신이 계산을 재검토하지 않았는지 이해하지만, 그러나 틀린 숫자가 있는 보고서는 지금도 받아들일 수가 없어요.")

다음에, 이전에는 다른 사람들과 맞서는 것을 어려워했던 한 회사 사장이 들려주는 효과적인 '기어 변속'에 관한 사례가 있다.

"저는 사외에서 발탁되어 이 회사의 사장이 되었는데, 얼마 안 있어 부사장 한 사람과 문제가 생기기 시작했습니다. 그는 거의 언제나 기분이 안 좋아 보이더군요. 처음에 저는 제가 사장 자리를 차지했기 때문에 그가 화가 난 것이라고 생각했습니다. 그런데 그는 아주 능력이 있고, 저뿐만 아니라 저희 경영팀 전체에게 도움이 될 수 있는 사람이었기 때문에 그런 상황이 아주 당혹스러웠지요. 특히 그는 아주 중요한 회의에 빠지거나 늦게 나타나는 것이었습니다. 그리고 회의에 참석했다고 해도 의자에 앉아 몸을 비틀면서 시계를 쳐다보거나 온갖 인상을 쓰면서, 어떡하든지 회의를 불편하게 만들려고 하는 것이었어요. 처음에 저는 아주 기분이 나빴고 한편으론 분노가 쌓여갔지만, 아무런 조치도 취하지 않았습니다. 저는 다른 사람과 맞서 대면하는 것이 편치 않아서 사태가 저절로 호전되기를 기대하며 이 일을 계속 미뤘습니다. 불행하게도, 사태는 점점 악화되었고 그와의 대결이 불가피한 지경에 이르렀습니다. 불행 중 다행히도 그런 상황이 진행되는 동안, 저희 회사가 저를 L.E.T. 과정에 보내 주었는데 그 과정을 통해서 제게 그와 맞서 대면하는 방법에 대한 아이디어가 생겼습니다. 제가 기억하기로는 이것이 그와 나눈 대화였습니다.

사　장 : 어제 주간 회의에 당신이 뒤늦게 참석을 해서 회의를 중단시키고, 토의에도 참여하지 않는 것을 보니 이 회의는 당신에게 중요한 것이 아니라는 생각이 들더군요. 아주 곤혹스러웠어요. 나는 더 이상 회의를 이런 식으로 끌고 갈 수는 없습니다. 어떻게 하면 우리가 이것을 개선할 수 있을까요?

부사장 : 제가 회의를 중단시켰다니 무슨 말씀입니까? 저 혼자 그 회의의 성공에 대해 책임을 져야 하는 것은 아니라고 보는데요.

사　장 : 그러니까 당신은 내가 불공평하게 당신만을 지적한다고 느끼고 있고, 또 회의를 중단시켰다는 말이 무슨 뜻인지 잘 모르고 있군요. 내가 말하려는 것을 명확히 하겠습니다. 오늘 아침 회의 중에 당신은 시계를 자주 보면서, 큰 소리로 한숨을 쉬더군요. 그리고 어떤 사안에 대해서도 언급하기를 거부하고, 내가 당신에게 직접 질문한 것조차 대답하지 않았습니다. 그런 일은 내가 우리 팀의 존경을 잃을 수도 있게 만든다고 느꼈기 때문에 나는 너무나 불편했어요.

부사장 : 알겠습니다. 제가 좀 무례했었군요. 하지만 어느 누구도 회의
를 좀더 낫게 만들기 위한 발언은 하지 않더군요. 보통 아무
도 발언하지 않을 때는 제가 발언을 하곤 했었습니다. 솔직히
말씀드려서 제가 모든 해답을 가지고 있어야 한다고 생각하
면 저는 정말 피곤해집니다. 저는 여기서 제가 맡은 업무 이
상을 하고 있다는 것을 굳이 말하려는 것은 아닙니다. 하지만
사장님도 자신의 느낌을 감출 수 없는 경우가 있는 거 아닙
니까.

사 장 : 당신은 회의에 당신만 참석했던 것이 아니기 때문에 이 문제
에 대해 당신 혼자에게만 말하는 것은 불공평하다고 느끼고
있군요. 그리고 당신은 다른 사람들이 아이디어를 내지 못할
때 보통 당신이 제일 앞장서서 발언했다는 것과 또 그렇게
해야 한다는 중압감 때문에 지친다고 말하고 있는 거지요.

부사장 : 그렇지만, 그것도 단지 일부분일 뿐입니다.

사 장 : 일부분이라고요?

부사장 : 네, 저는 솔직히 말해서 우리 회사는 내부 사람을 사장으로
승진시켜야 할 것인지의 여부를 좀더 진지하게 고민했어야
했다고 느낍니다. 저는 사장님의 경력이나 경험에 무슨 문제
가 있다고 말하는 것은 아닙니다. 그래도 저는 정말 여기에서
일해 본 경험이 있는 누군가를 사장으로 고려했어야 했다고
생각합니다.

사 장 : 당신은 회사 밖에서 사람을 영입토록 한 결정이 최선이 아니
었다고 느끼는 것이로군요. 그리고 그것이 당신이 팀 회의에
서 이전같이 열심을 내지 않는 한 가지 이유이고요.

부사장 : 하지만……. 저는 사장님을 영입하도록 한 결정이 나빴다고 말하는 것은 아닙니다. 저는 사장님은 충분한 자격이 있다고 생각합니다. 다만 적어도 다른 대안을 고려해 봤어야 했다는 아쉬움은 남아 있습니다. 저는 가끔 제가 이런 식으로 말하기 때문에 여기서 환영받지 못하고 있다는 생각이 듭니다.

사　장 : 당신은 또한 다른 사람들에게 인기는 못 얻어도 우리들이 경청해야 할 것들을 지적할 필요가 있다고 느끼는 것 같군요. 그리고 가끔 이것 때문에 당신이 환영받지 못한다거나 또는 인정을 받지 못하고 있다고 느끼는 거죠. 내 말이 맞나요?

부사장 : 네, 저도 때론 성미가 까다로운 사람이 되고 만다는 것을 알고 있습니다. 특히 어떤 것에 대해 유감을 가질 때는 말입니다.

사　장 : 당신이 이렇게 솔직하게 말해 주니 고맙군요. 나는 우리들의 이 대화가 상당히 유익했다고 생각이 됩니다. 하지만 나는 정말 우리가 힘을 합쳐서 일을 해야 한다고 믿습니다. 이제 오해도 걷혔으니, 이번 일을 당신은 물론 나를 위한 전화위복의 기회로 만들 수 있는 방안을 생각해 보는 것이 어떨까요?

부사장 : 물론, 좋은 생각입니다.

이 대화 뒤에 그는 회의에 성실하게 출석했으며 토의에도 적극적으로 참여했습니다. 제가 L.E.T.를 몰랐다면, 아마 이런 상황은 훨씬 큰 문제로 비화됐을 겁니다. 이전에 저는 당사자와 맞서 대면하려고 하지 않았고 그저 문제가 사라지기만 바랐으니까요. 이번 경우에도 사태를 방치했더라면 큰일이 날 뻔했습니다. L.E.T. 기술은 그와 맞서는 방법을 제게 제시해 주었고 이것을 통해서 우리 두 사람은 논쟁 없이 서로 솔직해질 수 있었습니다. 제가 완전했던 것은 물론 아니었습니다. 그도 처음에는 평정을 잃은 것 같았지요. 그러나 저는 다시 그와 맞서는 것을 시도하였고, 또 적극적 듣기로 전환하면서 대화를 끌고 갈 수 있었습니다. 결국, 우리는 사장에 대한 그의 욕심에 대해서도 얘기할 수 있게 되었지요. 그런데 그가 사장직을 원했던 것은 결코 아니었다는 것과 오히려 그는 현재의 직위를 마음 편해 한다는 사실을 알게 되었습니다. 그렇지만 저는 최근에 그를 수석 부사장으로 승진시켰습니다."

변화하려는 노력을 북돋워 주라

좋은 나-메시지는 자주 즉각적인 행동의 변화를 가져오지만, 때때로 상대방은 '변화시키는 사람'의 상당한 지원을 필요로 한다. 다음과 같은 사실을 잊지 말라. 즉 행동의 변화는 새롭고 검증되지 않은 것들을 시도하기 위해서 사람들 속에 깊숙이 자리 잡아 습관이 된 기존의 일하는 방식을 종종 포기하게 만들기 때문에, 사람들의 변화가 항상 쉽게 일어나는 것은 아니다. 이 때문에 변화 과정에 '변화시키는 사람'의 보다 적극적인 참여가 필요한 것이다. '변화시키는 사람'은 변화 과정이 원활하게 이루어지도록 촉매 역할만을 맡는 것이 보통이지만, 때로는 '변화를 받는 사람'과 함께 문제 해결에 참여하여 보다 적극적인 역할을 수행한다.

'변화를 받는 사람'의 변화 과정을 촉진시킬 수 있는 한 가지 효과적인 방법은 내가 말한 것처럼 '그 사람이 문제 해결 과정을 통과해 나가도록' 돕는 것이다. 문제 해결 과정의 6단계를 다시 살펴보자.

- 1단계 : 문제 파악 및 정의.
- 2단계 : 해결 방안 도출.
- 3단계 : 해결 방안 평가.
- 4단계 : 의사 결정.
- 5단계 : 결정 사항 실행.
- 6단계 : 사후 평가.

또한, 내가 효과적인 리더는 '문제가 해결되는 것을 돌보는 사람'이라고 정의했던 것도 잊지 말라. 이것이 바로 많은 경우에 '변화시키는 사람'이 다른 사람과 맞서 대면한 뒤에 반드시 수행해야 하는 역할이다. 즉 '변화시키는 사람'은 '변화 받는 사람'과 함께 모두가 수용할 수 있는 해결 방안을 찾고 그것이 실천되도록 돕는다.

다음은 한 대도시 경찰서의 경사가 이 기능을 어떻게 수행했는지를 보여 준다.

"제일선 감독자인 저에게 새 대원 한 명이 배정되었습니다. 그는 똑같은 지역에서 거의 10년 동안 근무한 노련한 경관이었지요. 저는 그의 직무 수행을 수개월 동안 관찰했는데, 몇 가지 기본적인 업무 수행 능력의 결함을 발견했습니다.

경사 : 내가 지난 수개월 동안 관찰한 바에 의하면, 당신의 초동 수사는 적절한 방식으로 수행되지 않더군요. 수사는 철저하게 수행되지 않았으며, 조사 보고서도 부정확하게 작성되었고, 양식도 완전히 채워지지 않았어요. 내가 이런 것들을 우려하는 이유는

당신이 조사한 사건의 피해자들은 가해자들에게 그 책임을 묻기 위해서 당신이 작성한 조서 상에 당시 상황들이 정확하게 기록되어 있을 것이라고 믿기 때문입니다. 불완전한 초동 수사는 그 사건을 법정에 가지고 갔을 때 우리가 소송에서 지게 만들 수 있고, 그러면 범법 행위자들에게 필요한 제재도 가할 수 없게 됩니다.

경관 : 저는 경사님이 이 부서에서 근무하신 것보다 더 오랫동안 범죄를 수사하고 있습니다. 저는 제 조사 보고서가 별 문제가 없다고 믿습니다.

경사 : 그렇지만, 나는 지금까지 수개월 동안 당신의 조사에 대해 내 의견을 계속 피드백하고 있는데 별다른 진전을 볼 수가 없군요. 만일 이런 추세가 계속된다면 나는 우리가 봉사하는 시민들에게 적절한 수준의 서비스를 제공할 수 없게 되지나 않을까 하는 것과 일부 범죄자들의 경우에는 그들을 적절히 기소할 수 없게 되지나 않을까 우려가 돼요.

경관 : 제가 여기서 10년 동안이나 일하는 동안에 이제야 처음 이런 말을 듣게 되었다는 것이 이해되십니까?

경사 : 당신은 지금 여기서 그렇게 오랫동안 일하는 동안에 전임 감독자들 가운데 어느 누구도 당신의 업무에 대해 어떤 문제도 지적하지 않았다는 사실에 대해 의아해하는군요.

경관 : 누군가 전에 문제점을 지적하기는 했었죠. 그러나 그 누구도 저를 앉혀 놓고 이렇게 얘기하지는 않았습니다.

경사 : 그러니까 이번이 처음으로 당신을 앉혀 놓고 이것에 대해 토의하는 것이란 말이죠.

경관 : 대부분의 경우에 경사님들은 제가 일을 잘 처리할 수 있다는

것을 그 분들께 보여 주기도 전에 다른 곳으로 전출되었습니다.

경사 : 전임 감독자들은 당신의 업무 능력 향상을 볼 수 있을 정도로 오래 머물지 않았었군요.

경관 : 그렇죠. 만일 그 분들이 여기서 오래 근무했다면, 제가 알고 있는 것들을 그 분들에게 보여 줄 수 있었겠죠. 그리고 아마 그 분들도 제가 일을 더 잘할 수 있도록 저를 도와주었을 겁니다.

경사 : 좋아요. 나는 다른 곳으로 떠날 계획도 없고, 만일 당신이 원한다면 당신이 발전할 수 있도록 돕고 싶어요. 당신도 원하는 것 같은데.

경관 : 저도 물론 발전하고 싶습니다. 하지만 다른 사람들이 제가 일할 줄 모르는 사람이라고 생각할까 봐 때로는 질문하는 것도 좀 두렵습니다.

경사 : 당신은 업무 능력을 향상시키고 싶지만 다른 대원이나 내가 어떻게 반응할지 염려되어 질문하기가 망설여진다는 말인가요.

경관 : 바로 보셨습니다. 대원 가운데 어떤 녀석들은 저를 놀리거나 제 등 뒤에서 조롱을 해 대니까요.

경사 : 대원 모두가 당신의 업무 지식을 놀려 대는 모양이군요.

경관 : 전부 그렇지는 않습니다. 조는 제가 질문하면 아주 잘 도와줍니다.

경사 : 그러니까 당신하고 조는 함께 일을 잘하는 것 같군요.

경관 : 네, 그는 정말로 이 업무를 잘 알고 있지요. 그리고 제가 모르는 것이 있을 때면 항상 도와줄 수 있는 능력도 있고요. 저는 그가 일주일에 며칠만이라도 제 파트너가 되어 줄 의향이 있는지 물어봐야겠다고 생각은 하고 있지만, 그에게 부담을 주고 싶지는 않습니다.

경사 : 당신과 조는 함께 일을 잘할 수 있고, 주중에 얼마간은 그와 파트너가 되어 일하고 싶어한다는 말인가요.

경관 : 네. 만일 그가 저를 가르칠 의사만 있다면 저는 그에게서 이런 저런 것들을 배울 수 있을 것으로 생각합니다.

경사 : 당신은 조를 조언자로 받아들일 의사는 있군요.

경관 : 조가 조금만 도와준다면, 경사님께 제가 이런 일을 잘 처리할 수 있다는 것을 보여 줄 수 있습니다.

경사 : 만일 조가 당신을 도와서 당신의 초동 수사 능력을 향상시킨다면, 당신 생각으로는 피해자들에게 더 나은 서비스를 제공할 수 있고, 가해자 기소 성공률도 높일 수 있다는 말인가요.

경관 : 네, 오늘 밤에 제가 조에게 일주일에 이틀 정도 저와 같이 일할 수 있는지 물어보도록 하겠습니다.

경사 : 좋아요. 나는 당신의 초동 수사 수행에 대해 지속적으로 내 의견을 피드백해 줄 겁니다. 그리고 나는 조와 연락을 취해서 그가 당신을 지원하는 방안을 함께 생각해 볼 겁니다.

이로부터 90일 정도 지나자 그 경관의 초동 수사는 만족할 만한 수준으로 향상되었고, 그는 다시 거의 독자적으로 일을 하게 되었습니다. 저는 그의 다른 부족한 점들도 이전보다 쉽게 다룰 수 있게 되었고, 그도 제 피드백을 훨씬 열린 자세로 받아들이게 되었습니다. 제가 그를 도와줄 수 있을 만큼 오래 있으리라는 것도 믿더군요. 조의 조언을 받아들여, 그는 현장 훈련 교관직에 응시를 했고 선발되어서 지금은 신참 경관들을 훈련시키고 있습니다.”

이 상황에서 경사는 적극적 듣기(‘기어 변속’)를 많이 했지만,

다른 한편 경관이 문제 해결의 6단계를 밟아 나가도록 돕는 촉매 역할도 했다. 즉 "만일 당신이 원한다면 당신이 발전할 수 있도록 돕고 싶어요. 당신도 원하는 것 같은데." 그리고 "당신과 조는 함께 일을 잘할 수 있고, 주중에 얼마간은 그와 파트너가 되어 일하고 싶어한다는 말인가요." 등이 그 좋은 예이다.

경사는 또한 경관 자신이 도달한 결론을 실천할 수 있도록 도움을 주었다. "나는 당신의 초동 수사 수행에 대해서 지속적으로 내 의견을 피드백해 줄 겁니다. 그리고 나는 조와 연락을 취해서 그가 당신을 지원하는 방안을 함께 생각해 볼 겁니다."

그러나 경사는 무엇을 해야 할 것인가를 결정하는 책임의 소재를 계속해서 경관에게 유지시켰다. 경사는 또한 적극적 듣기를 통해서 경관이 변화 과정에서 겪는 어려움을 수용한다는 의사를 전달했다. 그럼에도 불구하고 경사는 자신의 욕구를 충족시키는 것으로부터 물러나지 않았다. 그는 경관에게 자신의 주장을 조용하지만 단호하게 전달했다.

리더는 집단 구성원들과 맞서 대면한 후에 그들이 변화하는 것을 돕는 데 훨씬 적극적인 역할을 해야 하는 경우가 자주 있다. 내가 컨설턴트로 일했던 한 회사의 사업부 사장은 집단 구성원들의(사업부 부사장들의) 행동을 수용할 수 없었다. 그 이유는 사업부 부사장들이 자신들의 집단 구성원들과 스태프 회의를 갖지 않고 있었기 때문이었다. 그 사장은 부사장들과 맞서 대면한 후에, 그들이 참여적인 스태프 회의 운영과 집단에 의한 의사 결정 방식에 대한 확신이 결여되어 있다는 것을 알게 되었다. 사장은 그들이 우려하는 것들을 듣고서, 그 자신이 각 부사장들이 주재하는 회의에 한두 번씩 참석해서 회의 진행 상황을 관찰하고 필요한 훈련과 지도를 해 주고 싶다는 제안을 했다. 부사장들은 이 제안을 받아들였다.

리더는 훈련과 지도로써 집단 구성원들이 변화하는 것을 돕는 것 외에도 그들의 업무 실적에 대한 정보를 피드백해 줄 필요가 있다. 즉 월별 비용과 수익 자료, 매출 실적, 생산 실적 등. 예를 들면, 만일 리더가 자기 부서장들이 각 부서의 비용을 절감해 줄 것을 바란다면, 그는 주기적으로 실제로 발생한 비용에 관한 데이터를 부서장들에게 제공해 줄 필요가 있다.

'변화를 받는 사람'에 대해서 얼마나 알고 있어야 하는가?

사람이 변화하도록 영향을 주기 위한 이 모델은 '변화를 받는 사람'에 대한 분석적인 정보를 거의 요구하지 않거나 또는 전혀 요구하지 않는다. 이 모델은 조직의 대다수 리더들이 전통적으로 사용해 왔던 것과는 전혀 다른 접근 방법이다. 나는 전통적인 방법을 '분석적 모델(diagnostic model)'이라고 부르고, 이것을 '맞대면 모델(confrontive model)'이라고 부른다.

'분석적 모델'은 리더가 집단 구성원들에 관해서 아주 상세하게 파악할 것을 요구한다. 예를 들면, 그들의 개성, 일상적 사고 방식과 행동 방식, 행동의 이유 등등. 이 모델에 의하면 이런 정보들은 리더가 다른 사람을 변화시키기 위해서 어떤 종류의 영향력을 행사해야 하는지 알게 하는 데 도움을 준다고 한다.

'분석적 모델'에 내포된 가정은 집단 구성원들의 변화를 일으키는 책임은 리더에게 있으며, 리더가 팀에 관해서 알면 알수록 그는 구성원들을 변화시키기 위한 방법을 보다 영리하게 선택할 수 있다는 것이다. 그렇지만 이것은 아주 많은 경우에 교묘하게 사람들을 조종하게도 한다. 즉 리더는 구성원들에 관한 정보를 이용해서 자기가 미리 결정한 해결 방안을 구성원들이 따르도록 만들 수 있다. 아마 당신도 내가 그랬듯이 이런 말들을 들어 보았을 것이다.

"마리아 같은 사람에게 사용할 수 있는 최선의 방법은 무엇일까?"

"나는 어떻게 해야 카렌을 움직이게 만들 수 있을지 잘 모르겠어."

"빅터가 새로운 절차를 받아들이게 만드는 방법은 그것이 자기 자신의 아이디어라고 생각하게 만드는 겁니다."

"여성은 다르게 취급해야 합니다."

"나는 아직도 리사의 문제가 무엇인지 도대체 모르겠군. 그녀에게 동기를 부여할 필요가 있어."

이런 말들은 '사람을 조종하는 언어'로서, '맞대면 모델'에서 쓰는 '사람에게 영향을 주는 언어'보다 조직 사회에 훨씬 널리 퍼져 있다.

'맞대면 모델'에서는 리더가 리사의 문제에 대해서 이해하는 것은 리사 본인이 자신의 문제에 대해서 이해하는 것만큼 중요하지 않다. 또한, '맞대면 모델'에서 리더는 카렌을 변화시키기 위해서 이런저런 일을 궁리할 필요가 없다. 이보다 훨씬 중요한 일은 리더가 열린 마음과 솔직한 자세로 카렌과 맞서 대면하고 그녀 스스로 자신의 열쇠를 찾게 도와주는 것이다.

'맞대면 모델'에서도 리더는 상대방이 여성인지 남성인지, 나이가 들었는지 어린지, 진보적인지 보수적인지, 또는 엔지니어인지 판매사원인지 신경 쓰지 않을 수는 없다. 그러나 리더는 인간

가운데 존재하는 이질성보다는 동질성에 대해 끊임없이 주목한다. 그뿐만 아니라 설혹 다른 점이 존재한다고 하여도 리더는 사람들이 왜 그런 식으로 느낄까 하는 것보다는 그들이 어떻게 느낄까 하는 점에 보다 많은 관심을 기울인다.

'맞대면 모델'에서 다른 사람의 감정과 행동 이면에 있는 것들은 그 사람 자신의 일이고 리더의 관심사는 아니다. 리더의 일은 자기 자신의 감정을 이해하고 이 감정을 열린 마음과 솔직한 자세로 상대방에게 전달하는 것이다.

'맞대면 모델'에서 리더는 자기 자신의 '개인적인 사례 경험'에 근거해서 사람들을 조종하려 들지 않는다. 리더는 오히려 자기 자신과 집단 구성원들 모두가 수용할 수 있는 해결 방안에 도달하는 방법을 사용한다.

실제로 '분석적 모델'은 리더의 운신의 폭을 상당히 제한하고, 집단 구성원들이 문제를 일으킬 경우에 리더가 과단성 있는 조치를 취하는 것을 주저하게 만든다. 그 까닭은 리더가 문제 해결을 시도하기 전에 구성원들의 행동 원인과 이유를 이해할 필요가 있다고 느끼는 경우에 리더가 필요하다고 생각하는 모든 자료를 얻는 경우는 거의 없음으로 문제 해결은 엄두도 내지 못하기 때문이다. 인간이란 단순하지 않고 그들을 그렇게 움직이게 만드는 것들을 완전히 이해한다는 것은 불가능에 가깝다. 따라서 많은 리더들은 상대방에 대한 정보—사람들이 왜 비생산적이고, 비협조적이고, 열의가 없는지 등을 이해하는 데 필요한 정보—부족 때문에 인간적인 문제를 해결하기 위한 행동을 지연시키거나 회피한다.

그러나 '맞대면 모델'에서 리더는 단지 자기 자신의 감정을 이해하고 이것을 상대방을 비난하지 않는 방식으로 상대방에게 전달하는 방법만을 알면 된다. 그 다음에 리더는 자신과 구성원이 상호 수용할 수 있는 해결 방안을 만들어 내기 위해서 적극적 듣기를 사용할 필요가 있다.

리더가 집단 구성원들과 맞서 대면하고 문제를 해결하는 일은 리더가 미리 선택한 해결 방안으로 그들을 쉽게 조종해서 끌고 가기 위해서 '그들이 어떤 사람들인지 따져 보는 일' 보다 간단하다. (그리고 분명히 직선적이고 단도직입적이다.)

7

효과적인 경영팀을 만드는 방법

　일부 리더들은 회의에 대해 '회의란 개인적으로 아무것도 하지 못하는 사람들이 집단적으로 모여서 할 수 있는 일은 아무것도 없다고 결의하는 회합' 이라는 견해를 가지고 있다. 그런데 수많은 회의가 얼마나 비생산적이고 무미건조한지를 생각해 보면, 수많은 매니저, 행정관리자, 감독자들이 회의의 가치를 그렇게 낮게 여기고 문제 해결을 위하여 회의를 거의 이용하지 않는 것은 놀라운 일이 아니다. 그럼에도 불구하고, 리더 혼자서 모든 일을 할 수는 없으며, 이 책의 3장에서 지적한 바와 같이 리더가 모든 것을 알 수는 더더욱 없는 노릇이다. 그렇기 때문에 리더는 어떤 문제를 해결하기 위해서는 집단 구성원들의 도움을 절실히 필요로 한다. 그렇기 때문에 회의는 아직도 존속되고 있다. 나는 효과적인 경영팀을 구축하기 위한 방법으로는 이것 이외의 다른 어떤 방법도 모른다.

회의 자체를 회피할 수는 없지만, 그러나 대부분의 회의가 커다란 개선의 여지가 있다는 것은 분명하다. 물론 이를 위해서는 집단 리더들의 커다란 노력이 필요하다.

리더는 효과적인 팀을 구축하기 위한 역량을 배양해야 한다. 그것은 장기적으로 볼 때 내가 이 책의 3장에서 강조한 것처럼 그 편익이 상당히 크기 때문이다. 예컨대 스태프 개발, 리더에 대한 구성원들의 의존 감소, 집단의 목표와 강한 일체감 형성, 솔직한 의사소통의 장벽으로 작용하는 신분의 격차 파괴, 구성원들에게 보다 상위 단계에 있는 욕구(소속감, 일체감, 자기 존중, 자아 실현) 충족의 기회 제공 등의 편익이 있다. 그리고 많은 경우에 집단의 지혜로부터 얻어지는 수준 높은 의사 결정과 같은 효과가 있기 때문이다.

그러나 이런 편익은 리더가 다음과 같은 문제들을 주의 깊게 검토하지 않으면 실현될 수 없다. 즉 경영팀 회의에 참석하는 사람들의 범위, 의제를 개발하는 방법, 의사록 작성법, 회의 기밀 유지, 의사 결정 규칙, 집단의 효과적인 역할을 평가하는 절차 등등. 이 장에서 나는 이런 중요한 문제들을 토의하고, 경영팀이 훨씬 효과적으로 기능을 하는 데 필요한 제안과 지침을 제시할 것이다.

■■■■ 경영팀에 누가 포함되어야 하는가?

만일 리더가 경영팀을 구축하고 이 팀을 문제 관리와 문제 해결에 활용하려고 하면 경영팀에 참여하는 사람들을 결정하는 일이 중요하고 팀에 참여하는 사람들이 이 사실을 아는 것도 중요하다.

이 질문에 대한 대답은 많은 경우에 조직도에 의해서 간단히 해결된다. 만일 어떤 리더가 5명으로 구성된 그룹을 이끈다면, 아래 조직도에서 보는 것처럼 그가 직접 책임을 지고 있는 모든 사람들로 구성된 그룹 전체가 하나의 경영팀이 될 수 있다.

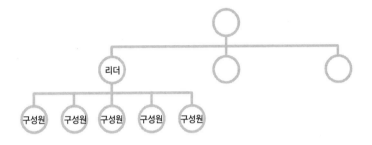

그러나 어떤 리더는 다음 조직도에서 보는 것처럼 '라인' 기능 이외에도 '스태프' 기능을 담당하는 행정보조원, 인사 담당자, 법률 고문, 스태프 보조원과 같은 사람들을 이끌고 있다.

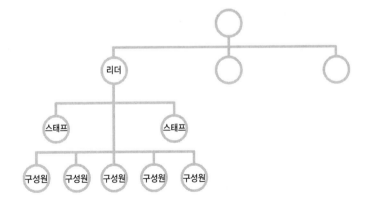

이런 종류의 집단을 이끌고 있는 리더는 경영팀에 '스태프' 구성원들을 포함시킬지 여부를 결정할 필요가 있다. 그들은 '라인' 구성원들이 소유하지 못한 특수한 전문적 지식을 갖고 있는가? 그들은 정기적으로 열리는 경영팀 회의에 참석하기 원하는가? 리더는 그들이 회의에 참석할 수 있도록 시간을 배정해 줄 수 있는가? 그들은 집단이 효과적으로 기능하기 위해서 집단의 모든 문제(그리고 해결 방안)를 알고 있어야 하는 사람들인가? 그들은 개인적으로 성장하기를 원하고 조직에서 보다 책임 있는 일을 담당할 수 있는 자격을 갖추기를 바라는가? 집단이 통상적으로 다루는 문제를 고려할 때, 그들의 지식은 너무 한정되어 있어서 그들이 기여하는 바가 그렇게 크지 않은 것은 아닌가?

어떤 리더들은 이런 질문들을 검토한 후에 경영팀에 '스태프' 구성원들을 포함시키지 않기로 결정한다. 반면에 어떤 리더들은 그들을 경영팀에 포함시키는 것을 정말로 원한다. 이 문제에 대한 정답은 없지만, 나는 스태프 구성원들에게 경영팀에 참여하는 기회를 주고 사태의 추이를 관망하는 것을 선호하는 편이다.

때로는 다양한 이유로 해서 스태프 구성원들 스스로 회의에 참석하는 것을 원하지 않을 수도 있다. 그들은 자신들이 기여하는 바가 없다고 느끼거나, 문제 해결 과정에서의 타협을 좋아하지 않거나, 또는 자기 발전이 요구되는 좀더 책임 있는 위치에 오르려는 의욕이 없을 수도 있다. 분명히 이런 감정은 존중되고 수용되어야 한다.

다른 대안으로는 경영팀 회의가 스태프 구성원들이 참여하기를 원하는 문제를 다룰 때에는 언제나 그들이 회의에 참석하는 것을 허용하는 것이다. 이 정책은 스태프 구성원들이 회의에 참석하는 것을 배제하지도 않고, 그들이 원치 않을 때에는 회의 참석을 강요하지도 않는다.

여기서 중요한 점은 조직이 인적 구성의 변화와 새로운 목표에 대해 적응할 수 있는 유연성을 유지하는 것이다.

이제 만일 리더가 경영팀에 참여하는 구성원들을 결정했다면, 각 정규 구성원들로 하여금 자기들이 회의에 참석하지 못할 경우에 대신해서 경영팀 회의에 참석하는 대리인들을 지정하도록 하는 것이 바람직하다. 이 정책은 회의에 결석한 부서 대표 때문에 그 부서에 영향을 줄 수 있는 결정을 불필요하게 지연시키는 것을 막을 수 있고, 회의 참석 대리인들에게도 훈련과 자기 계발의 기회를 줄 수 있다.

만일 집단 구성원들이 너무 많기 때문에 문제 해결과 의사 결정이 너무 어렵고 많은 시간이 소요될 경우에는 어떻게 해야 하는가?(많은 학교들의 경우에 교장은 50명 이상의 교사들을 이끌고 있다. 일반적으로 이 정도 크기의 경영팀은 다루기가 매우 어렵다.)

한 가지 대안은 '대표' 집행부를 구성하는 것이다. 즉 전체 교사들이 교장의 경영팀에서 일하게 될 적은 수의 대표를 선출하는 것이다. 예를 들면, 각 학년별이나 각 과목별로 대표 한 명을 선출한다. 선거는 매년 또는 2년에 한 번 실시하고 장기적으로는 모든 교사들이 경영팀에서 일할 수 있도록 한다.

▬▬ 회의 종류

집단 회의가 비효과적으로 이용되거나, 전혀 이용되지 않는 한 가지 이유는 리더가 회의와 회의가 수행하는 기능들에 대하여 논리적인 '이론'을 가지고 있지 못하기 때문이다. 리더들은 이런 종류의 회의를 도입해야 하는 경우에 저런 종류의 회의를 도입하는 경우가 많이 있다. 또 어떤 리더들은 한 가지 회의가 한 가지 목적만을 달성하도록 해서 여러 가지 회의를 이용하는 대신에, 한 번의 회의를 이용해서 여러 가지 목적을 달성하려고 한다. 그리고 회의에 관해서 아무런 지침도 주어지지 않는다면, 회의는 아무것도 이루어 내는 것이 없이 그저 끝없는 토론으로 변질될 것이다.

먼저, 회의를 두 가지로 분류해서 생각해 보자.

1. 정보 회의.
2. 문제 해결 회의.

정보 회의는 개인의 발전, 평생 교육 또는 리더를 포함한 다른 구성원들의 근황에 대한 정보를 교환하기 위한 목적으로 열린다. 이런 회의에서는 문제 해결을 시도해서는 안 되며, 대체로 참석자 수를 제한하는 것도 불필요하다. 정보 회의는 다음과 같은 기능에 적합하다.

1. 리더(또는 구성원)가 다른 집회 또는 조직을 방문해서 배운 것을 집단에게 보고한다.
2. 외부 컨설틴트를 고용하여 혁신적이거나 장래성이 있는 업무 관련 사항을 집단에게 들려준다.
3. 집단의 각 구성원(예, 부서장)들이 다른 구성원들에게 자신의 부서에서 진행되고 있는 일을 알려 준다.

4. 리더가 자신이 구성원으로 일하는 한 단계 위에 있는 경영팀에서 내린 결정과 조치를 자신의 집단 구성원들에게 통상적으로 보고한다.

이 같은 정보 회의에서 참석자들은 질문하거나 의견을 말할 수 있지만, 어떠한 문제 해결도(그리고 물론 어떠한 의사 결정도) 시도되지 않는다는 사실이 중요하다. 이 회의에서 문제가 제기되는 경우에는—실제로 자주 발생하는 일이지만—그 문제들은 다음에 열리는 문제 해결 회의의 의제로 다루도록 한다.

문제 해결 회의에는 몇 가지 다른 종류가 있으며, 각각의 회의는 당신이 이미 익숙한 문제 해결의 6단계와 다음과 같이 연관되어 있다.

- 문제 파악 회의 (1단계).
- 해결 방안 도출 회의 (2단계).
- 평가 및 의사 결정 회의 (3, 4단계).
- 실행 회의 (5단계).
- 정기 경영 회의 (1~6단계).

문제 파악 회의

모든 조직은 문제를 가지고 있다. 그런데 이 문제를 나쁜 것이라거나 병적인 것으로 여기지 말아야 한다. 사실 많은 문제를 갖고 있지 않은 조직은 성장도, 변화도, 적응도 하지 못하고 있는 조직이다.

유감스럽게도 조직의 리더들이 항상 무슨 문제가 존재하고 있는지 알고 있는 것은 아니다. 그들은 대개 문제가 발생하는 현장에서 멀리 떨어져 있다. 그리고 팀원들은 문제가 존재한다는 사실을 리더에게 시인하는 것을 많은 경우에 꺼려한다. 왜냐하면, 그들이 불리하게 평가를 받거나 문책을 받을 수도 있기 때문에 그것을 시인한다는 것은 너무도 위험한 일이라고 느끼기 때문이다. 결국, 문제는 미해결된 채로 일상의 업무 속에 파묻혀 버리기 일쑤이다.

따라서 리더들은 문제를 발견하고 파악하기 위해 반드시 의식적인 노력을 해야 한다. 문제가 항상 그들에게 다가 오는 것은 아니기 때문에, 그들이 '문제에 다가가야' 한다.

문제 파악 회의는 이런 일을 하기 위한 한 가지 방법이다. 이 회의에는 집단 구성원들이 모두 참여하거나, 단지 일부만 참여할 수 있다. 이런 회의는 한 달에 한 번 열거나 수개월에 한 번 열 수 있다.

문제 파악 회의의 목적은 극히 제한적이다. 즉 어떠한 해결 방안도 고려하지 않고 우선 일정한 시간 내에 가능한 한 많은 문제점을 파악하는 것이다.

이때 집단 구성원들은 리더에 의해서 평가받는다는 두려움을 가질 수 있기 때문에 리더는 이런 우려를 불식시키기 위해서 이 회의에 참석하지 않을 수도 있다.

만일 집단 내에 남을 평가하는 분위기가 없고, 구성원들이 비판이나 문책을 받지 않고 문제를 드러내는 데 익숙하고, 리더가 자신의 존재가 문제 파악을 방해하지 않는다고 확신한다면, 리더는 그 회의에 참석할 수 있다.

간단한 기법을 사용해서 이 과정을 원활하게 진행할 수 있다.

예를 들면, 참석자들이 무기명으로 문제점들을 쪽지나 카드에 쓴 다음에 이것을 제출한다. 또는 리더(혹은 구성원)가 문제점들을 모든 사람이 볼 수 있도록 칠판이나 차트 위에 적는다. 문제점을 제출한 사람을 나타내기 위해서 각 문제점 뒤에 제출한 사람의 이름을 쓸 수도 있으나, 나타내지 않을 수도 있다.

리더의 역할은 결코 복잡하지 않다. 리더는 우선 회의를 체계적으로 구성해야 한다. 즉 회의 목적을 정의하고, 회의 절차를 설명하고, 기본 규칙(평가 금지, 발언 허가를 받기 위해 손을 드는 행위 금지, 증거 서류 제출 불필요, 장황하게 설명하거나 예를 드는 행위 금지, 해결 방안 제시 금지)을 상세히 설명하고, 회의의 시간을 제한한다. 만일 문제가 구두로 제출되는 경우라면, 리더는 각 구성원들이 보내는 메시지의 뜻을 명확하게 하고, 문제를 제기하는 사람들에 대한 수용(평가가 아님)을 나타내기 위해 적극적 듣기를 사용한다.

문제 파악 회의를 적용해 볼 수 있는 예로는 집단에 영향을 미칠 수 있는 중요한 변화가 바로 앞에 다가와 있는 경우이다. 예를 들면, 조직의 상위 계층으로부터 새로운 정책 변화가 예고된 경우, 또는 새로운 절차, 장비, 서류 양식의 도입이 임박한 경우이다. 이런 집단에서 제기되는 질문은 다음과 같은 것이다.

"이런저런 부문에 임박한 변화의 결과로 우리 그룹 내에서 일어날 가능성이 있는 문제점들은 무엇인가?"

이와 더불어 문제 파악 회의는 공식적인 조직에서 리더가 효과적인 리더십을 수행할 수 있는 아주 좋은 도구이다. 즉 리더는 집단 구성원들이 그들의 생활에 미치는 변화의 충격을 생산적으로 다룰 수 있도록 도움을 줄 수 있다.

변화에 대한 반응은 그 영향을 받는 사람이 그것을 어떻게 해석하느냐에 따라 달라진다. 어떤 변화에 대한 구성원들만의 독특한 이해는 그들이 얼마나 이 변화에 대해 심리적으로 준비를 갖추고 있는지, 그리고 얼마나 이 변화를 잘 대처해 나갈 수 있으리라고 느끼고 있는지를 보여 준다.

분명히, 집단 전체가 변화 때문에 일어날 수 있는 문제를 파악하는 데 참여하는 일은 구성원들로 하여금 이 변화에 슬기롭게 대처할 수 있도록 도움을 주는 중요한 출발이다. 이것에 대해서 한 매니저의 말을 들어 보자.

"어떤 감독자들에겐 분명히 '방법 3'(이 책의 8장 참조)을 사용하는 것이 그들의 성격과 어울리는 일은 아닙니다. 그들은 다른 방법으로 집단을 운영하는 데 길들여져 있고, 만일 그들이 그 방법을 바꾼다면 자신들을 속이는 것으로 느낄 겁니다. 하지만 지금 일부 감독자들은 '방법 3'을 사용합니다. 이들은 어떤 문제 그리고 의사 결정에 구성원들이 이전보다 많이 참여하게 합니다. 이를테면 새로운 소프트웨어 구입 같은 경우에 말이죠. 전에 우리가 새것을 하나 구매하려고 하면 직원들은 단점을 450가지나 찾아내곤 했으니까 그 차이는 정말 크다고 할 수 있습니다. 지금은 그들이 참여해서 선정을 합니다. 아무도 이제는 새 소프트웨어에 대해 불평을 하지 않더군요. 그 대신 아주 근사하다고 생각을 합니다."

어떤 리더는 단지 구성원들의 불평과 불만을 분출시키고 문제를 노출시키기 위해서 정기적으로 집단 구성원들을 한자리에 모으기도 한다.

우리가 면담한 한 감독자는 문제 파악 회의를 어떻게 효과적으로 이용했는지에 대해서 다음과 같이 말해 주었다.

"요즘 우리들이 공개 토론 회의를 가질 때면, 전 그들에게 말합니다. '만일 누구든지 말하고 싶은 것이 있으면, 나는 그것이 무엇이든 상관하지 않아요. 그저 터놓고 말만 하세요. 그러면 나는 당신의 의견을 듣고, 그것에 대한 내 의견도 말해 줄 겁니다.' 또 만일 어떤 일이 내가 하고 있는 일과 조금이라도 관계가 있으면 나는 항상 묻습니다. '당신의 보스로서 나를 어떻게 생각합니까?' 그러면 나는 유익한 답변을 많이 듣습니다. 나는 그저 솔직히 말합니다. '이봐요, 이것은 단지 당신과 나 사이의 문제예요. 나는 관리자가 아니고 당신도 시간당 급료를 받는 사람이 아닙니다. 우리는 그저 두 사람의 개인일 뿐입니다. 나는 당신이 나를 어떻게 생각하는지 알고 싶고, 또 내가 당신을 어떻게 생각하는지 말해 주려고 하는 거예요.' 그러면 대부분의 경우 이것의 효과는 아주 크더군요. 그들도 문제를 가지고 있고 나도 물론 문제를 가지고 있지요. 그래서 우리는 함께 앉아 토의를 하는 거죠. 나는 내 메시지를 전달하고자 노력하지만 그들이 나에게 말하는 것도 잘 들으려고 노력합니다. 그렇다고 제가 이 세상에서 제일 똑똑한 사람은 물론 아니죠. L.E.T. 과정에서 보면 저보다 빨리 핵심을 파악하는 사람들이 많이 있죠. 제가 이 과정에서 얻은 것이 많지만 그 중에 한 가지를 들라면, 저를 위해 일하는 사람들을 보다 좋은 눈으로 바라볼 수 있게 되었다는 겁니다."

해결 방안 도출 회의
이런 종류의 회의는 종종 브레인스토밍(brainstorming) 회의라고 부르는데, 이 용어는 해결해야 할 문제가 있는 집단의 창의성을 끌어내는 방법을 표현하기 위해서 앨릭스 오스본이 처음 만들어 낸 것이다. 집단은 한 가지 문제(그것은 문제 파악 회의에서 파악된 것일 수 있음)를 선택하고, 모든 에너지를 그 해결 방안을 찾는 데 집중한다.

"어떻게 하면 고객에게 보다 나은 서비스를 제공할 수 있을까?"
"이런저런 제품의 매출을 증가시키기 위해 무엇을 할 수 있을까?"
"상품을 홍보하기 위해 인터넷을 어떻게 이용할 수 있을까?"
"고객과의 관계를 개선하기 위해 무엇을 할 수 있을까?"
"이런저런 제품의 생산 비용을 절감하기 위해 무엇을 할 수 있을까?"
"병원에서 환자들의 간호를 어떻게 하면 향상시킬 수 있을까?"

창의성은 비판하고 평가(수용하지 않음)하는 분위기에서 발휘되는 것이 아니기 때문에, 정식 브레인스토밍 회의 시간에는 다음과 같은 기본 규칙을 지켜야 한다.

- 어떤 종류의 평가도 금지한다.
- 모든 것이 자유분방하게 돌아가도록 한다. 그저 마음 가는 대로 자유롭게 생각할 뿐 그 아이디어를 평가하지 않는다.
- 다른 사람들의 아이디어로부터 또 다른 아이디어의 실마리를 얻는다.
- 문제를 여러 가지 서로 다른 시각으로 본다.

이 단계에서는 아이디어의 양이 가장 중요하기 때문에 리더는 구성원들에게 그들의 아이디어를 정당화하거나 증거 자료를 제시하려 들지 않도록 주의를 환기시킨다. 즉 구성원들로 하여금 간단 명료하게 아이디어를 제출하게 하고 회의는 빠른 속도로 진행시킨다.

집단 중 한 사람은(대개 리더, 그러나 반드시 그럴 필요는 없음) 제출되는 아이디어를 칠판 또는 차트에 빨리 적는다. 제출된 아이디어들은 다음 단계인 평가 과정(보통 다음번 회의)을 용이하게 진행시키기 위해서 내용에 따라서 분류한다.

리더의 주된 역할은 어떤 구성원들이 만일 제출된 아이디어들에 대해서 평가를 한다면 이것이 금지되어 있음을 그들에게 다시 일깨워 주어 회의 참가자들이 창의적으로 생각할 수 있도록 하고, 회의를 빠른 속도로 진행하는 것이다. 지정된 시간이 다 되면, 다음 단계인 평가 과정에 대비하여 각 아이디어들이 명확하고 이해할 수 있도록 표현되었는지 확인한다.

이런 회의는 재미있는 것이 될 수 있다. 즉 이런 회의는 대개 집단 구성원들의 강한 열의와 흥미를 자아낸다. 보편적으로 집단 구성원들은 자신들이 제출한 해결 방안의 양과 독특함에 놀라움을 표시한다.

평가 및 의사 결정 회의

앞의 회의를 통해서 문제를 파악하고 그리고(또는) 해결 방안 도출 과정을 끝마쳤다면, 리더는 문제 해결 과정의 3, 4단계인 평가 및 의사 결정 과정을 진행하기 위한 목적으로 회의를 소집할 수 있다. 보통 이 두 가지 단계는 함께 진행되는데, 그 이유는 제출된 해결 방안들을 평가하다 보면 자연스럽게 최선의 해결 방안을 결정할 수 있기 때문이다.

앞의 두 가지 회의들과는 달리 평가 및 의사 결정 회의는 제한된 수의 참가자들만 참여할 경우에 보다 효과적으로 진행되는 것이 보통이다. 만일, 회의 참가자가 12~15명을 초과한다면, 컨센서스를 통한 결정이 쉽지 않기 때문에 결론에 쉽게 도달하기 위해 표결하는 방법으로 후퇴하는 잘못을 범할 수도 있다.(표결 방법의 단점은 나중에 더 논의한다.)

실행 회의

리더는 앞에서 내려진 결정 사항들을 실행하기 위해 또 다른 회의를 소집할 수 있다. 집단 구성원들을 참여시켜 실행 방법을 결정하고, 누가 무엇을 언제까지 수행할 것인지를 정한다. 나는 그동안 경영팀들이 훌륭한 결정에 도달했지만 똑같이 중요한 단계인 결정을 실행하기 위해서 계획을 세우는 것을 무시하는 경우를 많이 보았다.

물론 리더 혼자서 회의에서 결정된 여러 가지 사항들을 실행하기 위해서 서로 다른 구성원들에게 책임을 임의대로 할당하는 것은 가능하지만, 집단 구성원들도 결정 사항을 최선의 방법으로 실천하는 데 필요한 많은 정보를 가지고 있다는 사실을 무시하면 안 된다.

예를 들면, 그들은 누가 이전에 이미 적절한 경험을 했는지 알고 있으며, 누가 시간을 갖고 있는지, 누가 이 실행 단계에 참여하기를 원하는지 혹은 원치 않는지, 누가 스태프의 충분한 지원을 받을 수 있는지, 누가 적절한 자원(지식, 자료, 기술, 장비)을 보유하고 있는지 등에 관한 정보를 가지고 있다.

집단 구성원들의 참여를 활용하면 리더 혼자서 이 책임을 담당

할 때보다 결정을 실행하기 위한 계획을 훨씬 훌륭하게 수립할 수 있다.

정기 경영 회의

나는 효과적인 리더 역할을 위해서 가장 중요한 필요 조건이 무엇이냐는 질문을 자주 받는다. 그럴 때면 내 대답은 항상 이렇다. "당신의 경영팀과 정기적으로 문제 해결과 의사 결정을 위한 회의를 갖는 것입니다." 이 말에 내포된 의미는 리더라면 회의를 효과적으로 진행하는 법을 배워야 한다는 것이다.

진부하고 상투적인 말을 인용한다면, "무능한 조직이나 집단을 내게 보여 달라. 그러면 나는 거기에 경영 회의를 전혀 갖지 않거나 회의를 제대로 운영할 줄 모르는 리더가 있음을 보여 주겠다." 어떤 사람들은 이것을 지나친 속단이라고 느낄지 모르겠으나, 나는 수많은 조직과 집단의 컨설턴트로 일한 경험으로부터 이 주장이 타당하다고 확신한다.

너무 학술적으로 들릴지 모르지만, 조직 경영 분야의 대다수 교재와 논문에 의하면 리더의 효과적인 역할 수행과 다음과 같은 개념에 대한 리더의 신뢰와 지지가 깊은 상관관계가 있다는 것에 대해서 전문가들의 의견이 거의 일치하고 있다.

즉 '팀 구축', '참여 경영', '양방향 의사소통', '상호 욕구 충족', '집단의 응집력', '공정한 사회적 교환 관계', 'Y 이론'(더글러스 맥그리거의 극히 협업적이고 참여적인 리더십 이론) 그리고 아지리스(Argyris)와 숀(Schon)의 '모델 II' 접근 방법(리더는 능력을 갖고 있는 모든 사람들과 권력을 공유하고, 각 구성원들의 기여를 극대화하는 민주적인 접근 방법) 등.

우리 사회의 리더들이 이런 아이디어들을 실제로 받아들이고 효과를 발휘하게 하는 법을 배우지 않는 한, 이 아이디어들은 그저 추상적인 개념으로 남아 있을 것이다.

이 책의 3장에서 나는 참여적인 경영 회의를 찬성하는 여러 가지 이유를 말했다. 이제 나는 이런 회의를 효과적으로 운영하기 위한 지침을 제시한다.

■■■■■ 경영 회의를 효과적으로 운영하기 위한 지침

많은 행정관리자, 매니저, 감독자들은 정기 경영 회의를 설계하고 이들이 효과적으로 기능하도록 만드는 데 무엇이 필요한지를 거의 모르고 있다. 원활하게 활동하고 효율적으로 문제를 해결하는 집단은 우연히 생겨나지 않는다. 그들은 오랜 시간을 두고 발전한 것이다. 나는 효과적인 경영 집단을 개발하는 데 여러 리더들을 도와준 경험에 근거해서 리더와 집단이 반드시 고려해야 할 17가지의 개별적인 절차 혹은 구조적인 문제점들을 파악했다.

내가 말하는 이 모든 지침들이 조직의 모든 집단에 적합한 것은 아닐 것이다. 일부 지침은 일선 감독자 수준의 회의보다는 중상위층 관리자 회의에 적합한 것들이다. 또한, 어떤 지침은 리더가 시행하면 바람직한 것들이지만 상황에 따라서 실제로 따를 수 없는 것들도 있다. 예를 들면, 칠판이나 차트가 구비된 회의실에서 회합을 가질 수 없는 경우도 있을 것이다.(나는 공장의 한쪽 구석에서 구성원들이 낡은 나무 걸상에 걸터앉아 효과적인 팀회의를 갖는 것을 본 적이 있다.)

마지막으로, 이 지침은 집단의 모든 구성원들에게 문제 해결 과정의 6단계에 참여하는 기회를 부여함으로써 구성원들을 문제 해결과 의사 결정을 위한 응집력 있는 팀으로 발전시키려고 하는 철학과 태도를 갖고 있는 리더를 위한 것이라는 점을 강조한다.

1. 회의 빈도

집단이 회의를 얼마나 자주 열어야 하는가는 각 집단이 해결해야 하는 문제의 수, 문제의 난이도, 집단의 능력에 따라 좌우되는 개별적인 문제이다. 그러나 되도록이면 정기적으로 정해진 날짜와 시각에 회의를 갖도록 한다.

새로 구성된 집단은 초기에는 회의 운영의 미숙함과 많은 의제들 때문에 보다 자주 모여야 할 것이다. 집단은 경험이 쌓이면서 문제를 해결하기 위해서 얼마나 자주 모일 필요가 있는지 알게 될 것이다.

어떤 집단의 경우에는 짧은 시간이지만 매일 아침마다 회의를 여는 것이 적절한 것일 수 있다. 그리고 각 집단은 구성원 중 어느 한 사람이 결석한 경우는 물론 리더가 불참한 경우에도 회의를 갖고 보통 때와 같이 회의를 진행시키도록 한다.

2. 회의 시간

회의는 일정한 시각에 시작하고 끝나는 것을 엄격히 지키도록 한다. 집단은 중간에 휴식 없이 2시간 이상 회의를 계속하지 않도록 한다.

단일 회의를 너무 오랜 시간 동안 여는 것보다는 추가로 다른 회의를 여는 편이 낫다.

집단은 몇 번 회의를 가져 본 뒤에 조직의 요구와 참가자들의 피로 정도를 고려해서 회의의 길이를 결정하도록 한다.

3. 회의의 우선 순위

집단은 회의를 시작할 때에 조직의 다른 요구와 비교해서 그 회의의 중요도를 결정해야 한다.

되도록이면 회의에 참석하는 것보다 높은 우선 순위를 갖는 조직의 다른 요구가 없는 것이 좋다.

회의에 참석한 각 구성원들은 착신 전화가 음성 사서함으로 이동되도록 하여 회의 도중에 불려 나가지 않도록 한다.

집단은 어떤 업무가 구성원들이 집단 회의에 참석하는 것보다 더 중요한지를 결정하는 책임을 리더에게 위임할 수 있다.

4. 회의 대리 참석자

각 구성원은 자신이 회의에 참석하지 못할 경우에 대신 참석하는 대리인을 지정할 책임이 있다.

각 구성원은 자신의 대리인이 회의에 책임 있는 구성원으로 참여할 수 있도록 대리인에게 항시 충분한 지식과 정보를 제공할 책임이 있다.

각 구성원은 자신의 대리인이 회의에서 자기 부서를 대표하여 발언할 수 있도록 전적인 권한을 대리인에게 위임해야 한다.

5. 회의 장소

점심이나 저녁 식사와 연계해서 식사 장소에서 열리는 회의가 효과적인 경우는 거의 없다.

적절한 좌석 설비를 갖추고, 사생활을 침해하지 않으며, 조용하고, 편한 회의실이 좋은 장소이다.

6. 설비 배치

모든 회의에서 칠판이나 차트를 이용할 수 있어야 한다. 또한, 모든 회의 참석자들이 서로 볼 수 있도록 좌석을 배치한다.

리더는 항상 헤드 테이블에 앉는 것을 삼간다. 그래서 다른 구성원들과의 신분의 격차를 최소화하도록 한다. 또한, 구성원들이 필기할 수 있도록 책상을 준비하는 것이 바람직하다.

커피, 물 등을 준비하고 구성원들이 원할 때 자유롭게 먹을 수 있도록 한다.

7. 회의 기록

집단은 회의 내용을 기록하는 적절한 방법을 자체적으로 수립해야 한다. 어떤 집단은 상임 서기를 두고 있으나, 다른 집단에서는 구성원들이 돌아가면서 서기를 맡기도 한다. 하지만 리더가 서기를 맡는 것은 권할 만한 일이 아니다. 그의 시간은 다른 기능을 수행하기 위해서 방해받지 않도록 한다.

집단은 스스로 무엇을 기록할 것인지 결정해야 한다. 집단은 단지 결정 사항, 미해결된 문제를 다루기 위한 계획, 토의 중에 나타난 문제들 중에서 향후 의제가 되는 문제, 업무 할당, 추가 조치 사항들만을 기록하는 것이 바람직하다. 서기는 특정한 사항을 기록한 뒤에 자신이 그것을 올바로 이해했는지 전체 구성원들에게 물어서 점검하고 기록이 정확하도록 유의해야 한다.

의사 결정으로 이끈 토의 내용은 기록하지 않도록 한다. 회의 내용에 대한 기록이 간결할수록 추후에 이 기록이 읽혀지고 검토될 가능성은 더 높다.

결정된 사항을 기록하는 아주 유용한 형식은 (1) 문제를 간략히 기술하고, (2) 누가 무엇을 언제까지 수행할 것인지 기록하는 것이다. 이 기록은 정리해서 회의 참석자 모두에게 이메일이나 문서로 배포한다.

8. 회의 의제 개발

리더보다는 집단이 회의 의제를 '소유' 해야 한다는 것은 너무나 중요한 사실이다.

의제를 제출할 책임을 맡은 구성원들은 회의에 앞서 이들을 제출해서 정식 의제 목록이 미리 작성될 수 있도록 한다. 그리고 이 목록은 사전에 회의 참가자 모두에게 배포되도록 한다. 또한, 평소에 구성원들로 하여금 편리한 장소에 설치된 차트 위에 의제를 적게 할 수도 있을 것이다. 그렇지만 집단은 각 회의 때마다 의제를 개발할 수도 있다. 이런 경우에는 회의 시작과 더불어 구성원들에게 의제를 묻는다. 그리고 이들을 칠판이나 차트에 적는다. 의제 목록이 완성되기 전에는 어떤 의제도 토의하지 않도록 한다.

회의에 앞서 의제가 준비되면 무슨 문제가 회의에서 다뤄질 것인지를 미리 구성원들에게 알려 줄 수 있기 때문에 그들이 사전에 적절한 준비를 할 수 있다는 이점이 있다. 그러나 사전에 의제가 준비되었더라도 정식 의제가 결정된 후에 새로운 문제가 발생한 경우에는, 집단은 회의를 시작할 때 의제를 추가로 수집하는 절차를 밟도록 한다.

9. 회의 의제의 우선 순위 수립

집단은 각 의제의 상대적인 중요도를 결정하는 절차를 수립하고 가장 중요한 의제를 제일 먼저 다루도록 한다. 이 일은 매 회의 시작 때 신속하게 이루어질 수 있으나, 만일 사전에 의제가 결정된 경우에는 의제를 제출한 사람들이 각 의제의 중요도를 나타내도록 한다. 그러면 집단은 회의 시작과 더불어 이것을 토대로 우선 순위를 결정할 수 있을 것이다.

각 구성원은 리더가 결정하는 의제를 무조건 따르는 대신에 반드시 자신이 제출한 의제의 중요성을 집단에게 알리는 책임을 다해야 한다.

10. 발언 규칙

집단은 회의 중 의사소통에 관한 규칙을 자체적으로 만들어야 한다. 그런데 규칙은 적을수록 좋다. 효과적인 문제 해결 집단은 대체로 격식을 차리지 않는 방식으로 기능하며, 집단 구성원들은 리더의 허가 없이 발언하고 싶을 때 언제나 발언하는 것이 허용된다.

성숙한 문제 해결 집단에서 각 구성원들은 다른 사람들의 의사소통이 원활하게 이루어지게 하는 책임은 물론 적절한 시기에 적절한 발언을 해야 하는 책임도 지고 있다.

리더는 집단의 의사소통을 독점하거나 통제함으로써 다른 사람들의 발언을 억제하지 않도록 특별히 주의해야 한다. 리더는 자신의 존재 때문에 구성원들이 억제받는다는 느낌을 갖지 않도록 노력해야 한다.

11. 회의에 적합한 문제

집단의 각 구성원들은 자기 집단에 적합한 종류의 문제가 무엇인가에 대해서 분명한 견해를 갖고 있어야 한다.

일반적으로 집단에 적합한 문제는 (1) 그 해결을 위해서 집단 구성원들의 데이터를 필요로 하는 문제, (2) 그 해결 방안이 집단 구성원들에게 영향을 미치거나 구성원들에 의해서 실행되어야 하는 문제들이다.

집단 구성원들은 회의에 올라온 문제들이 적절한 것인지의 여부를 결정하고, 자신들의 책임 영역에 영향을 주는 문제만을 가려내는 책임을 지고 있다.

집단은 전체 집단의 의제로 적절하지 못한 사항이 있는지 주의를 게을리하지 말아야 하며, 이런 항목은 전체 회의에서 토의하는 대신에 빨리 적절한 사람에게 할당해서 해결하도록 해야 한다.

리더를 포함한 각 발의자들은 자신들의 의제가 집단에 원하는 것이 무엇인지를 정확하게 말해야 한다. 예컨대 (1) 의사 결정을 원한다. (2) 구성원들의 해결 방안을 원한다. 발의자는 이 중에서 최종적인 해결 방안을 선택한다. (3) 발의자 자신이 잠정적으로 선택한 해결 방안에 대한 집단의 반응을 알기 원한다.

12. 회의에 부적합한 문제

집단은 다음과 같은 종류의 문제를 다루기 위해서 시간을 쓰지 않도록 한다. 즉 (1) 일부 구성원만 관여된 문제, (2) 집단 수준에서 전혀 중요하지 않은 문제, (3) 스태프의 연구와 사전 자료 수집이 필요한 문제, (4) 집단의 권한 밖에 있는 문제.

모든 구성원들은 특정한 문제가 집단 전체의 회의에 적합한 의제가 되지 못한다고 느낄 때에는 언제나 이것을 지적할 책임이 있다.

13. 의사 결정을 위한 규칙

집단은 모든 문제에 대해서 구성원 모두의 의견이 일치하도록 노력하는 것이 바람직하다. 집단은 만일 충분한 시간이 있다면 모든 사람들이 동의할 수 있는 해결 방안에 도달할 때까지 토의를 계속하도록 한다.

집단 구성원은 자기 주장의 정당성에 대해 강한 확신을 갖는 경우가 아니라면 다수의 의견을 기꺼이 따를 수 있어야 한다.

집단 구성원은 자신의 입장에 대한 자신의 거듭된 변호와 주장이 더 이상 다수의 입장을 변경시킬 수 없는 한계에 다다랐는지 특별히 민감할 필요가 있다.

특정한 문제에 대해서 구성원들이 어떤 의견을 갖고 있는지 알기 위한 여론 조사가 아닌 표결은 절대로 하지 않도록 한다.

집단 구성원들은 특정한 문제의 해결 방안을 실행하는 데 있어 더 많은 책임을 지고 있는 구성원들이나, 논리적으로 그 문제와 관련을 맺고 있는 구성원들의 의견을 존중할 수 있어야 한다.

만일 집단 전체가 의견의 일치를 이루기 위해서 충분히 토의할 수 있는 시간이 허락되지 않는 경우라면, 집단은 최종 결정을 특정한 개인이나 2~3명의 소집단, 또는 리더에게 위임할 수 있다.

14. 집단 회의의 기밀 유지

각 구성원들이 기밀을 유지하는 책임을 지고 있다는 것은 극히 중요한 사실이다. 효과적인 문제 해결 집단에 있는 구성원들은 자기들이 어떤 감정이나 의견도 회의에서 표현할 수 있으며, 다른 구성원들이 회의에서 자기들이 한 발언을 다른 외부 사람들에게 발설하지 않으리라는 것을 확신한다.

구성원들이 외부 사람들과 토의해도 안전하다고 가정할 수 있는 것들은 오직 회의록에 기록된 것뿐이다.

어떤 경우에는 집단은 특정한 결정 사항을 외부 사람들과 토의하는 것을 금지하거나, 특정한 결정 사항을 외부 사람들과 토의할 때 반드시 지켜야 할 조건을 정할 수 있다.

각 구성원들은 가족의 일원이라는 태도로 회의에 임해야 한다. 그리고 가족 회의에서 논의된 것들은 외부 사람들에게 알려져서는 안 된다.

15. 의제 처리

각각의 회의에서 모든 의제는 다음의 방법들 중에서 한 가지 방법으로 처리되어야 한다. (1) 해결 방안 도출, (2) 추가적인 연구를 위해서 문제를 집단 외부에 위임, (3) 문제를 개인이나 소집단에 위임하고 후에 검토한 결과를 전체 집단에 제출하도록 함, (4) 문제를 추후에 열리는 회의의 의제로 선정함, (5) 문제를 제기한 구성원이 그 문제를 의제로부터 거둬들이거나 또는 (6) 문제를 다른 용어로 다시 정의함.

문제는 어떤 경우에도 아무런 조치 없이 방치되어서는 안 된다.

16. 회의 기록

회의가 끝난 뒤 가능하면 빨리 회의 기록을 문서화하여 집단의 전체 구성원들에게 배포한다.

집단은 회의록 열람을 누구에게 허용할 것인지, 그리고 집단 구성원들 외에 회의록 사본을 받아 보는 사람들에 관한 명확한 규칙을 정해야 한다.

집단의 각 구성원들은 회의의 중요한 결과를 다시 자신들의 팀원들에게 직접 전달함으로써 회의록을 오해할 수 있는 소지를 없애도록 한다. 만일 회의에 참석하지 않은 사람이 회의록을 타이핑하거나 복사할 경우에는 그 사람에게 기밀을 지키도록 당부해야 한다.

각 회의록은 최소한 다음 사항을 담고 있어야 한다. (1) 집단이 내린 모든 결정, (2) 모든 의제의 처리 내역, (3) 누가 무엇을 언제까지 실시한다는 업무 분장 내역.

17. 집단의 효과적인 역할에 대한 지속적인 평가 절차

현실적으로 볼 때 개인과 마찬가지로 집단도 항상 효과적으로 기능하는 것은 아니다. 학습은 결과의 즉각적인 피드백에 의해서 촉진된다. 따라서 효과적인 집단은 대체로 자기 자신들의 효과성을 평가하는 구체적인 절차를 수립한다.

집단은 자체 기능을 평가하기 위한 방법을 차용하거나 고안해야 한다. 어떤 집단은 매 회의가 끝날 때마다 이것을 실시하며, 다른 집단은 정기적으로 이것을 실시한다. 평가는 설문지를 사용하거나 구두로 평가할 수 있다.

■■■■ **경영 회의에서 구성원들의 책임**

모든 구성원들이 어떤 정해진 중요한 기능을 수행하는 방법을 배우고 또 그 책임을 다하지 않는다면, 경영팀은 회의에서 결코 효과적으로 기능을 발휘할 수 없을 것이다. 회의의 성공을 위하여 리더의 효과적인 행동이 극히 중요하다는 사실은 모든 사람들이 인정하지만, 우리들은 구성원들의 효과적인 행동에 대해서는 별로 들은 적이 없다. 그러나 구성원들이 어떻게 행동하느냐에 따라서 경영 회의는 제 기능을 발휘하기도 하고 깨지기도 한다. 나의 경험에 비추어 보면, 대다수 구성원들은 참여적인 문제 해결 집단에서 자신들의 역할을 효과적으로 수행하는 기본적인 방법을 모르고 있다고 말해도 결코 과장이 아니다. 어떻게 그들이 알 수 있겠는가? 대부분의 사람들은 그들의 전체 삶 속에서 그런 집단에 속해 본 적이 없다. 이것은 당신이 경영 회의를 시작하기로 결정한다면 당신은 아주 미숙한 구성원들과 함께 일을 해야 하는 힘든 처지에 놓인다는 것을 의미한다. 더욱 난감한 것은 당신 집단의 대다수 구성원들은 이미 독재적으로 운영되는 회의에 충분히 길들여져 있다는 사실이다. 그런데 그런 회의에서는 리더가 구성원들에게 건설적으로 참여할 수 있는 기회를 허용하지 않는다.

당신은 앞에서 리더가 구성원들의 대처 수단—이전에 그들이 독재적인 사람들과의 관계에서 터득한 행동 양식—을 어떻게 물려받게 되는가에 대해서 논의한 것을 기억할 것이다. 리더는 경영 회의에서 효과적으로 일하는 팀을 구축하기 위하여 이런 대처 수단을 보다 건설적인 행동으로 대체해야 하는 과제를 안고 있다.

리더 자신이 집단 구성원들이 알고 있던 리더들과 다른 부류의 리더가 되는 것만으로도 집단의 행동 양식에 상당한 변화를 가져올 것이다. 다시 말하면 집단 구성원들이 리더의 행동을 본보기로 삼기 시작할 것이다. 그러나 리더는 그것보다 더 많은 것을 할 수 있다. 즉 그들에게 바람직한 '구성원으로서의 행동'에 대한 지침을 가르침으로써 그들을 교육시킬 수 있다. 이 지침의 많은 부분은 구성원들에게는 새로운 것이기 때문에, 구성원들은 새로운 사실에 대해 눈을 뜨게 될 것이다. 또한, 이런 교육은 구성원들로 하여금 회의에서 리더가 구성원들에게 무엇을 기대하는지 분명히 이해할 수 있도록 도움을 줄 것이다.

회의 전에 집단 구성원들에게 요구되는 책임

1. 이전의 회의록을 다시 읽고 전번 회의에서 각 구성원들에게 부과된 과제를 모두 완수했는지 점검한다.
2. 회의 도중에 전화나 방문자 때문에 밖으로 불려 나가지 않도록 적절한 조치를 취한다.
3. 정시에 회의에 참석할 수 있도록 계획을 세운다.
4. 구성원은 회의 의제로 상정하고 싶은 사항을 숙지한다.
5. 구성원은 집단이 자기가 상정한 의제를 다루는 데 도움을 줄 수 있는 자료를 준비한다.
6. 만일 회의에 앞서 의제가 정해진 경우라면, 문제를 보다 깊이 이해한 후에 토의하기 위해서 필요한 것을 준비한다.
7. 구성원은 회의에 참석할 수 없다면 회의 대리 참석자에게 알리고 회의를 준비하게 한다.

회의 중에 집단 구성원들에게 요구되는 책임

1. 구성원은 의제로 준비한 것을 아주 명확하게 기술하여 제출한다. 그러나 너무 상세하게 기술하지는 않도록 한다.
2. 구성원은 의견이나 감정을 갖고 있는 경우에는 이것을 솔

직하고 명확하게 말한다. 감정을 억제하지 말라.

3. 현재 토의되고 있는 의제에 집중하고 다른 사람들도 이것
   에 집중할 수 있도록 돕는다.

4. 다른 사람이 얘기하는 것을 이해할 수 없을 때에는 그것을
   명확하게 설명해 달라고 요청한다.

5. 적극적으로 참여한다. 말할 것이 있다면 말하라.

6. 문제 해결 과정을 원활하게 만드는 다음과 같은 일들을 수
   행하여 회의 진행을 돕도록 한다.

   - 질문한다.
   - 집단이 주제에서 벗어나지 않게 한다.
   - 결정할 것을 요청한다.
   - 다른 구성원들이 말한 것의 의미를 명확하게 한다.
   - 요약한다.
   - 다른 구성원들이 말하는 것을 듣는다.
   - 의제가 빨리 설정되도록 한다.
   - 칠판이나 차트 위에 쓴다.

7. 다른 구성원들이 의견이나 감정을 표현하는 권리를 보호한
   다. 구성원들이 떠들지 않도록 한다.

8. 다른 구성원들이 말하는 것을 주의 깊게 듣는다. 필요에 따
   라서는 다른 사람들이 말하는 것의 의미를 명확하게 한다.

9. 갈등을 해소할 수 있는 해결 방안을 창의적으로 생각하고
   이것에 대해 집단의 의견을 묻는다.

10. 회의를 혼란시킬 수 있는 유머, 야유, 주제 이탈, 주위 사람

과 소곤대기, 농담, 남의 말을 비꼬는 행위 등을 피한다.

11. 회의 후에 구성원이 실행하기로 동의한 것들을 기록한다.

12. 구성원은 항상 자신에게 다음과 같이 계속해서 자문하라. "현 시점에서 무엇이 이 집단이 앞으로 나가는 데 도움을 주며 당면한 문제를 해결하는 데 도움을 줄 수 있을까? 이 집단이 좀더 효과적으로 기능하도록 내가 도울 수 있는 것은 무엇일까? 이 집단이 필요로 하는 것은 무엇인가? 내가 어떻게 도울 수 있을까?"

회의 뒤에 집단 구성원들에게 요구되는 책임

1. 할당받은 과제와 수행하기로 약속한 일을 수행한다.

2. 회의 참가자들은 자신들의 집단 구성원들이 알아야 할 결정과 정보를 그들에게 전달한다.

3. 최종 결정 이외에 회의에서 있었던 모든 발언과 일들에 대해 기밀을 유지한다.

4. 회의 참가자들은 동의한 결정에 대해 불평하는 것을 삼가도록 한다. 책임을 전가하지 말라.

5. 리더에게 회의장 밖에서 회의 내용에 대해 항의하지 않도록 한다. 회의에 대한 감정은 회의 안에서 표현되어야 한다.

6. 리더에게 결정을 번복하도록 항의하지 말라. 다음 회의 때 이의를 제기하라.

■■■■■ 리더의 특별한 책임

만일 우리가 경영팀의 리더를 집단 구성원들 중 한 사람으로 생각한다면, 앞 단원에서 지적한 모든 것들은 집단 구성원들에게 적용되는 것일 뿐만 아니라 리더에게도 적용되는 것들임은 자명하다. 그러나 리더는 집단 내에서의 독특한 위치와 그리고 구성원들이 리더를 자신들과는 다른 역할을 갖고 있는 사람으로 보기 때문에 경영 회의에서도 특별한 책임을 맡고 있는 것이 보통이다. 어쨌든 공식적인 조직에서 리더는 구성원들보다 더 큰 '권위'를 가지고 있는 것이 사실이며, 항상 집단의 성패에 대해서 궁극적으로 해명해야 할 책무를 지고 있다. 리더라는 특별한 신분은 그에게 특별한 기능을 수행할 것을 요구하고 있다.

리더가 자신의 그룹에게 문제 해결과 의사 결정을 위한 경영팀을 구축하기 원한다고 말했다면, 그의 말은 반드시 그의 행동으로 뒷받침되어야 한다. 내가 최고위 경영팀의 컨설턴트로 일했던 한 회사의 부사장은 그 경영팀의 일원으로서 그가 참석하는 경영 회의에 대해 다음과 같이 말했다.

"데이브(회사 사장)는 우리들에게 말하곤 합니다. 그는 우리들이 민주적인 집단이 되기를 원하고 집단에 의한 의사 결정을 내리게 될 것이라고요. 하지만 그는 항상 자신이 결정을 내리고 맙니다. 우리는 문제를 토의하고 결론을 도출해 내야 한다고 생각하지만, 그러나 결정은 언제나 그의 몫입니다. 그래서 나는 입을 꼭 닫고 회의가 굴러가는 대로 내버려 둡니다. 결국은 보스 뜻대로 할 것이라는 것을 우리 모두 알고 있는데 괜히 참여해서 왜 시간을 허비합니까?"

그 경영 회의를 관찰한 결과 나는 그 부사장이 느꼈던 것을 확인할 수 있었다. 그 사장은 그가 설교한 것을 실천하고 있지 않았다. 따라서 그의 팀원들 중 아무도 그가 말한 것을 믿지 않았다. 그들은 사장이 집단의 지혜를 신뢰하거나 의사 결정 책임을 전체 집단에 부여할 의사가 전혀 없다는 것을 알고 있었다.

나는 집단 구성원들이 자신들의 의견을 아무 거리낌없이 자유롭게 발표할 수 있고 리더의 의견에도 이의를 제기할 수 있는 '안전한 분위기'를 육성하는 것을 신봉한다는 또 다른 리더들을 관찰한 적이 있다. 그러나 그 리더들은 정작 경영 회의에서 부정적인 평가, 교화와 설교, 훈계, 정신 분석 같은 의사소통의 장애물을 사용하던 습관을 억제할 수 없었다. 그 결과 그들의 집단 구성원들은 회의에서 개방적이 되고 솔직해지는 것을 두려워했다. 창피 당하는 위험이 너무도 컸기 때문이었다.

리더는 자신의 집단을 책임을 감당할 수 있는 집단으로 키우려는 노력의 초기 단계에는 집단을 통제하거나 지배하는 것으로 비칠 수 있는 행동을 경계해야 한다. 또한, 구성원들이 참여하는 것을 억제하지 않도록 전면에 나서는 것도 경계해야 할 필요가 있다. 이것의 의미는 리더는 이런 게임의 초기에는 자신이 기여하는 바를 단지 수용하고 그리고 평가하지 않는 분위기를 살릴 수 있는 언어적인 응답에만 국한시켜야 한다는 것이다. 이런 분위기를 만들기 위해 리더가 가지고 있는 중요한 의사소통 수단은 적극적 듣기, 소극적 듣기, 말문을 열게 하는 말, 동의적 응답이다. 집단 구성원들이 리더에게 의존하는 것이 줄어들기 전이나, 리더의 평가를 두려워하지 않게 되기 전에 리더가 보다 적극적인 역할을 수행하는 것은 위험하다. 집단 구성원들이 안심하고 회의에 자유스럽게 참여하고 다른 사람들에게 하는 것처럼 리더의 의견도 그 가치에 따라서 수용하거나 거부할 수 있게 되기 전까지는 리더로서 당신은 소극적인 참여자로 남아 있을 수밖에 없다.

시간이 지나면서 구성원들이 리더가 이 그룹은 '나의 그룹'이 아니라 '우리들의 그룹'이라고 말할 때 그 말을 그대로 믿게 되고, 구성원들이 자신들의 의견을 말하는 것이 안전하다는 것을 느끼게 되고, 구성원들이 리더가 자신들을 교묘하게 조종하여 미리 설정한 결론으로 몰고 가는 것이 아니라는 것을 확신하게 되면, 그때 비로소 리더는 리더라기보다는 한 사람의 구성원으로 여겨지게 될 것이다. 이렇게 되면 리더는 안심하고 보다 적극적으로 그리고 마음껏 참여할 수 있게 된다. 그러나 이것은 시간이 걸리는 일이다.

그렇다면 리더는 정확히 언제 구성원들이 그를 리더라기보다는 구성원의 한 사람으로 여기는 단계에 다다랐다는 것을 알 수 있을까? 리더인 당신은 결코 정확한 시점을 알 수는 없을 것이다. 하지만 집단이 당신을 다른 여느 구성원으로 대할 준비가 되어 있다는 것을 암시하는 다음과 같은 신호들은 있다.

- 집단 구성원들이 리더에게 말을 걸 때에 다른 구성원들에게 하는 것보다 형식을 더 갖추려 들지 않는다.
- 집단 구성원들이 회의를 시작하기(또는 끝내기) 위해 리더를 주시하지 않는다.
- 집단 구성원들이 자신들의 견해를 리더에게만 전달하려고 하기보다는 자기들끼리 서로 교환한다.
- 집단 구성원들이 리더의 허락을 구하지 않고 자발적으로 발언한다.

- 집단 구성원들이 리더의 의견에 동의하지 않거나 질문하기 시작한다.
- 특출한 아이디어가 집단의 많은 구성원들로부터 나온다.
- 집단이 리더를 최종적인 심판으로 인식하지 않고 결론에 도달한다.
- 집단 구성원들이 리더에게만 의존하지 않고 다른 구성원들의 자원과 경험을 활용한다.
- 집단 구성원들이 의사 결정 과정을 원활하게 만드는 일에 적극적인 역할을 담당한다. 즉 집단 자체의 기능을 향상시키는 일을 한다.
- 집단을 혼란시키거나 회의 진행을 방해하는 구성원들을 리더가 지적할 때까지 기다리기보다는 집단 구성원들 스스로 이들과 맞선다.

나는 많은 집단들과의 경험으로부터 집단을 효과적인 경영팀으로 구축하려고 하는 리더들에게 적합한 다음과 같은 원리 혹은 지침을 얻었다.

1. 집단이 리더에게 의존하면 할수록, 리더의 의견은 다른 구성원들의 참여를 더욱 억제한다.
2. 구성원들이 인식하는 리더와 구성원들 간의 신분의 차이가 크면 클수록, 리더의 의견은 구성원들의 참여를 더욱 억제한다.
3. 리더가 집단의 '또 다른 구성원'과 같이 된 경우에는 리더가 아주 자주 참여한다고 하여도 집단은 그가 '리더'로 인식될 때보다 이 것을 훨씬 수월하게 다룰 수 있게 된다. 그 까닭은 구성원들은 '리더'의 참여를 저지하는 것은 부담스러워 하지만, '또 다른 구성원'의 참여를 통제하는 것에 대해서는 부담을 느끼지 않기 때문이다.
4. 리더가 자신의 참여가 다른 구성원들의 참여를 억제하는 잠재적

인 효과가 있다는 것을 자각하고 있다면, 이것은 자기 자신의 참여를 통제하도록 도움을 줄 것이다. 이 자각은 리더로 하여금 구성원들이 억제받고 있음을 나타내는 미묘한 신호를 관찰하는 데 보다 민감해지도록 할 것이다.

5. 토의 과정에서 다른 사람들의 의견을 듣는 것과 자신의 아이디어를 말하는 것 사이에 적절한 균형을 찾는 일은 리더뿐만 아니라 구성원들에게도 항상 문젯거리이다. 리더가 자신의 리더십 역할을 성공적으로 축소시키고 '또 다른 구성원'의 위치를 얻은 경우에도 듣는 것과 말하는 것 사이의 균형을 찾는 일은 여전히 문제로 남는다.

6. 리더가 집단 구성원들에 의해서 한 사람의 구성원으로 인식된다면, 리더의 의견은 무비판적으로 받아들여지거나 저항을 받는(권위적인 인물로서의 리더에 대한 구성원들의 반응 때문에) 대신에, 의견의 가치에 따라서 수용되거나 거부되어질 가능성이 높다. 다른 말로 하면, 집단을 효과적인 경영팀으로 개발하는 초기 단계에 리더가 제시하는 의견은, 리더가 리더라기보다는 한 사람의 구성원으로 여겨지는 나중 단계에 리더가 제시하는 의견과는 상당히 다른 효과를 집단에게 준다.

8

갈등 : 누가 승리하고 누가 패배하는가

갈등의 사전적 의미는 알력 또는 불일치, 논쟁 또는 말다툼, 의견 대립 또는 충돌, 싸움 또는 투쟁—특히 오랜 시간 동안의 투쟁—을 말한다. 갈등이라는 말은 심각하고 격렬한 그 무엇을 내포하고 있다. 그리고 우리 모두가 경험을 통해서 알고 있는 것처럼 갈등은 집단이나 조직에 비생산적이고 값비싼 것일 뿐만 아니라 관계를 파괴하고 불쾌하게 만든다. 그렇지만 인간관계에서 얼마간의 갈등은 필연적일 수밖에 없다는 결론을 피하기도 어렵다. 이것을 인정한다면 두 가지 일이 남는다. 갈등을 최소화하는 방법과 막지 못한 갈등을 해소하는 방법을 발견하는 것이다.

사람 사이의 관계에서 갈등을 완전히 피하는 것은 절대로 가능하지 않다고 하여도, 리더가 만일 앞 장에서 말한 기술과 방법을 이용한다면 어떤 갈등은 분명히 막을 수 있다. 이것들과 함께 다른 연관된 기술은 사태가 악화되어 전면적인 권력 투쟁으로 번지는 것을 방지하는 데 도움을 준다.

듣기 기술. 집단 구성원들이나 동료들의 문제 해결을 돕는 데
능력이 있는 리더는 갈등을 예방하는 일을 하고 있는 것이다. 팀
원의 문제는 결국 그의 업무 수행에 영향을 줄 것이며, 이것은 분
명히 리더에게도 문제를 초래할 수 있고 그들 사이에 갈등을 조성
할 가능성도 있다.

어느 날 그룹의 한 구성원이 보통 때와는 달리 유별나게 기분이
처져 있고 무엇인가에 사로잡혀 있는 듯한 느낌을 리더가 받았다
고 가정해 보자. 누구나 때로는 그런 상태에 빠질 수 있기 때문에
이 행동이 결코 리더가 수용할 수 없는 것은 아니지만, 그럼에도
불구하고 만일 이런 상태가 수일 동안 지속되고 지금 리더는 중요
한 프로젝트를 완료하는 데 그녀에게 의존하고 있는 경우라면, 리
더는 그녀의 업무 성과가 저하되지나 않을까 걱정하게 될 것이다.
따라서 리더가 그녀에게 다가가서 도울 것이 있는지를 물어보는
수고를 아끼지 않는 것은 분명히 빈틈없는 행동이다. "홀리, 내
가 오늘 보니까 마음에 무슨 걱정거리가 있는 것처럼 보이는데 같
이 얘기해 보면 어떨까요? 난 지금 시간이 좀 있는데."

단지 몇 분 동안 상대방의 얘기를 들어주는 것만으로도 놀라운
일을 해내는 것을 자주 볼 수 있다. 즉 그녀의 감정은 밖으로 표
출되어 사라지게 되고, 문제 해결 과정이 시작되고, 그녀는 어쩌
면 어떤 해결 방안에 도달하기까지 할 것이다. 이것의 또 다른 유
익은 리더가 그 사람을 염려하고 있다는 사실을 확실히 보여 주었
다는 것이다. 그리고 만일 문제가 해결되었다면, 리더의 듣기는
예방 기능을 수행한 것이다. 리더는 자기 자신이 정말로 수용할

수 없는 행동—예를 들면, 그녀가 프로젝트를 완료하지 못하는 것—이 뒤따라 일어나는 것을 방지한 것이다.

맞대면 기술. 분명히, 누군가와 직접 맞서 대면하는 목적은 그 사람에게 영향을 주어 당신에게 문제를 일으키는 어떤 행동을 바꾸려고 하는 것이다. 이런 경우에 나-메시지를 잘 사용하면 그 목적을 달성할 가능성이 높다. 나-메시지의 효과는 다음 상황에서 보는 것처럼 리더와 집단 구성원 사이에 향후 발생할 수 있는 갈등을 미리 방지하는 것이다.

매니저 : 나는 당신에게 내 마음속에 있는 말을 해야만 하겠어요, 샘. 나는 여러 도시를 돌면서 우리의 몇몇 일급 고객들이 우리 제품의 배달 지연에 대해 불평하는 것을 들었어요. 나는 처음에는 당황했으나 나중에는 고객을 잃을지도 모른다는 우려 때문에 무척 화가 났어요.

샘 : 네, 화를 내실 수 있다고 생각합니다, 캐롤라인. 하지만 매니저께선 제가 2주 동안이나 일손이 부족했다는 사실을 모르시는 것 같군요.

매니저 : 그랬어요? 나는 전혀 몰랐어요. 이전에 알았다면 좋았을 걸 그랬어요. 일손 부족 때문에 우리 고객과의 관계를 손상시킬 수는 절대로 없지요.

샘 : 우리가 어떻게 그것을 막을 수 있었겠습니까? 임시 직원을 고용하나요?

매니저 : 그것도 분명히 당신이 할 수 있는 일 중에 하나지요.

샘 : 저는 그런 권한을 제가 가지고 있다고 생각하지 않았습니다.

그것은 비용을 증가시키죠. 아시는 것처럼.

매니저 : 당신 스스로 그런 결정을 내릴 수가 없었다는 말인가요.

샘　　　: 그렇습니다.

매니저 : 샘, 우리 서로 이렇게 이해하도록 합시다. 앞으로 당신은 임
시 직원 한 명을 고용할 권한을 갖는 겁니다. 그러나 만일 당
신이 한 명 이상을 필요로 할 경우에는 다시 나와 상의하도
록 하면 어떨까요?

샘　　　: 저는 아무런 문제가 없습니다. 저는 좋아요. 제 생각으로는
그렇게 하면 문제가 해결되겠습니다.

매니저 : 나도 그래요, 샘. 그렇게 하면 배달 지연과 화난 고객에 대
한 걱정은 하지 않아도 되겠군요.

경영 회의.　리더가 성공적으로 자신의 팀을 효과적인 문제 해결
과 의사 결정을 위한 집단으로 발전시켰다면, 그는 분명히 많은
갈등을 예방하고 있는 것이다. 그 이유는 오늘의 문제가 해결되지
않은 채 방치되면 내일의 갈등을 일으키는 경우가 자주 있기 때문
이다. 또한, 효과적인 경영 회의에서 정책이 수립되고 규칙도 정
해진다. 그런데 정책과 규칙의 목적은 사람들에게 할 수 있는 일
과 할 수 없는 일을 명확히 이해시키는 것이므로, 그것들은 '수
용할 수 없는' 행동을 감소시키는 역할을 하고, 따라서 장래의
갈등도 분명히 방지한다.

예를 들면, 수년 전에 우리 회사의 경영팀은 그 동안 자주 발생
했던 갈등을 효과적으로 제거하는 결정을 집단을 통해서 내린 적
이 있다. 우리는 유연한 근무 시간 선택 제도를 채택하여 직원들
이 주당 40시간만 근무할 수 있다면, 직원들 임의로 출퇴근 시간

뿐만 아니라 점심 시간도 정할 수 있게 했다. 이 하나의 정책이 많은 갈등과 오해를 방지해 주었다.

이와 동일한 정책이 모든 조직에 적합한 것은 아니겠지만, 이 사례는 경영 그룹의 결정이 어떻게 갈등을 방지하는 역할을 수행하는가를 보여 준다.

예방적 나-메시지. 이것은 갈등 당사자와 직접 맞서는 '맞대면 나-메시지(Confrontive I-Message)'의 변형으로서 당신이 필요로 하거나 원하는 것을 단순히 주장하는 것이다. 이 종류의 나-메시지는 보통 수용할 수 없는 행동이 발생하기 전에 사용되기 때문에 '예방적 나-메시지(Preventive I-Message)'라고 부른다. "나는 오늘은 연설문을 작성하기 위해서 전적으로 개인적인 시간을 갖고 싶습니다."라는 주장은 당신의 특수한 욕구를 전달한다. 즉 이 메시지는 당신이 방해받는 것을 방지하고 싶다는 것을 알리고, 그런 행동은 오늘 특히 수용할 수 없는 행동이고, 어쩌면 집단 구성원들과 갈등을 빚게 만들 수도 있다는 것을 알려 주는 역할을 한다. 이 같은 예방적 나-메시지가 다음의 너-메시지보다 얼마나 더 효과적인 말인지 생각해 보라. "당신들은 오늘 어떤 경우에도 나를 방해하면 안 됩니다."

선언적 나-메시지. 이것은 나-메시지의 또 다른 형태로서 당신이 생각하는 것, 믿는 것, 또는 중요시하는 것을 전달한다(드러낸다). 이런 메시지는 다른 사람들이 당신의 입장을 알 수 있게 하기 때문에 갈등을 자주 방지해 준다. "나는 이메일보다는 사람이 직접 와서 나와 맞대면하는 것을 좋아합니다."라는 메시지는 당신이 중요시하는 것이 무엇인지 분명하게 드러내며, 집단 구성원들에게 이메일로 당신과 맞서는 것은 수용할 수 없는 행동이라는 것을 알려 준다. 이제 그들은 당신의 입장을 알았기 때문에 당신과 문제가 있을 경우에는 당신과 직접 맞대면하려는 의식적인 노력을 통해서 불필요한 갈등을 피할 수 있게 될 것이다. 이런 방법과 기술이 분명히 많은 갈등을 방지하지만, 다른 사람들과의 관계에서 갈등이 전혀 발생하지 않을 것이라고 기대하는 것은 순진한 생각이다. 내가 말했던 것처럼 갈등이 존재하지 않는다는 것은 실제로는 효과적으로 기능하지 않는—즉 성장하지도, 변화하지도, 적응하지도, 향상하지도, 혹은 새로운 도전에 창의적으로 대응하지도 못하는—조직이나 집단의 증상일 가능성이 크다. 나는 경험을 통해서 집단(가정을 포함) 내에 갈등의 많고 적음이 그 집단이 얼마나 '건강'한지를 나타내는 지표가 절대로 아니라는 확신을 가지게 되었다. 진정한 척도는 갈등이 해소되었느냐 그렇지 않았느냐 하는 것과 어떤 방법으로 그 갈등이 해소되었느냐 하는 것이다. 갈등의 해소 여부는 극히 중요한데 그 이유는 일부 리더들은 그 갈등이 저절로 사라지기를 바라면서 그 해결을 회피하는 경향이 있기 때문이다.

나는 회사의 중역들이 의기양양하게 자신들의 집단이나 조직을 이렇게 소개하는 것을 들은 적이 있다. "여기 있는 우리들은 그저 행복한 하나의 대가족입니다. 우리는 서로 잘 지냅니다. 아무 문제도 없어요." 나는 항상 이런 리더들을 의심한다. "우리는 결혼한 지 20년이 되었지만 부부 싸움을 한 번도 한 적이 없답니다."라고 말하는 부부들을 의심하는 것처럼. 보통 그것이 의미하는 것은 그들의 갈등이 표면화되는 것을 용납하지 않았고 직시하지도 않았다는 것일 뿐이다.

어떤 사람들은 실제로 갈등을 무서워한다. 그들은 갈등을 염려하고 불안해하기 때문에 '어떤 대가를 치르더라도 평화'라는 태도를 취한다. 따라서 그들은 갈등의 기미가 보이는 것들에는 어떤 것에도 개입하려고 하지 않는다. 그러나 갈등을 피한 결과는 다음과 같이 극히 예측 가능한 것들로서, 그들은 결국 그런 자세에 대한 대가를 치른다.

1. 분노 누적. 이것은 리더-구성원의 관계에서 뿐만 아니라 다른 모든 관계에서도 마찬가지이다. 갈등이 해결되지 않고 남아 있다면, 분노는 점점 쌓여 간다. 그러면 아마도 몇 달 뒤 예기치 않은 조그만 문제가 발생할 경우에 그 동안 누적된 분노가 그 순간의 특정한 문제와는 비교도 되지 않을 정도로 크게 폭발한다.

2. 감정을 다른 사람이나 사물에 전이(轉移). 사무실에서 갈등을 해결하지 못한 리더는 대신 집에 돌아가서 분노를 발산하기도 한다. 예를 들면, 남편에게 불평하거나, 아이들에게 큰소리치거나, 개에게 고함을 지른다.

3. 불평, 험담, 쑥덕공론, 모든 것에 대한 욕구 불만. 조직 내에 해소되지 않은 갈등이 존재한다는 확실한 징후들 중에는 심한 불평, 남의 등 뒤에서 늘어놓는 험담, 또는 끊임없는 쑥덕공론이 난무하는 분위기이다.

여기서 중요한 점은 당신은 갈등으로부터 달아날 수가 없다는 것이다. 그 까닭은 함께 일하는 사람들 사이에 갈등이 존재하면 분노가 누적되고, 감정이 전이되거나 또는 사람들이 경험하는 불만과 적개심의 징후가 곳곳에 존재할 것이기 때문이다. 그러므로 갈등은 숨김없이 공개하고 해결할 것이지 덮어두거나 억제할 것이 아니다.

만일 대부분의 조직과 집단에서 갈등이 불가피한 것이라면, 이것은 어떻게 일어나고 또 누가 연관되는 것일까?

어떤 갈등은 나-메시지가 상대방의 수용할 수 없는 행동을 수용할 수 있는 행동으로 바꾸지 못한 경우에 생긴다. 대체로 상대방이 특정한 행동을 지속하려는 강한 욕구를 가지고 있거나, 변화하는 것에 대해 커다란 두려움을 갖고 있는 경우에는 다음의 사례처럼 좋은 나-메시지조차 때때로 실패한다.

내가 아는 한 회사의 사장은 연구개발 부서로부터 업무 진척 상황을 충분히 파악할 수 있을 만큼 자주 정보를 보고받지 못하고 있다고 느꼈다. 그래서 그녀는 적절한 나-메시지로 연구개발 부서장과 맞서 대면하고 그 상황을 개선하겠다는 확답을 받았다. 그 후 수 주일이 지났지만, 여전히 업무 진척 보고서는 올라오지 않았다. 다시 한 번 그 부서장과 맞서 대면하였으나 역시 성공하지 못했다. 사장의 욕구와 부서장의 욕구 사이에는 일종의 갈등이 분명히 존재하고 있었다. 그 후에 한 회의에서 두 사람 사이의 갈등은 직접 맞부딪치게 되었다. 사장은 부서장이 그녀와 협의하는 것에 대해 강한 반감을 가지고 있다는 것을 알았는데, 그 이유는 비판을 받거나 또는 부서장 자신이 소중히 여기는 프로젝트에 대해 사장이 어떤 큰 변화를 시도할지도 모른다는 두려움 때문이었다. 사실 사장도 그 프로젝트에 대해 개인적으로 큰 관심을 갖고 있었다.

어느 작은 법률 사무소에 근무하는 파트너는 사무실의 청소 상태에 대해 만족할 수가 없었다. 이 경우에 나-메시지가 하루 이틀 동안은 청소부들이 좀더 철저하게 청소하도록 영향을 주었으나, 일주일이 지나자 청소부들은 다시 이전의 부주의한 습관으로 되돌아갔다.

한 재단법인의 회계사는 그녀 자신의 월간 보고서가 너무 복잡하고 해독하기 어렵다는 지적을 받았지만, 수개월이 지난 후에도 재단 이사장은 그 회계사에게서 어떤 작은 개선도 볼 수 없었다.

그룹이 경영 회의에서 문제 해결 과정의 의사 결정 단계를 밟아가는 도중에도 갈등은 자주 나타난다. 예를 들면, 대부분의 그룹 구성원들이 선호하는 해결 방안에 대해 한두 명의 구성원들이 격렬히 반대하고 결국 토의는 지연되고 합의점을 찾지 못하는 수가 있다.

리더로서 당신은 다양한 사람들과의 갈등에 연루될 것은 분명하다. 경영팀 전체와의 갈등, 그룹 구성원들 중 한두 사람과의 갈등, 당신 자신의 리더와의 갈등, 다른 부서나 다른 사업부의 장들과의 갈등, 그리고 마지막으로 당신 그룹 안의 두 구성원 사이의 갈등에 휘말릴 수도 있다.

내가 갈등에 대해서 말한 것을 요약하면 다음과 같다. 갈등은 심각하고, 불쾌하며 파괴적일 수 있다. 그것은 인간관계에서 불가피한 것이다. 어떤 갈등은 효과적인 의사소통 기술을 사용하여 방지할 수 있다. 그것은 성장하고 변화하는 조직에서 생긴다. 그것은 나-메시지가 실패할 경우에 자주 나타난다. 그것은 집단이 문제 해결 과정 중 최종적인 의사 결정을 내리려고 할 때 자주 드러난다. 리더는 조직에서 연관되어 있는 사람과는 누구와도 갈등 관계에 놓일 수 있다.

■■■■■ 갈등 해소를 위한 3가지 방법

이제 다시 행동의 창을 참고해 보자. 그리고 관계에서의 갈등은 창의 맨 아랫부분에 속하는 것임을 주목하라.

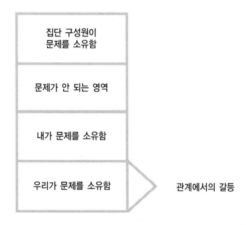

대부분의 리더들은 갈등 해소를 제대로 이해하지 못하고 있다. 이것은 복잡해 보이고, 그들은 이것에 대한 준비도 되어 있지 않고, 처리할 방법도 마땅히 갖고 있지 않다고 느낀다. 갈등은 그들을 놀라게 하고, 긴장과 불안(그리고 의기소침)을 만들어 낸다. 그렇지 않으면 갈등은 논쟁이나 싸움을 일으킨 사람에 대해서 분노하게 만들거나 원망을 하게 만든다. 어떤 리더들은 갈등을 자신들의 무능함의 징표, 즉 앞으로 닥쳐올 패배의 확실한 표시로 여긴다.

이런 반응은 어린 시절까지 거슬러 올라가는 과거의 경험에 뿌리를 박고 있기 때문에 놀라운 것이 아니다. 대다수 사람들이 어렸을 때 형제자매, 친구—또는, 부모, 교사, 학교 행정관리자—와의 싸움은 두려움과 분노를 자아내거나, 심장 박동을 빠르게 뛰게 하거나, 소리를 치고 비명을 지르게 만들거나, 관계를 깨뜨렸다. 대다수 사람들이 경험했던 과거의 갈등은 누구는 이겨야 하고 또 누군가는 져야만 하는 권력 다툼으로 변하기 일쑤였다. 따라서 관계가 상처받는 것은 불가피했다.

이런 보편적인 갈등과의 부정적인 경험은 쉽게 설명된다. 사람들은 전 생애에 걸쳐서 대부분의 관계에서 갈등이 생기면 그 해결을 위해 승-패 방법을 채용해 왔다(또는 승-패 방법에 익숙해져 있다). 이 방법은 예외 없이 누구는 이겨야 하고 다른 누군가는 지는 것을 의미했다. 사실, 이기거나 지는 방법에는 두 가지가 있으며 대다수 사람들은 둘 중에 하나를 채용한다.

- '방법 1' : 내가 승리하고, 네가 패배한다.
- '방법 2' : 네가 승리하고, 내가 패배한다.

그런데 지금은 사람 사이의 갈등을 해소하기 위한 세 번째 방법인 '무패 방법(No-Lose Method)'이 보다 널리 받아들여지고 있다. L.E.T. 과정에서 '방법 3'이라고 부르는 이 방법은 이해하기 쉽고 배우기 쉽다. 우리는 리더에게 다른 사람과 갈등이 있는 여러 상황에서 이 방법을 어떻게 사용하는지 가르친다. 하지만 '방법 3'에 대해 높은 수준의 역량을 습득하는 것은 그렇게 쉽지 않고, 연습을 필요로 한다. 이 방법을 사용하기 위해서 리더는 의사소통 기술(듣기 및 의견을 주장하는 기술)을 사용하는 법을 배워야 하며, 이것은 또한 리더에게 타인과 관계를 맺는 데 있어서 뿌리 깊게 자리 잡고 있는 어떤 습관적인 행동 양식을 버릴 것을 요구한다.

이 장의 나머지 부분에서 이 두 가지 이기거나 지는 방법이 지닌 문제점을 설명한다. 즉 이 방법들이 정확히 어떻게 작용하고, 그들을 사용한 경우에 어떤 결과를 예측할 수 있는지 설명한다. 그리고 다음 장에서 무패 방법을 설명하고 예시한다.

▬▬ '방법 1'과 '방법 2'는 어떻게 작용하는가?

당신이 어느 한 부서의 매니저인 다이앤 리의 역할을 맡는다고 가정해 보자. 이제 5명의 감독자가 당신에게 보고한다. 당신은 감독자 중 한 사람인 톰 셰인에게서 그가 데리고 있는 작업자인 프랭크를 해고하겠다는 의사가 담긴 메모를 받았다. 당신은 이것을 이해할 수 없었다. 왜냐하면, 프랭크는 이 회사에서 여러 해 동안 일해 왔고, 우수한 작업자였기 때문이었다. 당신은 의아스럽게 생각하면서 톰과 맞서 대면하고 그의 결정을 심각하게 재고해 주기를 원한다는 뜻을 나타냈다. 톰은 이것을 거부하고, 프랭크는 반드시 해고되어야 한다는 것을 확신하고 있다고 다시 말했다.

여기에 갈등이 있다. 이제 만일 당신이 톰에게 프랭크를 해고할 수 없고 프랭크와 함께 일하도록 노력해야 한다고 말한다면, 당신은 갈등을 해결하는 데 '방법 1'의 방식을 사용하는 것이다.

214

즉 당신이 이기고 톰은 진다. '방법 1'은 다음과 같은 도표로 나타낼 수 있다.

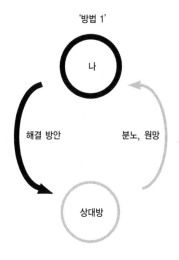

'방법 1'의 경우에 당신은 다른 사람의 뜻을 희생시키는 대신에 당신의 뜻을 관철시키는 해결 방안을 강요한다.

당신의 욕구는 충족되지만, 다른 사람의 욕구는 그렇지 않다. 당신의 해결 방안이 압도한 반면에 그의 것은 거부되었다. 패자는 이것을 부당한 것으로 여기기 때문에 승자에 대해 분노를 느낄 수밖에 없다. 사회적 교환 이론에서 쓰는 용어를 사용한다면, 이것은 편익이 당신에게 아주 유리하도록 배분된 '불공정한 사회적 교환'이다. 그리고 내가 추후에 자세하게 지적하는 것처럼, 톰과 당신의 관계에 파괴적일 수 있는 부정적인 반응을 예상할 수 있다.

승-패로 갈등을 해소하는 한 가지 방법인 '방법 1'은 다음과 같은 이름으로도 알려져 있다.

- 일방적 의사 결정.
- 권위주의적 의사 결정.
- 리더 중심의 의사 결정.
- 지배.

이제 '방법 1'을 사용하는 대신에, 당신은 프랭크를 해고하는 데 반대한다는 의견을 갖고 톰과 맞서 대면한다. 그러나 톰이 그의 견해를 바꾸려는 데 저항하는 것을 듣고 난 뒤에 당신이 마지못해 자신의 뜻을 포기하고 그의 의견에 굴복했다고 가정해 보자.

당신은 자신이 옳다고 느끼지만, 그럼에도 불구하고 톰이 자기 뜻대로 하도록 내버려 두었다. 당신은 그의 우정을 잃어버릴까 두려워했거나, 심각한 갈등에 빠져 드는 것을 싫어했을 것이다. 어쩌면 당신은 톰에게 좋은 사람으로 보이고 싶었을 것이다. 어떤 이유였든지 간에 당신은 톰이 이기게 했고, 당신은 졌다. 그의 욕구는 충족되었지만, 당신의 욕구는 그렇지 않다. 그의 해결 방안이 지배적인 것이 되었기 때문에 당신은 이것을 '불공정한 사회적 교환'으로 느끼게 된다. 당신은 톰에게 분노를 느낀다. 나중에 우리가 보는 것처럼, 톰은 당신이 가지고 있는 분노의 결과를 느끼게 될 것이다.

이 경우에 당신은 '방법 1'과 정반대인 '방법 2'를 사용했지만, 이것도 역시 하나의 승-패 방법이다. 이 '방법 2'는 다음과 같은 이름으로도 알려져 있다.

- 관대함.
- 부드러운 경영.

- 직원 중심의 의사 결정.
- 종속.
- 자유방임주의적 리더십.

'방법 2'는 다음과 같은 도표로 나타낼 수 있다.

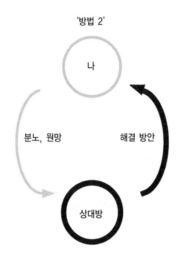

'방법 2'

나

분노, 원망

해결 방안

상대방

아마 당신도 '방법 1'과 '방법 2'가 과거뿐만 아니라 지금도 경영학이나 조직 개발 분야에서 리더십에 대해 가르치거나 집필하는 많은 사람들의 생각을 뚜렷하게 갈라놓고 있다고 생각할 것이다. 다음과 같이 강한 입장을 취하고 있는 저자들의 수많은 논문과 책이 출판되었다. 즉 "리더가 반드시 최종 결정을 내려야 한다.", "리더가 반드시 이끌어야 한다.", "의사 결정은 보스의 특권이다.", "독단적인 결정은 불가피하다.", "권위는 현명하게 행사되어야 하지만 반드시 사용되어야 한다.", "리더는 공정하지만 확고해야 한다.", "인정 많은 관리자가 시합에서 이기는 것은 아니다." 이외에도 이와 유사한 주장들이 있다.

'인간관계' 학파를 반대하는 사람들은 이것을 지지하는 사람들이 '관대한 리더십', '부드러운 경영', 직원에 대한 '자유방임주의적인' 자세 등을 옹호한다는 이유로 이들을 공격한다. 간단히 말해서, 반대자들은 '인간관계'를 리더의 욕구가 충족되지 않는 대신에 집단 구성원들의 욕구가 만족되는 '방법 2'와 동일한 것으로 여긴다. 권위주의적인 리더십을 옹호하는 사람들이 "리더의 욕구가 충족되는 것이 무엇보다 우선하는 것이기 때문에, 리더는 권위를 행사해야 한다."고 말하는 것은 자연스러운 일이다. 그러나 이것은 '방법 1'로 의심할 수 있는 말처럼 들린다.

나는 두 학파 모두 옳지 않다는 입장이다. 리더는 집단 구성원들의 욕구 충족을 위해서 자신의 욕구를 희생하는 방법('방법 2')을 사용할 때만이 아니라 구성원들의 욕구가 충족되지 않는 대신에 자신의 욕구가 충족되는 방법('방법 1')을 사용할 때에도 가혹한 대가를 치를 수밖에 없다. 리더가 이 같은 방법을 사용할 때 정확히 어떤 대가를 치르게 되는가?

'방법 1'의 결과와 영향은 훨씬 복잡하고 권력이라는 개념에 대한 심층적인 분석이 필요하기 때문에, 나는 '방법 2'를 먼저 다룬다.

■■■ '방법 2'를 사용하는 대가

갈등 관계에서 지는 것을 즐기는 사람이 있을까? 다른 사람의 만족을 위해서 리더의 욕구를 박탈한다면 리더는 결코 공정하다고 느끼지 않을 것이다. 리더는 원망하고 분노하고 분명히 그 관계에 대해 좋은 감정을 가질 수 없을 것이다. 또는 그런 감정을 집으로 가지고 와서 배우자를 괴롭힐 수도 있을 것이다. 리더는 승자가 된 사람에게 심술이 나고 불쾌한 감정을 느끼기까지 할 것이다. 보다 심각한 문제는 리더가 구성원이 조직의 목표를 달성하기 위해서 요구되는 일을 하지 않고도 이겼다는 것에 대해 두려움을 느끼게 되므로, 자신의 직책에 대해 불안감을 갖게 되는 것이다. 작업자들을 행복하게 하고 만족시킨다는 명분으로 집단 구성원들의 필요와 욕구에 굴복하는 리더는 일반적으로 생산적이고 '업무 중심의' 집단을 개발할 수 없게 되는 대가를 치른다. 효과적인 리더는 반드시 좋은 인간관계와 높은 생산성을 모두 갖춘 집단을 만들어야 한다는 것을 기억하라.

이것은 자식에게 관대한 부모와 학생에게 자유방임주의적인 교사의 경우에도 마찬가지이다. 자식에게 관대한 부모가 있는 가정에서는 아이들이 무분별하고, 이기적이고, 비협조적이고, 뻔뻔스러워지며, 종종 전혀 어찌할 수 없는 지경에 이르기까지 한다. 자유방임주의적인 교사가 있는 교실은 하나같이 공격적이고, 시끄럽고, 거친 아이들로 혼란스럽다. 이런 환경에서 아이들이 배우고 교사가 가르친다는 것은 거의 불가능하다.

'방법 2'는 장기적으로 볼 때 자기 패배적인 방법으로서, 이것이 대부분의 리더가 자유방임주의적인 리더가 되는 것을 좋아하지 않는 이유이다. 어떤 사람들이 이 방법을 사용하게 되는 것은 이것이 독재적인 것보다는 나은 선택으로 보이고, 그들이 제3의 대안에 대해서 아는 것이 없기 때문이다.

■■■■■ 권력을 사용하는 대가

사람들로 하여금 그들이 반대하는 결정을 받아들이고 수행하게
만드는 것은—이것은 그들에게 상실감을 준다—권력을 사용하
거나, 권력을 사용하겠다고 위협하든지 간에 하나같이 권력을 필
요로 한다. 그렇다면 권력이란 무엇일까? 그것은 어떻게 작용할
까? 그리고 사람은 어떻게 권력을 처음에 얻는 것일까?

우선 어떤 사람이 다른 사람들에게서 그들이 원하는 것을 박탈
할 수 있는 수단을 갖고 있을 때, 그 사람은 권력을 가지고 있다.
권력의 실제 행사는 사람들이 반대함에도 불구하고 그들을 특정
한 방식으로 행동하게끔 만드는 어떤 행위를 수반한다. 즉 그들은
이런 행위가 없었다면 달리 행동했을 것이다. 일반적으로 심리학
자들은 '박탈하는 수단'을 나타내기 위하여 '처벌'이라는 용어
를 사용하며, 그 이유는 우리가 정말로 원하는 것을 박탈당했을
때 처벌을 받았다고 느끼기 때문이다. "만일 당신이 내가 원하는
것을 하지 않는다면, 나는 당신에게서 당신이 필요로 하는 무엇인
가를 빼앗을 것이다." 이런 것에 근거를 둔 권력의 행사는 구성
원들이 리더의 해결 방안을 준수해야 한다는 강한 압력을 느끼기
때문에 강압적이다.

권력의 또 다른 근원은 사람들로 하여금 권력을 가진 사람의 욕
구에 따르도록 하는 대신에 그들이 원하는 것을 제공할 수 있는
수단을 소유하고 있는 것이다. "만일 당신이 내가 원하는 것을
한다면, 나는 당신에게 당신이 필요로 하는 무엇을 주겠다." 이
경우에는 편익이나 '보상'에 대한 약속, 또는 보상을 박탈당할
수 있다는 공포 때문에 사람들이 복종한다.

따라서 처벌과 보상은 권력의 근원이다. 이것이 이 책 전체에서 말하고 있는 권력에 대한 정의이다. 나는 추후에 권력과 또 다른 두 가지 중요한 개념인 영향력과 권위를 구별하려고 한다.

권력이 다른 사람과의 관계에서 리더를 위해 작용하려면, 그 사람이 자기의 욕구 충족을 위해서 리더에게 어느 정도 의존할 수밖에 없어야 한다. 리더가 일방적으로 내린 결정을 집단 구성원들이 반대할 경우에 그들이 그 결정을 수행하도록 만들기 위해서는, 리더가 제공하는 보상이 무엇이든지 간에 구성원들이 이것을 절실히 원해야 할 뿐만 아니라 그 보상을 다른 데서는 얻을 수 없어야 한다. 집단 구성원들이 그들의 욕구를 충족시키기 위해서 리더에게 의존하면 할수록, 리더는 더 많은 권력을 가지게 된다.

예를 들면, 불경기 때문에 실업률이 높은 시기에는 피고용인은 고용주에게 임금과 봉급을 얻는 데 훨씬 더 의존하게 된다. 그것은 그들이 다른 곳에서 직업을 구하기 어렵기 때문이다.

회사의 퇴직 연금 제도 혜택을 아직 받지 못한 직원은 그 혜택을 받기 전에 회사를 퇴직한다면 상당한 연금 수입을 잃어버리기 때문에 고용주에게 훨씬 의존하게 된다.

만일 집단 구성원들 중 한 사람이 당신의 조직에는 매우 유용한 특수한 기술을 가지고 있으나 다른 곳에 그 기술을 팔 수 없다면, 그 사람이 당신에게 의존하는 정도는 매우 클 것이다.

권력이 작용하기 위해 필요한 또 다른 조건은 집단 구성원들이 어느 정도의 공포심을 갖고 있어야 한다는 것이다. 즉 구성원들로 하여금 자신들이 좋아하지 않는 결정을 따르지 않을 때에는 리더가 실제로 그들을 처벌할 것이라는 두려움을 항상 갖도록 해야 한다. 박탈하고 처벌하는 수단을 갖고 있다는 것과 실제로 그것을 행사하는 것은 별개의 문제이다. 리더가 소유한 권력의 존재는 오직 이를 사용할 때만 드러난다. 이것이 사용되는 빈도가 높을수록 리더에 대한 집단 구성원들의 공포는 강화된다. 반대로 리더가 그의 권력을 전혀 행사하지 않는다면 그들의 공포심은 줄어들 것이다.

나의 경험에 의하면, 대다수 리더들은 권력이 작용하는 데 필요한 이 조건들을 알지 못하고 있다. 만일 그들이 알고 있었다면, 그들은 권력을 사용하기 위해 지불해야 하는 값비싼 대가를 이해했을 것이다. 항상 공포와 불안한 상태에 있는 의존적이고 복종적인 집단 구성원들을 갖는 값비싼 대가를 말이다. 역설적이지만 대부분의 리더는 효과적으로 업무를 수행하기 위해서 권력이 필요하다는 것을 확고하게 믿는 반면에 어느 누구도 집단 구성원들이 의존적이고 두려움에 젖어 있는 것을 원한다고 말하지는 않는다. 그렇지만 권력이 작동하려면 바로 그런 것이 요구된다.

왜 우리 사회의 수많은 조직의 리더들이 이제 더 이상 권력에만 무작정 매달릴 수만은 없다는 사실을 발견하게 되는지 그 이유가 분명해진 것 같다. 그들은 처음부터 아무런 권력도 가지고 있지 않았든지, 또는 아주 조금만 가지고 있든지 둘 중에 하나이다. 오랜 기간에 걸쳐 리더와 리더가 이끄는 사람들 간의 권력의 격차는 다음과 같은 여러 요인으로 인하여 많은 조직에서 꾸준히 감소하고 있다.

1. 노동조합과 노동 단체의 출현으로 피고용인에 대한 고용주의 강압적인 행위 가능성은 크게 제한된다.
2. 직업 유동성 증가. 이제 작업자들이 다른 조직에서 직업을 찾는 것이 전보다 훨씬 쉽다.
3. 학교 교사와 정부 공무원같이 공공 서비스 부문에 있는 사람들을 해고하기가 어렵다.
4. 유래 없는 기술의 진보로 높은 기술을 필요로 하는 작업자들의 수가 증가했다. 따라서 기업이 경력자를 해고하고 신입사원을 훈련시킨다면 많은 비용이 든다.
5. 관리자와 감독자의 일정 부분 권력이 인적자원 관리 부서로 옮겨가는 추세이다. 예를 들면, 임금 및 봉급 관리, 직원 수당, 고충 처리 등.

물론 어떤 종류의 조직에서는 리더의 권력이 세심하게 규정되고, 내규(內規)와 정관에 의해 엄격히 제한되고 있다. 많은 조직에서 리더는 그 구성원에 의해 선출되고, 만일 그가 독재적이고 강압적으로 된다면 면직되거나 탄핵될 수 있다. 구성원이 자발적인 지원자로 이루어지는 조직인 봉사 클럽, 친목 단체, 시민 단체, 정치 단체 등의 리더는 거의 권력이 없다.

요약하면, '방법 1'은 사람들이 원하지 않는 것을 강제로 시키기 위해서 리더가 권력을 사용할 것을 요구한다. 그러나 권력은 사람들을 복종시키기 위해서 보상이나 처벌을 주는 수단을 소유하는 것으로부터 나온다. 이 방법의 문제점은 권력이 제대로 작용하려면 구성원들이 리더에게 아주 의존적이 되어야 하고 또한 리더를 두려워해야 한다는 것이다. 그러나 많은 조직에서 피고용인들은 그 정도로 의존적이지 않고 두려워하지도 않는다. 그들은 그들 나름대로 상당한 권력을 가지고 있다.

■■■■ 사람은 권력에 어떻게 반응하는가?

갈등을 해결하는 데 '방법 1'의 사용을 옹호하는 사람들은 강압적인 권력이 사람과 그리고 인간관계에 미치는 영향을 무시하고 있다. 지는 것을 좋아하는 사람은 아무도 없다. 아무도 다른 사람에게만 일방적으로 혜택이 돌아가는 관계를 즐기지 않는다. 박탈감만 남겨 주는 일을 강제로 하기를 원하는 사람은 아무도 없다. 권력이 사람들에게 다음과 같이 다양한 반응을 불러일으키는 것은 결코 놀라운 일이 아니다. 권력과의 싸움, 권력 회피, 권력에 대하여 방어, 또는 권력의 영향을 무력화시키고자 하는 것 등. 권력에 대한 이런 반응들을 우리는 '대처 수단(coping mechanisms)'이라고 부른다.

상향적 의사소통의 감소

권력이 조직에 미치는 해로운 영향 중 한 가지는 집단 구성원들로부터 리더에게 전달되는 상향적 의사소통이 눈에 띄게 감소한다는 것이다. 보상과 처벌을 자주 사용하는 리더들이 도대체 집단 내에 무슨 일이 일어나고 있는지 모른다고 투덜대는 것은 놀라운 일이 아니다. "내게 얘기해 주는 사람은 아무도 없습니다.", "나는 늘 맨 마지막에나 알아요."

'방법 1'을 사용하는 리더를 위해 일을 해 본 경험이 있는 사람들은 누구나 그 이유를 알고 있다. 독재적인 리더 밑에 있는 직원들은 문제를 드러내기 꺼려하는데, 그 이유는 보스가 자기의 일방적인 해결 방안을 그들에게 강요하리라는 것을 알고 있기 때문이다. 그들은 유쾌하지 못한 결과가 뒤따를 것을 두려워하기 때문에 리더에게 사실을 알리는 것이 안전하지 않다고 느낀다. "보스가 모르는 것이 상책이다."라는 것이 보스를 두려워하는 사람들의 태도이다.

권력은 상향적 의사소통 빈도를 감소시킬 뿐만 아니라 그것의 정확성에도 영향을 미친다. 보상과 처벌을 지나치게 사용하는 리더와의 관계에 있어서 집단 구성원들은 자신들에게 보상을 가져올 것으로 생각되는 메시지만 선택적으로 리더에게 전달하고, 처벌을 불러올 것 같은 메시지는 피한다. "보스가 듣기 원하는 것만 말하자."는 생각이 그들을 지배하고 있다. 이제 그들의 속셈은 "처벌을 피하기 위해서는 무엇이든 말하라." 내지는 "절대로 걸리지 말라."는 것이다.

다음 사례와 같이 리더의 강압적인 행동이 집단 구성원들의 효과적인 활동을 크게 감소시켰을 경우에 권력은 가장 심각한 비생산적인 행동을 초래한다.

글로리아는 그녀의 부서에서 문제를 해결하고 의사 결정을 하는 데 필요한 정보를 사업부장에게 긴급히 요청했다. 그런데 그녀의 보스는 이 같은 요청을 종종 수일, 또는 심하면 수 주일 동안이나 무시해서 중요한 결정을 지연시키고 그녀 부서의 효과적인 활동을 심각하게 저해했다. 그러나 글로리아는 이것에 대해서 보스와 맞서 대면할 마음이 내키지 않았다. 그것은 과거에 글로리아가 보스와 갈등이 있었을 때마다 그녀는 항상 패자가 되어 실행 가능하지 않은 해결 방안을 억지로 수용해야만 했기 때문이었다. 이제 글로리아는 자신의 부서 실적이 비난받을 경우에 자신을 방어하기 위한 증거 자료로 제시하기 위해서 이 같은 요청을 모두 문서화하는 데 많은 시간을 쓰고 있다.

이런 상황에서 글로리아가 대처하는 방법은 분명히 비생산적이다. 글로리아는 두려움 때문에 보스와 솔직하게 맞서 대면하는 대신에 자기 방어적이 되었다.

아첨과 비위 맞추기

권력을 휘두르는 리더를 상대하기 위해 집단 구성원들이 흔히 쓰는 한 가지 대처 수단은 아첨하거나 비위를 맞추어 리더의 호의를 얻는 것이다. 그 목적은 구성원들과 리더 사이에 권력의 차이가 생기는 근거와는 다른 것에 의거하여 리더의 인정을 받으려는 것이다. 아부와 아첨은 권력을 빈번하게 사용하는 리더가 있는 집단과 조직에서 번성한다. 집단 구성원들은 리더가 모든 사람들에게 보상과 처벌을 똑같이 나누어 주는 것이 아니라는 사실을 금방 알게 된다. 교사들의 경우에 '귀여워하는 학생'이 있듯이 리더들도 편애하는 사람들이 있는 법이다.

남의 비위를 맞추는 데는 두 가지 위험이 따른다. 즉 보스가 아첨 떠는 의도를 간파할 수 있고, 동료들도 보통 이런 구성원들을 싫어한다.

여러 가지 형태로 변형된 아첨이 조직 내에서 너무나 자주 일어나기 때문에, 이것을 사용하는 사람들에게 '예스 맨'이라는 특별한 이름이 붙여졌다. 이 말은 권력을 가진 사람들의 의견에 찬성하기 위해서 의식적으로 노력하는 사람들을 일컫는다. 이 대처 수단은 때로는 효과가 있으나, 리더에게 불쾌감을 주거나 다른 구성원들에게 혐오감을 줄 수 있다는 위험성을 안고 있다.

권력을 가진 사람들의 환심을 사기 위해서 사람들이 사용하는 세 번째 방법은 자신들의 신체나 지적인 매력을 의도적으로 과시하는 것이다. 성적 매력을 이용하는 것이 비효과적이고 위험성이 많다는 사실이 이미 판명되었음에도 불구하고 이런 일은 조직에서 흔히 일어난다. 마찬가지로, 다른 이들의 인정을 받기 위해서 지적인 솜씨를 과시하는 사람들은 보통 다른 이들의 환심을 사기보다는 그들을 짜증나게 하는 경우가 많다.

파괴적인 경쟁과 대립

강압적인 권력에 대해 가장 쉽게 예측할 수 있는 반응은 집단 구성원들 사이에 경쟁과 대립이 심해진다는 것이다. 극단적인 경우에 이것은 고자질, 험담, 협잡, 사건의 은폐, 쑥덕공론 또는 중상모략을 유발한다. 중역 자리를 서로 차지하려고 '기업이란 정글'에서 벌이는 권력 투쟁과 사람 간의 싸움은 그저 단순히 우화나 소설 속의 이야기가 아니다. 이런 보편적인 행동의 뿌리는 가정으로 거슬러 올라갈 수 있다. 아이들은 보상과 처벌을 주는 부모의 강압적인 권력에 대해 하나같이 거짓말하거나, 고자질하거나, 자기들을 왜소화하거나, 형제자매 탓으로 돌림으로써 반응한다. 이런 것들을 완곡하게 '동기간의 경쟁'이라고 부른다. 가정에서나 조직에서 리더가 보상과 처벌을 과도하게 사용하면, 집단 구성원들 사이에 심한 경쟁을 불러일으켜 그들로 하여금 모든 보상은 수단 방법을 가리지 않고 낚아채고 모든 처벌은 교묘히 빠져 나가도록 만든다.

그 수법은 단순하다. "내가 만일 남을 나쁘게 보이도록 만들 수 있다면, 나는 상대적으로 좋게 보일 수 있다. 그리고 내가 만일 다른 사람에게 책임을 전가할 수 있다면, 나는 처벌을 피할 수 있을 것이다."

집단 구성원들 간의 경쟁과 대립은 효과적인 경영 집단에 필요한 협력과 팀플레이와는 정반대가 되는 것이다. 이것이 바로 리더가 권력으로 통제하는 집단에서 팀 구축이란 공허한 관념에 지나지 않는 이유이다.

복종과 순응

어떤 사람들은 복종하고 순응함으로써 권력에 대처하는 법을 배웠다. 그들은 권력을 가진 사람에게 순종하고, 추종하고, 수동적으로 굴복하는 것을 택한다. 그들의 수법은 다음과 같다. "나는 내가 하라고 들은 것만을 정확히 수행함으로써 보상을 받겠다. 그러나 그 이상은 못 한다."

사실 어떤 리더들은 순종적인 직원을 거느릴 가능성이 있다는 사실을 아주 매력적인 것으로 받아들인다. 시키는 대로 정확히 실천하는 집단 구성원들을 상상해 보라! 그러나 문제가 있다. 보통 이런 사람들은 무엇을 해야 할 것인지 말해 주지 않으면 하는 일이 별로 없다. 그들은 자발성이 결여되어 있고 창의력도 낮다. 이런 사람들을 거느리고 있는 리더들은 일이 잘못되거나 예상치 못한 일이 발생할 경우에 그들에게 상세한 지침을 주고 그들의 문제를 해결해 주는 데 엄청난 시간을 소비해야 한다. 기업의 중역들이 자신들에게 "지시만 내려 주십시오." 혹은 "제가 할 일을 말씀해 주시면 정확히 완수하겠습니다."라고 요구하는 직원들에 대해서 나에게 불만을 늘어놓은 적이 있다. 이런 경우의 문제는 보스가 종종 그 과제를 정확히 어떻게 수행해야 하는 것인지 그 방법을 모른다는 것이다. 더욱 심각한 문제는 그들이 알고 있다고 생각했는데 나중에 그들이 몰랐었다는 사실이 판명되는 경우이다. 수압 펌프를 생산하는 미국 중서부 지역의 한 회사 공장장은 현장 감독자 한 사람과 나눴던 대화를 다음과 같이 소개했다.

공장장 : 당신은 이 부품이 거꾸로 만들어졌다는 사실을 알고 있소?
감독자 : 네, 그것이 거꾸로 됐다는 것은 압니다. 저는 위층에 있는 사람들에게 얘기를 해 주려고 했지만, 듣는 사람이 아무도 없더군요. 어쨌든 명령은 명령이니까 우리는 그렇게 만들었습니다.
공장장 : 당신은 이것이 잘못됐다는 것을 알았죠. 그렇죠.
감독자 : 네. 하지만 단지 한 가지만 말씀드리면, 그것이 작동하지 않는 것을 찾아내는 것은 그들이 할 일이지 제가 하는 일이 아니라는 점만은 분명히하고 싶습니다.

이 경우에 감독자의 '복종'은 순응이 종종 그렇듯이 분명히 비생산적이다. 대다수 리더들은 복종적인 집단 구성원들을 진정으로 원하는 것은 아니다. 그것은 내가 관리자들로부터 들은 많은 푸념 속에도 나타나 있다.

"이 사람들은 책임 지는 법을 몰라요."
"왜 그들은 솔선수범하지 못할까요?"

"나는 여기에 있는 모든 문제의 해답을 알 수는 없습니다."

"우리가 필요로 하는 것은 일을 독립적으로 수행할 수 있는 사람들입니다."

"그들은 자신들이 해결할 수 있는 문제를 갖고 제게 옵니다."

도전과 반항

복종과 순종에 반대되는 것은 도전과 반항이다. 당신은 권력에 대한 습관적인 반응으로 자기 입장을 완강히 고수하면서 강압당하는 것에 저항하는 사람들을 본 적이 있는가? 또는 독재적인 리더로부터 그들이 해야 할 일을 듣고서는 뒤돌아서서 반항적으로 정반대의 것을 행하는 사람들을 본 적이 있는가? 이런 것들은 보통 옛날 어린 시절 부모나 교사의 권력에 대해 대응하면서 습득한 일반적인 대처 수단이다.

이것의 변형된 형태는 상사의 아이디어나 제안에 대해서 집단 구성원들이 반사적으로 저항하고 반대하는 반응을 보이는 것이다. 도전하고 반항하는 반응은 강압당하거나 통제받는 것에 대한 강한 방어 욕구에 기인한다. 이것은 수비적인 태도로서 종종 권력을 가진 사람에 대한 의심과 불신을 동반한다.

반항적인 집단 구성원들의 저항은 일을 추진하고 문제를 해결하려고 하는 다른 구성원들을 낭패케 하고 화나게 만든다. 반항적인 구성원들의 주장과 반대는 어떤 식으로든 다루어져야 하기 때문에 그들은 집단의 업무 처리 속도를 떨어뜨린다. 그리고 도전이 꾸준히 일어나기 때문에, 다른 사람들은 그것이 단지 리더의 아이디어와 의견을 달리하는 것이 아니라 리더의 권력에 대한 도전이라는 것을 알게 된다. 이런 일은 집단의 기능을 약화시킨다.

연대 및 연합 형성

조직 행동에 관한 연구에 의하면 집단 구성원들은 강압적인 리더가 갖는 힘의 우위를 상쇄하기 위하여 연대를 모색하거나 연합을 형성하는 경향이 있다. "단결하면 힘이 생긴다."는 것이 이 대처 수단의 밑에 깔린 원리이다. 아이들은 이것을 부모에게 써먹는다. "우리 모두 이번 토요일에 디즈니랜드에 가자고 조르기로 약속하자." 학생은 교사에게 이것을 사용한다. "만일 우리들 모두 숙제가 많다고 불평하면, 아마 선생님이 숙제를 줄여 주실 거야."

업무 그룹 구성원들은 서로 비공식적인 접촉을 통해서 함께 뭉치고, 관리자들의 일방적인 행위에 대항하여 자신들을 보호하기 위하여 '규범'을 만든다. 생산성 규범('하루의 적정한 일의 양'을 규정), 품질 기준, 점심 시간의 길이 등. 이 규범을 준수하지 않는 구성원들은 조롱이나 괴롭힘을 당하는 처벌을 받을 수 있다. 외톨이는 강압적인 힘에 대항하여 자신을 보호하는 데 불리하다. 즉 집단의 한 구성원으로 흥정하는 것이 훨씬 효과적이다. 이 원리가 노동조합을 결성하게 하였으며 그 결과 고용주와 피고용인 간의 권력의 차이는 줄어들었다.

강압적인 권력은 결국 그 권력과 싸워 보다 공평한 권력 균형을 이루게 하는 다른 힘을 만들어 낼 수밖에 없는 것 같다. 즉 권력은 스스로 파멸의 씨를 뿌린다. "왕관을 쓴 머리는 편히 쉬는 날이 없다."

도피 및 회피

어떤 사람들은 관계를 신체적으로나 심리적으로 소원(疏遠)하게 만드는 방법을 사용함으로써 강압적인 권력에 대처한다. 집단 구성원들은 가능하면 독재적인 리더와의 접촉을 피하려 할 것이다. "그녀로부터 멀리 떨어져라." 그리고 될 수 있으면 "그녀의 눈에 띄지 말라." 어떤 구성원들은 그룹 회의에서 평가받거나, 창피당하거나, 무슨 일을 하라는 말을 듣는 것을 두려워하기 때문에 이 대처 수단을 사용하여 의도적으로 발언을 억제한다.

연구 조사에 의하면 강압적인 감독자와 함께 일하는 사람들의 이직률은 상대적으로 높다. 대다수 사람들은 만일 기회가 주어진다면 권력을 휘두르는 보스에 의해서 심하게 통제되고 지배당하는 직장을 떠날 것이다. 나는 모든 부하 직원들과 동료들에게 독재적이고 비평 잘하는 사람으로 알려진 한 회사 중역을 만난 적이 있다. 그를 보좌하던 4명의 사람이 3년이 채 못 되는 기간 동안에 그 중역이 그들을 취급하는 방식 때문에 사직했다.

■■■■ 권력이 리더에게 미치는 영향

권력이 그것을 채용하는 사람들에게 미치는 효과도 또한 똑같이 중요하다. 권력을 사용하는 사람들에게 권력이 무슨 일을 하는가 하는 주제는 경영학과 리더십에 관한 책과 논문에서 거의 다루어지지 않았다. 그러나 나는 권력이 그것의 지배를 받는 사람들에게 피해를 주는 것만큼 그것을 행사하는 사람들에게도 피해를 준다는 것을 확신한다. 만일 리더들이 이것을 이해하게 된다면, 많은 리더들은 그들의 관계에서 권력을 사용하지 말라는 충고를 받아들일 것이다.

시간 비용

권력은 사람들 안에 커다란 저항을 만들어 내고, 사람들을 자극하여 그것을 사용하는 리더에게 도전하도록 만들기 때문에, 리더가 이런 반응을 다루는 데 많은 시간과 노력을 소비할 수밖에 없다. 그러나 리더들은 그들이 권력을 사용할 수밖에 없는 이유로 그것이 비권위적인 문제 해결이나 갈등 해소 방법보다 시간이 적게 든다고 말한다. 그러나 이것은 진실의 반만 말한 것이다. '방법 1'에 의한 의사 결정은 집단에 의한 의사 결정보다 시간이 적게 걸릴 수 있지만, 일방적으로 내려진 결정을 다른 사람들이 수용하게 만드는 데는 종종 엄청난 시간이 걸린다. 내가 10년 이상 컨설턴트로 일한 한 회사의 사장은 이런 사실을 시인했다.

"저는 모든 갈등을 해결하기 위한 수단으로 '방법 1'을 사용했을 때 신속히 의사 결정을 내릴 수 있는 저 자신이 자랑스러웠습니다. 그러나 문제는 제 결정에 대한 모든 저항을 극복하기 위해서는 그 결정을 내리는 데 걸린 시간의 10배 정도의 시간이 걸렸다는 것입니다. 저는 제가 내린 결정을 '파는 데' 너무나 많은 시간을 소비해야 했어요. 다른 사람들이 제 결정을 '사도록' 만드는 데 말입니다. 장기적인 안목으로 보면, 이것은 저의 많은 시간을 소모했습니다."

나는 조직의 중역들이 자기들이 일방적으로 내린 결정을 정당화하기 위하여 길고 복잡한 메모를 작성하는 데 많은 시간을 소비하는 것을 보았다. 그들은 그 일방적인 결정을 실행해야 하는 사람들 사이에 얼마나 많은 저항이 발생할 것인지에 대해 너무나 잘 알고 있었다.

집행 비용

사람들은 대체로 그들에게 강요된 결정—특히 그들을 패자라고 느끼게 만드는 결정—을 실천하려는 의욕이 낮기 때문에, 일방적인 결정을 집행하는 것은 많은 시간이 소요될 뿐만 아니라 어렵다. 이런 사실이 학교보다 잘 드러나는 곳도 없다. 교사들이 추정한 바에 의하면, 그들은 학교 행정관리자들이 일방적으로 만든 '방법 1' 규칙을 시행하는 데 무려 학급 시간의 75퍼센트를 소비한다고 한다.

다른 조직의 경우에 많은 리더들은 경찰 노릇도 해야만 한다. 사람들은 규칙이나 정책을 받아들이지 않을 경우에는 온갖 그릇된 방법—수동적인 저항, 잊어버리기, 거짓말, 기록 조작—을 찾아내어 협력을 회피한다. 이런 직원들을 단속하는 것은 '방법 1'의 비용을 증가시킨다.

소외 비용

권력에 심하게 의존하는 리더의 경우에 숨겨진 또 다른 비용은 그들이 집단 구성원들로부터 소외된다는 것이다. 자기 사람들과의 개인적인 관계는 필연적으로 악화되며, 이것이 왜 그렇게 많은 리더들이 '정상에 있으면 외롭게' 느껴진다고 말하는지 그 이유를 설명해 준다. 여기에는 두 가지 원인이 있다. 첫째, 집단 구성원들은 그들이 두려워하고, 그의 권력에 짓눌려 적대감을 느끼는 리더에게 따뜻한 감정을 결코 가질 수 없을 것이다. 둘째, 보상과 처벌로 통제하고 지배하는 리더는 만일 그가 집단 구성원들 중 누군가와 긴밀한 관계를 발전시킨다면 그 사람만을 '편애한다'는 비난을 받을 것이라는 사실을 알고 있기 때문이다. 이것을 피하기 위해서 독재적인 리더는 일반적으로 이른바 '단짝'이 될 만큼 그의 집단 구성원들과 절대로 가까워지지 않는 것을 철칙으로 삼고 있다.

조직에서 독재적인 리더들이 그들을 위해서 일하는 사람들과 깊은 우정을 나누는 경우가 거의 없다는 것은 놀라운 일이 아니다. 이것은 리더십 위치에 있기 때문에 치르는 유감스러운 대가이며, 권력을 사용하는 감춰진 비용이다.

스트레스 비용

많은 사람들은 조직의 간부나 행정관리자가 하는 일들은 그들의 신체적이고 정신적인 건강을 해칠 만큼 스트레스를 주는 일들이라고 인식하고 있다. 따라서 사람들은 리더가 되면 긴장, 불안, 염려가 예외 없이 따라온다고 믿는다. 그리고 우리가 들은 바에 의하면, 리더십 때문에 불가피하게 치르는 대가는 고혈압, 심장발작, 위궤양, 알코올 중독이다.

˙ 리더들이 그렇게 많은 경우에 큰 스트레스를 받는 것은 리더라는 독특한 지위에 따르는 책임 때문이 아니라 대다수 리더들이 권력을 사용하기 때문이 아닐까? 권력이 그것을 사용하는 사람들을 '병들게' 만들 수 있을까?

이런 견해의 타당성을 뒷받침하는 논거가 있다. 그것은 인간관계에서 권력을 사용하는 사람들은 다양한 이유에서 언제나 높은 수준의 개인적인 경계 태세를 유지해야 하기 때문이다. 즉 그들은 다른 사람들에게 부과한 규율을 강제적으로 시행해야 한다. 그들은 또한 자기들보다 권력을 더 얻으려고 하는 사람들을 경계해야 한다고 느낀다. 그들은 자신들의 '권위'를 은밀히 약화시킬지도 모르는 사람들에게서 의심의 눈길을 한시도 뗄 수가 없다. 그리고 사람들은 대체로 권력을 쥐고 있는 사람들에게 전적으로 솔직하지 않기 때문에, 리더는 점점 더 다른 사람들을 불신하게 된다.

이것들만으로도 리더에게 스트레스와 긴장을 유발하는 충분한 이유가 되지만, 다른 이유도 있다. 권력의 행사는—다른 사람들이 패배하는 대가로 얻는 승리—일반적으로 죄책감을 불러일으킨다. 그 다음 그는 패배자가 언제 어떻게 보복을 해 올지 몰라 불안해한다.

권력을 사용하는 리더는 보다 많은 권력을 획득하기 위한 끝없는 권력 추구의 덫에 걸리는 수가 많다. 즉 그들은 '권력 게임'을 하는 것을 배우거나 '권력에 굶주려' 있다. 이것은 아마 액튼 경 (Lord Acton)이 다음과 같은 글을 썼을 때 염두에 두었던 권력의 결말일 것이다. "권력은 부패한다. 그리고 절대 권력은 절대적으로 부패한다."

많은 리더들의 컨설턴트와 조언자로 일한 나의 경험에 의하면, 권력 게임을 하는 사람들은 스스로 불신, 의심, 편집증, 경계, 긴장, 죄책감, 불안의 '심리적인 지옥'을 만든다. 그들은 권력을 행사함으로써 육체적으로나 정신적으로 자신들의 '병'을 만들어 낸다.

감소하는 영향력에 따른 비용

리더가 권력을 얻으면 더 큰 영향력을 발휘할 수 있다는 사회 통념과는 달리, 리더는 권력을 행사할수록 실제로는 집단 구성원들에 대한 영향력을 상실한다. 이 역설을 이해하기 위해서, '권위(authority)'라는 영어 단어는 두 가지 완전히 다른 개념을 나타낸다는 것을 기억할 필요가 있다.

1. 지식, 경험, 전문성, 훈련으로부터 나온 권위.
2. 강제로 복종시키기 위해서 보상과 처벌하는 권력으로부터 나온 권위.

첫 번째 의미를 사용해서 우리는 "나는 권위자의 의견을 물었다.", "그는 권위 있게 말했다." 혹은 "그녀는 이 분야에서 권위자이다."라고 말한다. 이런 권위의 행사는 가르침 그리고 어떤 사실과 지식의 전달을 수반한다. 이것이 바라는 결과는 다른 사람들에게 영향을 미치는 것이다. 이 권위를 '지식에 의한 권위(지식 권위)'라고 부르자.

두 번째 의미를 사용해서 우리는 "보스는 자기 직원들에 대해 권위가 있다.", "이것을 수행하는 데 필요한 권위를 주지 않는다면 책임도 부여하지 말라.", "누가 여기서 권위가 있는가?", "그들은 그녀의 권위를 존중하지 않는다." 또는 "그들은 그녀의 권위에 도전했다."라고 말한다. 이런 권위의 행사는 권력을 사용하는 것을 수반한다. 이것이 바라는 결과는 다른 사람을 지배하는 것이다. 이 권위를 '권력에 의한 권위(권력 권위)'라고 부르자.

리더가 '권력 권위'를 채용할 경우에, 집단 구성원들은 거의 영향을 받지 않는다. 그들은 지배당할 뿐이다. 그러나 만일 리더가 오로지 '지식 권위'만을 사용하기로 했다면 집단 구성원들은 영향을 받을 수 있다.

왜 '권력 권위'를 사용하면 '지식 권위'의 효력을 감소시키는 것일까? 앞에서 지적한 바와 같이, 권력은 종종 저항(적극적 또는 소극적), 도피, 도전을 조장한다. 분명히 이 같은 경우에 권력은 집단 구성원들의 협력을 얻지 못한다.

그런데 앞에서 논의한 권위들과는 확연히 다른 세 번째 종류의 권위가 있다. 이 권위는 전문성과 지식의 소유로부터 나오는 것이 아니며 그렇다고 보상과 처벌하는 강압적인 권력에서 나오는 것도 아니다. 사실 이것은 리더가 흔히 집단 구성원들에게 성공적으로 사용하는 두 번째 유형의 영향력이다. 이 권위를 직무 정의에서 나오는 '직무 권위'라고 부르자.

제트 비행기가 로스앤젤레스 국제공항에 착륙하기 위해 활주로에 접근하고 있다. 기장은 크고 힘찬 어조로 "보조 날개 아래로."라고 말한다. 부기장은 지체 없이 보조 날개를 아래로 낮추는 레버를 잡아당긴다. 수 초 후에 기장은 "대기(對氣) 속도."라고 말한다. 다시 부기장은 "대기 속도 140."이라고 응답한다.

기장은 강압적인 권력인 '권력 권위'를 사용했을까? 조금도 그렇지 않다. 그러나 부기장은 지시에 따랐다(또는 복종했다). 그렇다면 기장은 충고, 사실, 경험을 전달함으로써 '지식 권위'를 사용했을까? 물론 아니다. 그러나 분명히 기장은 원하는 바로 그것을 수행하도록 부기장에게 성공적으로 영향력을 발휘했다. 그녀가 갖는 영향력의 근원은 무엇인가?

기장의 영향력은 그녀가 기장이라는 사실에 기인한다는 것은 의심의 여지가 없다. 그것은 그녀의 직무이고, 기장의 직무 기술서 또는 직무 정의에 의하면 기장은 비행기를 착륙시킬 때 부기장에게 언제 보조 날개를 낮추어야 하는지 그리고 언제 대기 속도계를 크게 읽어야 하는지 말해 주어야 한다. 부기장은 이것을 이해하고 수용한다. 그리고 기장이 "보조 날개 아래로."라고 말할 때

부기장이 지체 없이 그것을 낮춰야 하는 것은 부기장의 직무 정의의 일부이다. 대기 속도를 큰 소리로 읽는 것도 마찬가지이다.

이 '직무 권위'는 '공인된' 권위로서, 다른 사람들에 대한 두 번째 종류의 영향력이다. '직무 권위'의 성공을 위한 열쇠는 영향을 받는 사람들이 자신들의 행동에 대해 지시하는 사람들의 '권리'를 이해하고 수용하는 것이다. 직무 권위에 관해 사람들이 잘 알고 있는 다른 예는 이런 것들이다.

- 한 회사 임원은 자신의 비서를 불러 말했다. "외국에 있는 모든 주재원들에게 회의에 관한 이메일을 발송하도록 하세요."
- 부모교사협의회 의장은 회의를 시작할 때 소리쳤다. "모두 기립하여 국가를 불러주십시오!"
- 이사회 의장은 의사봉으로 책상을 힘차게 두드리며 명했다. "개회를 선언합니다. 신사 숙녀 여러분, 자리에 앉아 주십시오."
- 간호사가 환자에게 말했다. "이 옷으로 갈아입으세요."

권력('권력 권위')과는 대조적으로 이런 종류의 '합법적인' 권위는 조직의 직무나 직책 간의 구조적인 관계 내에 존재한다. 이것은 '합법화된 권위'라고도 하는데, 이 권위는 사람에게 부여된 역할에서 생긴다. 일반적으로 '직무 권위'에 근거하여 다른 사람들의 행동에 영향을 주려는 시도는 저항과 분노를 일으킬 가능성은 없다. 그 이유는 무슨 일이든지 간에 그 일을 완수하기 위해서는 그 같은 영향력이 필요하다는 것을 모든 사람들이 이해하고 받아들이기 때문이다.

'권력 권위'는 독단적인 것이나, '직무 권위'는 그렇지 않다.

'직무 권위'는 사람들이 예상하는 것이며, 조직의 효과적인 활동을 위해서 지불해야 하는 대가이다. 그러므로 이것을 사용하는 것 자체가 분노와 적대감을 불러일으키는 경우는 거의 없다.

그러나 강압적인 권력('권력 권위')을 빈번하게 사용하는 리더들은 그들의 영향력이 '직무 권위'로부터 나오는 경우에도 권력을 행사하는 경우와 동일한 정도의 저항과 분노를 불러일으킬 가능성이 있다는 것을 알게 될 것이다. 강압당하는 상황에 있던 사람들의 감정이 리더가 단지 영향을 주는 다음 상황에도 이어진다는 것은 예상할 수 있는 일이다.

리더가 권력에 안주할 때(또는 군대 용어로 '계급을 악용할 때'), 이에 대해서 구성원들이 보복적인 행동을 하는 일이 드물지 않게 일어난다.

당신은 합법적으로 영향력을 행사하는 시도임에도 불구하고 다음과 같은 말로 대응하는 직원들을 본 적이 있을 것이다.

"말씀만 하십시오, 사장님."
"네-. 매니저께서 그렇게 말씀하시면, 물론 그렇지요."
"부서장님은 저희들 상관이 아니십니까."
"즉시 시행하도록 하겠습니다."

이 같은 메시지에 깔린 감정은 이전에 리더가 '권력 권위'를 사용할 때에 직원들이 가졌던 감정이 옮겨온 것이다. 여기서 한 가지 주의할 것이 있다. 만일 리더가 집단 구성원들보다 우월한 신분을 가지고 있다는 느낌이나 또는 그들의 복종을 바라는 태도를 가지고 '직무 권위'에 의한 영향력을 행사하려고 한다면, 구성원들은 자신들의 행동에 영향을 주려는 이런 시도를 영향력 행사라기보다는 힘에 의한 강요로 느낄 것이다.

만일 리더가 실제로 자신은 구성원들보다 우월하고 훨씬 가치가 있다고 믿는다면, 지속적인 관계에서 사람의 진짜 감정을 숨기는 것은 거의 불가능하기 때문에 그는 집단 구성원들에게 오만하게 행동할 수밖에 없을 것이다.

끝으로, 네 번째 유형의 권위가 있는데, 그 권위는 두 사람 이상의 계약으로부터 나오는 것이기 때문에 나는 '계약 권위'라고 부른다. 이것은 상호 수용하는 합의나 결정으로서 여기에는 공식적인 국제조약의 체결로부터 단순히 다른 사람과 악수하는 것까지 포함될 수 있다. 대부분의 경우에는 정식 계약이 필요하지 않다. 예를 들면, 매니저와 팀원들이 회의실 사용 일정표에 대해 합의하거나, 동료들끼리 어떤 프로젝트의 완료 기한에 대해 합의한다.

이런 영향력의 근거는 당사자 쌍방이 상호 수용할 수 있는 합의에 도달하였다는 것이다. 이런 계약과 합의는 동일한 문제를 되풀이해서 다루거나 해결해야 하는 것을 방지한다.

요약하면, 리더는 자신의 해결 방안과 결정을 강압적으로 시행하기 위한 권력의 사용을 피할 경우에 오히려 자신의 팀원들에 대해서 훨씬 큰 영향력을 발휘한다.

9

무패 방법 : 갈등을 협력으로 바꾼다

비록 대다수 사람들이 그들의 개인적인 경험으로부터 갈등을 해소하기 위한 두 가지 승-패 방법이 관계를 손상시키고 조직의 효과적인 활동을 감소시키는 큰 위험을 안고 있다는 것을 알고 있음에도 불구하고, 아직도 많은 리더들은 계속 이 방법을 선택하고 있다. 이것에 대해서 여러 가지 설명이 있을 수 있지만, 다음의 두 가지 설명이 가장 그럴듯하다. 첫째로, 사람들은 그 방법 이외에 갈등을 해소하기 위한 다른 접근 방법에 대한 개인적인 경험이 거의 없거나 전혀 없다는 것이다. 둘째로, 대부분의 사람들은 마음속으로 가장 큰 영향력을 갖는 것과 가장 강한 권력을 소유하는 것을 동일시하고 있다는 것이다.

대다수 아이들은 부모 중 한 사람 또는 모두가 그들이 생각하기에 아이들이 해야만 한다고 결정한 것들을 아이들에게 시키기 위해서 보상과 처벌을 무절제하게 빈번히 사용하는 가정에서 자라

났다. 가정 폭력에 대해 잘 알려진 전국적 규모의 연구에 의하면, 부모들 중 80퍼센트는 아이들의 엉덩이를 때리거나 뺨을 때리는 것같이 흔한 체벌을 가한다고 응답했다. 부모들 중 거의 30퍼센트는 폭행죄로 체포될 수 있을 정도의 폭력적 행위를 아이들에게 저질렀다. 학교에서도 마찬가지로 보상과 처벌은 교사들이 교실에서 아이들을 '훈육하기' 위해 주로 사용해 온 수단이다. 이런 행위가 수백 년 동안이나 크게 변하지 않았다는 것은 내게는 상당히 놀라운 일이다. 이것은 사람들이 어린이에서 성인이 되는 시기까지 어른과 아이 사이의 갈등을 해소하기 위하여 어른들이 권력을 사용함으로써 복종을 강요하는 방법 이외의 다른 갈등 해소 방법에 노출된 적이 거의 없다는 것을 의미한다.

이처럼 아이들은 비권력적인 방법을 사용하는 어른들과의 관계를 경험할 기회가 거의 없다. 그들이 경험하는 것은 그저 강압과 지배일 뿐이다. 내가 그랬던 것처럼, 만일 당신이 아이들에게 왜 권위와 권력이 그들로 하여금 교사와 부모의 요구를 따르게 하는 데 실패했느냐고 묻는다면, 놀랍게도 많은 경우에 그들은 다음과 같이 대답할 것이다. "저는 그 분들이 그것을 더 많이 사용했어야 했다고 생각해요."

따라서 지난 35년 동안 L.E.T. 과정에 참가한 사람들 10명 중 9명이 실제로 승-패 방법이 아닌 다른 효과적인 대안이 있다는 사실을 알고 놀랐다는 것은 기이한 일이 아니다. 또한, 리더들이 그들이 권력을 사용할 경우에 영향력을 상실한다는 아이디어와 마주쳤을 때 믿을 수 없다는 반응을 보이는 것도 기이한 일이 아니다. 어떤 사람들은 그들의 권력을 보다 현명하게 혹은 지혜롭게 사용하는 법을 배울 것이라고 기대하면서 L.E.T. 과정에 참가한다. 그러나 그것을 전혀 사용하지 않는 방법을 배울 것이라고 예상하고 온 사람은 없었다.

■■■■ 무패 방법이란 무엇인가?

승-패 방법의 대안인 무패 방법(No-Lose Method)은 갈등 해결을 위한 세 번째 방법으로서 이 방법을 사용하면 아무도 패배하지 않는다. 당신이 기억하는 것처럼, 성공하는 리더는 조직의 욕구를 충족시킬 뿐만 아니라 자신의 집단 구성원들의 욕구도 충족시키는 기술을 가지고 있는 사람이다. 즉 효과적인 리더는 집단 구성원들의 욕구와 리더 자신의 욕구를 상호 충족시키기 위해 여러 가지 다양한 기술을 언제 어디서 사용해야 하는지 아는 유연성과 감수성을 반드시 얻도록 해야 한다. 무패 방법은 바로 그것을 수행한다. 이것은 상호 욕구 충족을 위한 해결 방안을 만드는 방법이다.

우리 사회에는 승-패를 가르는 성향이 너무나 널리 퍼져 있기 때문에 사람들에게 무패 방법을 소개하면, 대다수 사람들의 첫 번째 반응은 이 방법이 그들의 경험과는 달리 새롭고 생소하다는 것이었다. 그렇지만 대부분의 사람들은 그들이 생각하는 것보다 훨씬 많은 무패 방법에 대한 경험을 가지고 있다.

두 아이가 무슨 놀이를 할 것인가에 대해 서로 갈등하고 있다. 멜라니는 집짓기 놀이를 하고 싶어하지만, 미셸은 장난감 자동차 놀이를 하고 싶어한다. 각자는 상대방을 설득해 보려고('이겨 보려고') 하지만 실패한다. 마침내 미셸이 해결 방안을 내놓는다. "네가 만일 지금 바깥이 밝은 동안 나와 함께 '자동차 놀이'를 한다면, 난 너와 '집짓기' 놀이를 해 줄게. 날이 어두워지면 내 방에 가서 저녁 먹을 때까지 '집짓기' 놀이를 하자, 어떠니?" 멜라니는 잠시 생각하고는 대답한다. "좋아."

이것이 무패 방법이다. 애들은 항상 이것을 사용한다. 아이들 이라면 누구나 이 방법을 사용해 보았을 것이다.

남편과 아내가 캠핑 여행을 간다. 누가 음식을 준비할 것인가에 대해 갈등이 생긴다. 그들은 이것에 대해 얘기를 나눈 끝에 두 사람 모두 수용할 수 있는 해결 방안에 도달한다. 만일 아내가 아침 식사를 준비한다면, 남편은 저녁 식사를 준비하기로 한다. 남편은 그 동안에 낚시 도구를 정리하고 보트에 설치한다. 그리고 그들은 각자 점심 식사를 해결하기로 동의한다.

이것도 역시 실생활에서 보는 무패 방법이다. 남편과 아내는 온갖 종류의 갈등이 있을 때 이 방법을 자주 쓴다. 그리고 친구들 도 다음과 같은 사안에 대한 갈등을 우호적으로 해결하기 위해 무패 방법을 흔히 쓴다. 어떤 음식점에 갈 것인지, 일요일 산책을 언제 시작할 것인지, 휴가 때 함께 어디를 갈 것인지, 소풍 갈 때 누가 무슨 음식을 가져올 것인지 등.
대다수 사람들은 무패 방법에 대해 꽤 많은 경험을 가지고 있 다. 그런데도 이 방법이 왜 리더-구성원 관계에서는 거의 사용되 지 않는 것일까? 그리고 왜 부모-아이 관계에서나 교사-학생 관계에서도 거의 사용되지 않는 것일까? 그것은 이런 특정한 관계의 경우에는 아이-아이, 남편-아내 또는 친구-친구 관계에서는 보통 존재하지 않는 힘의 분명한 차이가 존재하고 있기 때문이다. 아이-아이, 남편-아내 또는 친구-친구 관계에서는 힘이 거의 균형을 이루고 있다.

따라서 다음과 같은 결론을 피하기 어렵다. 사람들이 다른 사람들에 비해 권력을 소유하고 있다면, 그들은 이것을 행사하려는 경향이 매우 농후하다. 그러나 그들이 권력을 갖고 있지 않다면, 무패 방법이 그들이 사용할 수 있는 유일한 방법이라는 것을 인정한다. 물론 이것은 그들이 다른 사람들에게 굴복('방법 2')하지 않는 경우에 그렇다는 것이며, 굴복하는 것을 좋아하는 사람은 아무도 없다.

따라서 무패 방법('방법 3')은 집단 구성원들보다 일반적으로 더 큰 권력을 갖고 있는 리더에게 권력을 사용하지 않겠다는 결심을 할 것을 요구한다. 갈등이 있는 경우에 리더는 권력을 사용하는 대신 이런 태도를 갖는다.

당신과 나는 욕구에 대한 갈등을 가지고 있다. 나는 당신의 욕구를 존중하지만, 나는 나 자신의 욕구도 또한 존중해야 한다. 나는 당신에게 권력을 사용하여 내가 이기고 당신이 지게 만들지 않을 것이다. 그러나 나는 굴복할 수도 없으며 내가 지는 대신에 당신이 이기도록 하지도 않을 것이다. 따라서 당신의 욕구를 만족시키고 동시에 나의 욕구도 만족시킬 수 있는 해결 방안을 함께 찾기로 하자. 그러면 아무도 지지 않을 것이다.

무패 방법인 '방법 3'을 도표로 나타내면 다음과 같다.

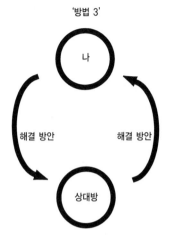

'방법 3'

나는 앞 장에서 '방법 1'과 '방법 2'를 설명하기 위해서 특정한 갈등을 선정했었다. 그것은 한 직원을 해고하는 문제에 대한 갈등이었다. 그 갈등은 실제로 현실에서 '방법 3'을 사용하여 해결되었다. 무패 방법을 사용하는 갈등 해결 회합에서 실제로 어떤 일들이 일어나는지를 보여 주기 위하여 다이앤과 톰이 서로 나눈 대화의 녹취록을 전부 다음에 실었다.

실제 대화는 왼쪽에 나와 있고, 그 과정에 대한 나의 견해는 오른쪽에 있다. 무패 방법은 문제 해결을 위한 특수한 한 가지 방법이므로, 그 과정은 일반적인 문제 해결의 경우와 똑같은 6단계를 거치는 것이 보통이다.(이 책의 3장 참조.)

■ 1단계 : 문제 파악 및 정의.
■ 2단계 : 해결 방안 도출.
■ 3단계 : 해결 방안 평가.

- 4단계 : 의사 결정.
- 5단계 : 결정 사항 실행.
- 6단계 : 사후 평가.

다이앤 : 좋은 아침이에요, 톰. 오늘 아침은 어때요?

톰 : 좋습니다, 다이앤.

다이앤 : 프랭크에 관해서 얘기 좀 하려고 당신을 불렀어요.

톰 : 무슨 말씀이시죠? 프랭크요?

다이앤 : 나는 당신이 프랭크를 해고시키려고 하는 것으로 알고 있어요.

톰 : 네, 그렇다면 제 이메일을 받으셨군요. 저는 우리가 그를 해고해야 한다고 생각합니다.

다이앤 : 나는 이것에 대해 좀더 알고 싶어요. 톰, 어떻게 이런 결론에 도달했나요, 그리고 왜 이것이 필요하다고 느끼죠?

다이앤은 여기서 "당신은 이런 결정을 내리지 말았어야 했습니다." 또는 "이것은 나쁜 결정입니다."와 같이 톰을 비난하고 판단하는 말 대신 나-메시지를 보낸다.

톰 : 저는 이것에 대해 몇 가지 제 의견이 있습니다, 다이앤. 첫째, 제 판단에 의하면 그는 말썽꾸러기입니다. 그는 당신이 제게 명령한 업무 수행을 정말로 방해하고 있어요. 저는 이 업무를—좀 엉망인 상태에

서—넘겨받았어요. 그리고 저는 이 업무를 정비하기 위해 아주 열심히 노력했습니다. 그러나 프랭크가 거기 있는 한 저는 더 이상 못 하겠습니다. 그는 걸림돌이에요. 그는 지시도 따르지 않습니다. 그는 그저 말썽이나 일으키고 있습니다. 그런데 당신이 왜 제 권한에 대해 의문을 가지시는지 좀 궁금하군요.

다이앤 : 당신은 프랭크가 다른 직원들과 말썽을 일으키기 때문에 당신이 하고자 하는 일을 할 수 없다는 말이지요. 그리고 지금은 내가 당신의 권한에 대해 의문을 제기함으로써 당신에게 곤란을 가중시키고 있군요.

다이앤은 톰이 그 자신의 어려움에 대해 갖는 감정을 이해하고 있다는 것을 전달하기 위해서 적극적 듣기를 사용한다.

톰 : 네, 저는 정말 이 일을 이해할 수가 없습니다. 당신은 저를 일하라고 그곳으로 보냈습니다. 그런데 지금은 이렇게 말씀하시는군요. "잠깐, 당신은 일을 제대로 하고 있지 않아."라고요. 저는 어떤 감독자이든지 그와 함께 일할 사람을 결정하는 권한을 가져야 한다고 생각합니다. 그리고 제 결정은 프랭크가 떠나야 한다는 것입니다.

다이앤 : 당신은 당신이 데리고 있는 직원을 해고해야 할지 말지를 결정하는 것은 당신만의 고유한 권한이어야 한다고 느끼는군요.

적극적 듣기 응답의 좋은 예.

톰 : 그렇죠. 저는 누군가 제 어깨 너머로 간섭하는 것을 싫어합니다. 그리고 저는 제 일을 잘하고 있다고 생각합니다. 아마 당신도 제가 많은 것을 정비했다는 데 동의하실 겁니다. 우리는 새로운 절차를 가지고 있고, 좀더 효율적입니다. 저는 우리가 한 일에 대해 긍지를 갖고 있습니다.

다이앤 : 당신은 그 동안 당신이 달성한 것에 대해 긍지를 가지고 있지만, 내가 당신 어깨너머로 참견하면서 비판하고 있다고 느끼는 것 같아요.

다이앤은 적극적 듣기 응답을 사용해서 공감과 이해를 계속해서 나타내 보이고 있다.

톰 : 제가 생각하기에 당신은 제가 프랭크를 해고해야 하는지, 또는 제가 그를 해고할 권리가 있는지에 대해 심각한 의문을 갖고 계시는군요.

다이앤 : 나는 당신이 권리를 갖고 있는지 여부에 대해 의문을 갖고 있지 않아요. 하지만 나는 우리가 문제는 가지고 있다고 생각해요. 왜냐하면 프랭크는 20년 동안 우리와 함께 일

여기서 다이앤은 이 사안에 대해 그녀의 입장에서 문제를 정의한다.

해 왔고, 꽤 만족할 만한 실적도 갖
고 있어요. 내 생각으론, 아마 그도
다른 직원들이 느끼는 것과 유사한
감정을 가지고 있을 것 같아요. 만일
당신도 나에게 해고당하는 처지에 있
다면, 당신도 역시 그런 느낌을 갖겠
지요. 또는 당신이 어떤 조직에 오래
근무했다고 해 봅시다. 그런데 새 보
스가 들어오고, 아마 성격적인 갈등
도 있겠지요. 그런데 그 보스가 당신
을 해고하기로 결정했어요. 그러면
당신은 기분이 몹시 상하겠지요. 그
렇지 않은가요?

> 여기서 다이앤은 훈계 내지는 설
> 교조로 말하는데, 이것이 다음번
> 대답에서 톰을 방어적으로 만든다.

톰　　: 우리가 성격적인 갈등을 가지
고 있다는 점에 관해서 저는 동의할
수 없습니다.

다이앤 : 내 뜻은 예를 들면 그렇다는
것이에요. 그 말은 취소하도록 하죠.
당신은 이것이 분명히 성격적인 갈등
은 아니라고 느낀다는 말이죠.

톰　　: 그렇습니다. 저는 오히려 이
것은 썩은 사과 하나가 온 광주리를
망쳐놓는 상황이라고 생각합니다. 제
가 느끼기에는, 만일 우리가 프랭크
를 여기에 그대로 둔다면 제게 저항

> 톰은 자신의 감정과 이해관계에
> 의해서 이 문제를 정의한다.

하는 그의 버릇은 전체 그룹으로 퍼지게 될 것이고, 그렇다면 저는 저희 그룹에서 갖고 있는 존경과 권위를 잃게 될 것입니다.

다이앤 : 알겠어요. 당신은 프랭크가 손상시키고 있는 존경이 필요하다고 느끼고 있고, 또한 여기서 일을 하기 위해서는 권위도 필요하다고 느끼고 있지요.

톰 : 맞습니다. 저는 제 부하 직원이 제 의견에 동의하지 않는 것은 신경 쓰지 않아요. 그러나 전체 그룹 앞에서 반대하는 것은 참을 수 없어요. 이것이 바로 프랭크가 하는 짓이죠. 그래서 다른 사람들도 똑같은 짓을 마음대로 할 수 있다고 느끼는 겁니다.

다이앤 : 이건 아주 흥미로운 일이군요. 그가 다른 사람들 앞에서 당신의 의견에 반대할 경우에 특별히 당신의 신경을 건드리는군요. 그리고 당신은 이것이 자기의 권위를 손상시킨다고 느끼고 있어요.

톰 : 그렇습니다.

다이앤 : 그런데 나는 좀 이해할 수 없

다이앤은 톰이 표현하고 있는 보다 깊고 새로운 문제에 대해 적극적 듣기를 잘하고 있다. 문제 해결 과정에서 '드러나는 문제'는 종종 보다 근본적인 문제로 정의된다.

다이앤은 톰이 권력의 욕구에 대

252

어요, 톰. 당신이 필요하다고 느끼는 그 권위와 힘에 대해서 말이에요.

톰 : 하지만, 일을 수행하기 위해서는—우리의 현재 상태를 정리하기 위해서는—누가 보스인지 직원들이 분명히 알게 해 주어야 한다고 믿습니다.

다이앤 : 알겠어요. 그렇다면 당신은 그들이 당신이 말하는 대로 일이 돌아가야 한다고 생각하기를 바라고, 당신은 혼자 모든 결정을 내리고 있다는 말인가요.

톰 : 맞습니다. 저는 이런 결정들에 대해 의문을 제기하는 것을 좋아하지 않습니다. 왜냐하면 이 사람의 전반적인 태도와 정신 상태가 틀렸다고 생각하기 때문입니다.

다이앤 : 나는 다른 두 번째 문제가 있다고 생각해요, 톰. 우리가 처음 시작한 문제 외에, 내가 좀더 검토해 보고 싶은 문제가 있군요. 그것은 당신이 행사해야 한다고 느끼는 관리 스타일이에요. 어떤 사람들이 자신의 부서를 권위적으로 운영하면서 효과적으로 업무를 수행하는 것은 사실

해 보다 자세히 말하도록 '말문을 열게 하는 말(도어 오프너)'을 사용하고 있다.

효과적인 적극적 듣기 응답.

다이앤은 두 번째 문제(그리고 좀더 근본적인 문제)를 파악하고 이를 첫 번째 문제와 분리시키려고 한다. 그 뒤에 다이앤은 톰이 그 자신의 리더십 스타일의 결과를 생각하도록 하기 위해 상담자 역할을 한다.

이에요. 그러나 그것은 많은 단점도 가지고 있지요. 나는 당신과 함께 그 단점을 더 알아보고자 해요. 내가 가지고 있는 자료에 따르면, 만일 당신이 독재적인 관리 스타일을 가진다면, 당신 부서의 이직률은 높아질 것이고, 당신 부서의 사기는 더 나빠질 것이며, 당신은 필요한 모든 정보를 얻을 수 없기 때문에 좋은 의사 결정도 내리지 못하게 될 것이에요. 만일 당신이 부서를 엄격하게 운영해서 거기 있는 사람들이 당신이 좋아하지 않는 것은 어떤 것이든지 말하기를 두려워한다면, 그들은 당신이 필요로 하는 정보를 주지 않게 될 겁니다. 당신은 이런 정보가 없다면 좋은 결정을 내릴 수 없어요. 그런데 당신은 마치 권위주의적인 보스가 되지 않고서는 당신 부서를 운영할 수 없는 것처럼 말하는군요. 내게는 이 두 가지 문제가 서로 연관되어 있는 것 같아요. 만일 오래 근무한 프랭크를 해고한다면, 당신은 단순히 그를 대체하는 문제만 갖는 것은 아니에요. 당신도 좋은 직원을 채용하는 일이 얼마

나 어려운지 알고 있어요. 그는 그
부서 사람들이 아주 좋아하죠. 당신
은 그가 다른 사람들에게 영향력을
갖고 있다고 생각하지 않나요. 내 생
각으론 그것이 바로 다른 직원들도
그에게 동조하리라는 증거예요. 적
어도 다른 직원 몇 명은 그만둘 가능
성이 있지요. 즉시 그만두거나, 또는
그들이 더 좋아하는 다른 직장을 찾
으면 그만둘 수 있어요. 만일 당신이
부서에서 몇 사람을 잃는다면, 당신
이 달성하고자 하는 것을 못 할 수 있
어요. 당신은 부서의 많은 문제를 정
비하는 일을 잘하고 있어요. 하지만
그 일을 하기 위해 당신은 좋은 사람
이 반드시 있어야 합니다.

톰　　：맞습니다.

다이앤 : 그러면 지금 우리는 두 가지
　　　문제를 갖고 있군요. 나는 프랭크 문
　　　제뿐만 아니라 당신의 관리 스타일도
　　　함께 검토해 보고 싶어요.

이 시점에서 다이앤과 톰은 문제
해결 과정 중 단지 1단계만 끝냈
다. 즉 문제 파악과 정의(이 경우에
는 2가지 문제).

톰　　：제가 보기에 당신이 말하는
　　　감독 방법과 제가 보는 감독 방법은
　　　차이가 있군요. 그렇지만 프랭크 같
　　　은 사람에게는 어떻게 해야 할지 모

르겠습니다.

다이앤 : 프랭크가 그런 식으로 행동할 때 어떻게 해야 할지 고민하는군요. 비록 당신이 다른 관리 스타일을 채용하고 싶지만, 당신이 지금 해 오던 것과 다른 방식으로 할 경우에 잘해 나갈 수 있을지도 알 수 없고 말이에요.

톰　: 네.

다이앤 : 알겠어요. 이것이 바로 많은 사람들이 이해하지 못하는 점이죠, 톰. 내 생각으론 아마 몇 군데에서 이것에 관한 정보를 알아볼 수 있다고 생각해요. 나도 당신에게 도움이 되고 싶어요. 그리고 인사 부서에서도 잘 도와줄 수 있을 거예요.

다이앤은 두 번째 문제에 대해 가능한 해결 방안을 제시하면서 2단계로 나아간다.

톰　: 저는 당신이 프랭크와 얘기했으면 좋겠습니다. 프랭크와 얘기할 의향이 있으십니까?

톰도 첫 번째 문제에 대한 해결 방안을 제시하면서 2단계로 들어온다.

다이앤 : 당신은 나 혼자서 프랭크와 얘기하기를 바라는군요. 나도 그럴 수는 있지만, 만일…….

톰　: 저는 그에게 아무것도 할 수 없어요.

다이앤 : 이 문제를 좀더 검토해 봅시다. 당신은 그와는 함께 갈 수 없다

이제 다이앤은 톰이 제시한 해결 대안을 평가하면서 3단계로 진입한다.

고 느끼고 있어요. 내 경험으로 보면, 문제가 있는 사람과 직접 맞서 대면하는 것은 한번 해 볼만한 가치가 있는 일이에요. 그런데 당신은 그와 함께 당신의 감정이 정확히 어떠한지 그리고 문제가 무엇인지 얘기해 본 적이 있나요?

다이앤은 첫 번째 문제에 대해 다른 해결 방안을 제시하면서 다시 2단계로 돌아온다.

톰   : 뭐, 저는 그와 함께 앉아 본 적이 없습니다. 하지만 그가 제 기분이 어떠하리라는 것을 알고 있다고 확신합니다. 그에게 아주 화가 나 있다는 것을 알 겁니다. 하지만, 아니에요, 당신과 내가 앉아 이렇게 토의하는 것처럼 그와 앉아 본 적이 없군요. 당신은 제가 그와 이 문제에 대해 일종의 정식 회의를 갖기를 제안하시는 겁니까?

다이앤 : 그래요.

톰   : 저는 그것이 아무런 도움이 되지 않을 것으로 생각합니다. 그는 바뀔 만한 사람이 아니에요. 그의 나이와 경험을 생각해 보면 말이죠. 그러나 한번 시도해 볼 의사는 있습니다.

톰은 3단계에서 다이앤이 제안한 해결 대안을 평가한다.

다이앤 : 이제 만일 당신이 좋다면, 나도 지금과 같은 자리에 함께할 용의

다이앤은 또 다른 해결 방안을 제시한다(2단계).

가 있어요. 하지만 그와 직접 문제를
해결하는 일은 맡고 싶지 않군요. 왜
냐하면 그렇게 하면 당신과 그와의
관계를 손상할 수 있기 때문이에요.
물론 그런다고 당신의 권위를 손상하
는 것은 아니지만, 여기엔 미묘한 차
이가 있어요. 그러나 내가 가장 중요
하게 생각하는 당신과 그의 관계는
영향을 받아요. 그러나 만일 내가 단
지 당신이 그를 이해하도록 돕고, 그
가 당신을 이해하도록 도울 수 있다
면, 기꺼이 그 일은 할 수 있어요.

톰   : 그런데 제가 먼저 당신 없이   톰은 해결 대안을 제시한다(2단계).
시도해 보면 어떨까요. 그리고 제가
만일 어려움에 봉착하면, 저는 그럴
것으로 생각합니다만, 그때에는 프
랭크와 제가 이 문제를 당신과 함께
토의했으면 합니다. 왜냐하면, 제가
그와 함께 조그만 해결이라도 볼 수
있을지 모르니까요.

다이앤 : 좋은 아이디어라는 생각이 드   이제 다이앤이 톰의 해결 방안에
네요. 내게 또 다른 제안이 있어요.   동의하면서 문제 해결 과정의 4단
당신도 이런 생각이 들었는지 모르지   계인 의사 결정 단계에 도달한다.
만, 우리가 아침에 미리 만나서 잠시   그리고 다이앤이 톰에게 역할 연
역할 연기를 해 보는 겁니다. 내가   기를 제안하면서, 다이앤은 5단계
                                          인 해결 방안 실행 단계로 진입한다.

258

프랭크 역할을 맡고서 우리가 짤막하게 연습을 해 보는 거예요.

톰 : 그러면 도움이 되겠습니다. 제가 실제로 하기 전에 일종의 예행 연습을 하는 것이로군요. 제 생각으로는 그렇게 하는 것이 도움이 되겠습니다. 왜냐하면, 그의 태도가 어떻다는 것을 뻔히 알면서 만나러 간다는 것이 좀 꺼려지기 때문입니다. 하지만 당신이 제가 어떻게 해야 할지를 조언해 주시겠지요.

다이앤 : 좋아요. 그렇게 하죠. 이제 우리는 한 가지 문제에 대한 해결 방안을 가지고 있군요. 나머지 다른 문제는 당신이 다른 유형의 관리자가 될 수 있도록 돕는 것이지요. 이것은 어떻게 해 나가는 것이 좋을까요?

다이앤은 첫 번째 문제에 대한 해결 방안을 확인하고, 다시 두 번째 문제, 즉 톰의 리더십 스타일에 대한 문제 해결 과정으로 돌아간다.

톰 : 저는 이런 종류의 훈련 프로그램을 제공하는 컨설턴트를 우리 회사가 보유하고 있는 것으로 알고 있는데요.

톰은 가능한 해결 방안을 제시하고, 다이앤은 다음 대화에서 또 다른 해결 방안을 제시한다.

다이앤 : 그래요, 사실 우리 회사는 당신이 오기 전에 감독자 훈련 프로그램을 좀 가지고 있었습니다. 그것에 관한 자료도 있어요. 어떤 것은 당장

적용 가능한 것이죠. 만일 당신이 인
사 부서에 가면 이것에 관한 문헌도
얻을 수 있어요. 내 생각에는 그것이
도움이 될 것 같아요.

톰   : 알겠습니다.

다이앤 : 또한, UCLA 대학교에 경영학   아직도 2단계에서 또 다른 해결
세미나라는 과정이 있는데 이것도 큰   방안을 제시한다.
도움이 될 것 같군요. 아직도 이 과
정을 개설하고 있는지 내가 한번 알
아볼까요? 만일 당신이 이 과정에 등
록할 의사가 있다면 말이에요.

톰   : 좋은 아이디어입니다. 틀림없   톰이 동의하고, 두 사람 모두 해결
이 이것에 대해 생각해 보겠습니다.   방안에 동의함으로써 다시 의사
이렇게 당신과 얘기할 수 있어 좋았   결정이 이루어진다.
습니다.

이 대화는 갈등을 해결하기 위하여 '방법 3'(무패 방법)을 성공
적으로 사용하고 있는 상황에서 통상적으로 어떤 일이 일어나는
가를 보여 준다.

  1. 갈등 당사자들은 문제 해결 과정을 거치며 적어도 4번째 단계인
     의사 결정 단계까지 가는데 그 이후 과정을 거치는 경우도 많다.
  2. 갈등은 반드시 당사자 쌍방의 욕구, 감정, 관심에 의거하여 정의되
     고 이해되어져야 한다. 리더는 자신의 입장이 이해되기를 원하고,
     다른 사람의 입장도 확실히 알기를 원할 것이다.

3. 각 사람의 욕구, 감정, 관심은 남을 비난하거나 판단하는 너-메시지보다는 나-메시지로 표현하는 것이 중요하다. 대체로 너-메시지는 문제 해결 과정을 방해한다.

4. 적극적 듣기를 반드시 사용해야 한다. 그 이유는 이것이 리더가 다른 사람의 감정을 수용하고, 이해하고 있다는 것을 전달하기 때문이다. 이럴 때에만 상대방도 리더의 감정을 이해하고 싶은 마음이 생길 것이다.

5. 초기에 '드러나는 문제'는 더 깊거나 보다 근본적인 문제가 되는 경우가 많다. 물론 이 문제도 해결되어야 한다.

다른 두 가지 승-패 방법과는 달리, 무패 방법은 갈등 해결의 결론에 대해 미리 한계를 정하지 않는 접근 방법이다. 갈등 당사자는 누구도 어떠한 최종 해결 방안이 나올지 확실히 알 수 없다. 즉 그것은 열려 있으며, 불확실한 채로 남아 있다. 해결 방안은 오직 6단계로 이루어진 문제 해결 과정의 산출물로 나올 뿐이다.

반면에 두 가지 승-패 방법의 경우에는, 각 당사자는(또는 한쪽 당사자만) 보통 미리 생각한 해결 방안을 마음속에 가지고 있으며, 그들이 해야 할 일은 권력을 사용하여 굴복을 얻어 내는 일이다.

이것이 바로 승-패 방법이 상충하는 해결 방안에 대해 권력 다툼을 그렇게 자주 일으키는 이유이다. 간략히 말하면, '방법 3'은 미리 결정된 해결 방안에 대한 굴복을 얻어 내기 위해서 권력 투쟁을 하는 것이 아니라, 상호 수용할 수 있는 해결 방안을 탐색하는 일이다.

상호 수용할 수 있는 해결 방안을 모색하는 일은 권력을 필요로 하는 것이 아니라 창의적인 사고를 요구한다. '방법 3'은 마치

수수께끼를 푸는 것과 같다.

"우리 함께 머리를 모아서 우리 모두의 욕구를 만족시킬 수 있는 해결
방안을 찾아봅시다."
"도대체 어떻게 하면 우리의 갈등을 해소할 수 있을까요?"
"우리는 해결해야 할 문제가 있습니다. 우리 모두 창의적으로 생각해
봅시다!"

다음은 한 L.E.T. 참가자가 보고한 사례로서 '방법 3'을 사용하
여 매우 민감한 문제를 어떻게 해결했는지 보여 준다.

배경

최근 수년 동안 우리 회사(미국 중서부에 있는 대기업)는 커다란 조
직 변화를 겪고 있다. 기본적으로 우리 회사는 4개의 별개 부문이 독
립적으로 운영되는 사일로(silo) 조직으로부터 변화했다. 각 사일로는
4명의 수석 파트너가 각각 이끌었었다. 우리 비즈니스는 여러 회사들
이 모인 그룹으로 구성되어 있다. 그 중에 하나는 다각화된 상업 부동
산 회사로서 건설 부문, 개발 활동 부문, 부동산 운영 부문으로 구성
되어 있다. 다른 연관된 활동으로는 공동 벤처 사업이 있는데, 이것은
본 사업의 활동과는 구별된다. 주된 공동 벤처 사업은 소규모 교량 사
업부와 다세대 주택 사업부가 있다.

최근의 조직 변화 일환으로, 수석 파트너들이 담당하던 사일로 조
직은 전통적인 기업 조직으로 바뀌었다. 모든 사일로는 해체되고 하나
의 전통적인 기업 구조로 대체되었다. 이 새로운 조직은 CEO(최고 경
영 책임자), COO(최고 운영 책임자), CFO(최고 재무 책임자), 그리고

CAOD(최고 사원 및 조직 개발 책임자)로 구성되었다. 새 중역들은 이제 이전의 4개 사일로를 감독하며 그것을 하나의 협력 관계에 있는 그룹으로 관리한다. 최근에 사일로 조직으로부터 4명의 중역이 이끄는 하나의 새로운 포괄적인 조직으로 체제가 변한 뒤에 실적에 대한 평가가 있었다.

방법 3

건설 부문은 '사업부1' 과 '사업부2' 로 부르는 2개의 건설 회사로 이루어져 있으며, 각 사업부는 서로 다른 파트너/사장이 이끈다. 그런데 사업부2의 최종 결산 실적은 1999년과 2000년 모두 목표에 미치지 못했다. 사업부1은 설립된 지 37년이 되었고, 조그만 회사인 사업부2는 10년이 되었다.

여기에 대해 새 COO(이전에 개발 부문을 운영함)는 다음과 같은 결론('방법 3' 의 용어로는 '해결 방안')에 도달했다. 즉 사업부2는 사업부1로 합쳐지고 더 이상 별개의 회사로 운영되지 않는다. 근본적으로 이 조치는 재무적인 목표를 달성하기 위해 사업부2를 처분하려는 것이었다. 그러면 사업부1의 리더는 사업부2의 리더를 대체하게 될 것이다. 이 COO의 '해결 방안' 은 사업부2의 리더 자리는 사라지는 것을 의미하며, 그는 회사 내에서 재배치되어야 한다(어떤 중역도 삼키기 어려운 극약 처방이다).

이런 상황에서, CAOD는 COO에게 최근의 사업부2의 실적을 분석하고 의논하기 위해서 사업부2의 리더와 일련의 회합을 가질 것을 조언했다. CAOD는 사업부2의 리더가 자발적으로 COO에게 사업부2가 사업부1에 흡수되어야 한다고 제의하기를 내심 바랐다. 이 CAOD의 조언은 어떤 L.E.T. 기술의 영향도 받은 것이 아니었다.

COO는 사업부2의 리더와 일련의 회합을 가졌으며, 여기서 사업부2를 돕기 위한 여러 가지 좋은 아이디어들이 나왔다. 그러나 사업부2를 처분하고 사업부1에 흡수시킨다는 궁극적인 '해결 방안'은 나오지 않았다.

어느 날 COO는 처음으로 분명하게 자신의 해결 방안을 밝힘으로써 사업부2의 리더와의 토의에 박차를 가했다. "나는 우리가 사업부2를 처분하고 사업부1에 흡수시켜야 한다고 생각합니다. 그리고 이것은 당신의 자리가 없어진다는 것을 의미합니다." 이 때문에 회사 내에 한바탕 소동이 일어났다. 사업부2의 리더는 경악하고 위기감을 느꼈으며, 그의 이전 보스(새 CEO)도 깜짝 놀라며 염려했다. 이런 국면에서 COO도 또한 앞으로 어떻게 해 나가야 할지 어찌할 바를 몰랐다. 그의 원대한 구상은 회의에 상정되었으나, 그의 경영팀은 일종의 혼란에 빠졌다. 이때쯤 CAOD는 L.E.T. 사고 방법을 알게 되었고, 경영팀에게 '방법 3'을 사용하여 재정비할 것을 제안했다.

방법 3의 사용

모든 당사자들은 '방법 3'을 시도해 보기로 동의했다. CAOD는 그 과정을 설명하고, 모든 당사자들에게 일단 그들의 '해결 방안'들을 한쪽에 치워 놓고 그 대신에 그들의 '욕구' 목록을 작성하도록 요청했다. 그리고 그는 '방법 3'의 6단계 과정을 따르기 위한 일련의 회의를 준비했다.

CEO, 사업부1의 리더, COO 그리고 사업부2 리더의 '욕구' 목록은 극히 흥미로웠고, 경영팀이 전에 다루어 보지 못한 깊이 있는 감정과 아이디어를 담고 있었다. '방법 3' 과정을 진행한 일련의 회의 끝 무렵에 사업부2의 리더는 자발적으로 최선의 해결 방안은 그의 사업부를 사업부1에 흡수시키는 것이라고 제안했다. 그것은 그의 자리를 없애는 것이었다.

나-메시지를 사용하여 맞대면

'방법 3' 회의가 거의 끝나갈 무렵, CAOD는 사업부1의 리더와 사업부2의 리더 간의 또 한 번의 토의를 주관해 줄 것을 요청받았다. 어찌 된 일인지 이 과정은 유산되고 열리지 않았다. 이것은 COO의 비서와 여러 당사자들 사이의 의사소통에 어떤 혼선이 발생했기 때문인 것 같았다. 그 결과 CAOD는 그 이유를 의심하게 되었고 속이 상했다. CAOD는 사업부2의 리더를 인내심을 갖고 방문하려고 했던 원래 계획이 COO가 불쑥 해결 방안을 말해 버림으로써 갑작스럽게 끝나 버렸던 것이 생각났다. 그리고 지금 또다시 '방법 3'의 마무리가 돌연 허무하게 끝나고 궤도를 이탈하는 것 같았다. 대부분의 주관적인 의심의 경우처럼, CAOD가 틀렸을 수도 있다. CAOD는 고민이 되었으나, 그의 유일한 선택은 자신의 의심을 틀어막고 발설하지 않거나, 혹은 서투르게 COO와 맞서 대면하는 것이라고 생각했다.

그러나 그때 CAOD는 갈등 당사자와 맞서 대면하는 나-메시지를 사용하면 어떨까 하는 생각이 들었다. 이 방법은 다른 사람의 행동을 수용할 수 없는 경우에 비난하지 않는 방법으로 그 사람과 맞서기 위해서 특별히 고안된 것이었다. 그래서 CAOD는 다음과 같은 나-메시지를 작성했다.

1) 행동—내가 사업부1과 사업부2의 현안을 해결하기 위해 제안한 과정이 두 번씩이나 궤도를 이탈했다(이것은 COO의 태도에 대한 어떤 억측도 없이 객관적인 사실을 비난함이 없이 기술한 것

이다).

2) 명백하고 구체적인 효과—CAOD는 지금까지 두 번의 의사소
통 노력에 깊이 관여하고 참여하여 왔으나 이것이 이루어지지
않았다.

3) 효과에 따른 감정—정상을 벗어난 과정에 참여하는 것이 곤혹
스럽다.

나–메시지의 결과는 믿기 어려운 것이었다. 이 나–메시지가 전달
되었을 때, COO의 즉각적인 반응은 "내가 어떻게 하면 도움이 되겠
습니까?" 라고 묻는 것이었다. 또한, COO는 전혀 불편한 기색을 내보
이지 않았으며, 그가 비난을 받는다거나 책임 추궁을 당한다고 느끼는
것 같지 않았다. CAOD는 COO와 사업부1의 리더에게 사업부2의 리
더와 일을 마무리 질 것을 요청하고, 사업부2의 리더가 자신의 의견이
'충분히 경청되었다' 고 느낄 뿐만 아니라 이 과정에 대해 '전적으로
만족' 할 수 있도록 배려했다. 그 결과 최종 마무리 회의에서 사업부2
의 리더는 그의 의견이 충분히 경청되었는지 그리고 모든 것에 대해
만족하는지의 여부를 그에게 물어준 사실을 특별히 언급했다. 그것
때문에 그는 특히 만족해하는 것이었다.

만일 L.E.T. 기술을 사용하지 않았다면 이 이야기는 어떻게 전개되었을까

우선 사업부2의 리더는 결코 최종적으로 시행된 해결 방안을 자
의적으로 선택하지 않았을 것이다. 따라서 그 해결 방안은 그에게 강
압적으로 부과되었을 것이고, 그의 분노와 원망이 쌓일 가능성은 컸을
것이다. 둘째로, 사업부2 리더의 의견은 충분히 경청되었는데, 그 이유

는 그의 '욕구'가 회의에 상정되었기 때문이었다. 즉 그의 욕구가 회의에서 다루어졌는데, 만일 '방법 3'이 없었다면 그것은 절대로 표면화되지 않았을 것이다. 그 외에 CEO는 사업부2 리더의 인격을 존중하면서 개방적이고 공정한 절차가 시행되었다고 느꼈다. 그러나 CEO는 만일 '방법 3'이 없었다면 사업부2의 리더는 정중하지만 한편 독재적인 방식으로 다루어졌을 것이라고 느꼈다.

만일 CAOD가 갈등 당사자와 맞서 대면하는 나-메시지를 사용하지 않았더라면, 모든 정황으로 보아 그는 조종당했다고 느꼈을 것이다.(이 주관적인 감정은 전적으로 적절치 못한 것이었다.) 그리고 CAOD는 그의 감정을 틀어막았거나, 혹은 부적절하게 표현했을 수도 있다. 그러나 CAOD는 나-메시지를 사용했기 때문에 자신의 감정을 적절히 발산할 수 있었으며, 이 메시지에 대한 COO의 응답은 CAOD가 완전히 만족할 만한 것이었다. CAOD는 아무런 감정의 앙금도 남지 않았다.

후기

이 일이 있은 후 수 주일이 지나도록, 나는 어떠한 분노나 원망의 소리를 듣지 못했다(단 한마디 말도). 이 일은 회사에서 큰 결정이었다. 모든 당사자들은 미래를 위해서 긍정적으로 일했다. 과거를 반추하는 사람은 없었다. 이 과정에 참여했던 어떤 사람들은 자신들의 문제를 해결하려고 할 때에 '욕구'를 언급하기 시작했다. 이 전체 과정을 지켜본 COO는 L.E.T. 책의 오디오판을 들어 보자고 했다. 이제 COO는 "누가 문제를 소유하고 있는가?"라는 표현을 쓴다.

■■■■ 무패 방법의 편익(혜택)

리더가 무패 방법을 효과적으로 사용하는 법을 배우려는 노력을 하기에 앞서 이것의 편익을 알기 원한다는 것은 이해할 만하다. 그렇지만 나는 무엇보다도 먼저 이 방법이 가치 교환을 수반한다는 사실을 분명히 강조한다.

다른 말로 하면, 이 방법은 개념적으로 이해하기는 쉽지만, 실제 적용하는 능력을 습득하기는 쉽지 않다. 또한, 이 방법은 종종 다른 두 가지 승-패 방법보다 적용하는 데 시간이 많이 걸린다. 그리고 리더들이 이 방법을 적용할 경우에 그들은 특수한 문제들과 부딪치게 될 것이다. 나는 이 특수한 문제들을 잠시 후에 다룰 것이다. 그러면 무패 방법의 편익은 무엇인가?

결정을 수행하려는 보다 큰 의욕

많은 사람들은 단지 결정을 이루어 내는 데 참여할 기회를 가졌다는 이유만으로 그 결정을 수행할 때 강한 의욕이 생기는 것을 경험했을 것이다. 결정을 내리는 데 목소리를 냈던 사람은 다른 사람의 일방적인 결정을 따를 때보다 그 결정을 실천하는 데 있어 더 큰 동기가 있다. 심리학자들은 이 상식적인 아이디어를 '참여의 원리'라고 부른다. 이것은 사람들이 문제 해결 과정에 참여하고 상호 수용 가능한 해결 방안을 만들어 냈을 때 이 결정을 '그들의' 결정이라고 느끼게 되는 잘 알려진 현상을 말하는 것이다. 사람들은 결정을 만들어 내는 데 일조한 책임이 있으므로, 또한 그 결정이 효과를 발휘하도록 해야 한다는 책임도 느낀다.

이 고양된 책임감이나 의욕은 일반적으로 리더가 집단 구성원들로 하여금 결정을 따르게 하는 데 보다 적은 노력이 드는 것을 의미한다. 리더가 경찰 노릇을 해야 할 필요가 적다는 말이다. 분명히 이것은 리더가 시간을 많이 절약할 수 있게 하고, 더 많은 시간을 '생산적인 일'에 쓸 수 있도록 한다. 그 밖에 다른 유익한 점은 조직의 효율이 향상되는 것이다. 즉 결정이 내려지면 즉시 실행된다. 갈등이 해소되면 그 상태가 유지된다.

보다 높은 양질의 의사 결정

'방법 3'은 갈등에 연관된 모든 당사자들의 창의력, 경험, 두뇌를 함께 모은다. 따라서 이 방법은 높은 양질의 결정을 만들어 낼 가능성이 높고, 실제로 그렇다. "두 사람 머리가 한 사람 머리보다 낫다."라는 말은 갈등 해소의 경우에 특히 맞는 말이다. 그 이유는 양쪽(또는 모든) 당사자 모두의 욕구가 정확히 제시되어야 하기 때문이다. 또한, 양쪽 당사자 모두가 해결 방안을 도출하는 데 참여할 경우에, 더욱 많은 수의 창의적인 해결 방안을 도출해 낼 확률이 크다. 끝으로, 양쪽 당사자의 참여가 필요하기 때문에 각 당사자는 자신의 욕구를 가장 잘 충족시키는 해결 방안이 어떤 것인지 평가할 수 있다.

예를 들면, 나 자신과 내 아이(또는 내 아내, 나의 그룹 구성원) 사이에 갈등이 있는 경우에 그들의 적극적인 참여—그들이 자신들의 욕구를 말하고 나의 욕구를 이해하며, 그들이 자신들의 해결 방안을 제시하고 나의 해결 방안을 경청하며, 그들의 경험에 비추어 각 해결 방안을 평가하고 내 경험에 기초한 나의 평가를 고려한다.—없이 갈등을 해소하려고 한다는 것은 나로서는 상상도 할 수 없는 일이다. 다른 사람들과 갈등이 있는 경우에, 나는 아무도 패배하지 않으면서 모두가 그 갈등으로부터 벗어나는 길을 찾기 위해서 그들의 도움을 청한다. 나는 이런 그들의 도움 때문에 그 해결 방안을 내가 혼자서 선택한 해결 방안보다 훨씬 더 신뢰하는 것이다.

보다 따뜻한 관계

무패 방법의 예측 가능한 결과 중 하나는 갈등 당사자들이 서로에 대해 좋은 감정을 갖고 결말을 맺는다는 것이다. 두 가지 승-패 방법의 경우에 보통 따라오는 원망이 '방법 3'에는 없다. 그 대신에 성공적으로 무패 방법에 의한 결정을 내린 뒤에는 서로를 좋아하는 긍정적인 감정이 나타난다. 이런 감정은 물론, 서로를 사랑하는 감정까지도 생길 수 있다. 이런 감정은 갈등 당사자들이 서로 상대방의 욕구를 이해하려고 하고 모두를 만족시키는 해결 방안을 찾기 위해 노력하는 것을 서로 고마워하기 때문에 생기는 것 같다. 이보다 더 나은 보살핌의 증거가 있을까?

보다 신속한 결정

당신은 무슨 수를 써도 아무런 해결 방안을 찾아낼 수 없었기 때문에 다른 사람과의 갈등을 해소되지 않은 채로 수 주일 혹은 수개월 동안 내버려 둔 적이 있는가? 그 뒤에 당신은 용기를 내어 그 사람에게 다가가 함께 그 문제를 해결하자고 청한다. 놀랍게도, 당신과 그 사람은 단지 수 분만에 우호적이고 서로 받아들일 수 있는 해결 방안에 도달한다.

이것은 드문 일이 아니다. 무패 방법은 갈등하고 있는 사람들로 하여금 자신들의 감정과 욕구를 밖으로 드러낼 수 있도록 돕고, 솔직하게 문제와 직면해서 가능한 해결 방안을 찾도록 한다. 문제 해결 과정은 일단 시작되면 신속하게 무패 해결 방안을 이끌어 낼 수 있는데, 그 이유는 무패 방법이 각 당사자들이 따로 일할 때는 보유할 수 없었던 많은 데이터(사실과 감정)를 함께 모으기 때문이다.

그렇지만 사람 사이의 갈등은 매우 복잡한 것도 사실이다. 특히 조직 내에서 복잡하게 뒤얽힌 기술적인 사안, 민감한 재무적인 문제, 끈끈한 인간적인 문제에 관해서 견해 차이가 생기는 경우는 더욱 그렇다. 이런 갈등은 관련 데이터를 소유하고 있는 사람들이나 그 결정으로 영향을 받게 되는 사람들을 참여시킬 때 훨씬 빠르게 해결될 수 있다.

결정을 '파는' 것이 불필요

리더는 일반적으로 '방법 1'을 사용하는 경우에, 자신이 내린 결정을 수행해야 하는 사람들에게 그 결정을 '팔기' 위해서 결정을 내리는 데 소요된 시간보다 훨씬 많은 시간을 소비해야 한다. 이런 부수적인 단계가 '방법 3'에서는 거의 필요하지 않다. 그것은 갈등의 모든 당사자들이 일단 최종 결정을 수용하면, 나중에 이것을 팔아야 할 필요가 없기 때문이다.(모든 사람들이 이미 사지 않았는가.)

■■■ 무패 방법 6단계에 대한 지침

내가 앞에서 설명한 바와 같이 사람 사이의 갈등을 해소하기 위한 무패 방법은 단지 문제 해결을 위한 한 가지 특수한 방법인 것이다. 그리고 당신이 본 바와 같이, 효과적인 문제 해결은 6가지 개별적인 단계로 구성되어 있다. 효과적인 문제 해결의 열쇠는 이 6단계를 이해하고, 문제 해결 과정의 각 단계별로 해야 할 일을 배우는 것이다.

리더가 '방법 3'을 시도하기 전에 갈등에 연관된 모든 사람들은 '방법 1'과 '방법 2' 그리고 '방법 3'(무패 방법)의 차이를 이해해야 한다. 모든 사람들은 6단계가 무엇이며, 그것이 왜 효과적인 문제 해결에 결정적으로 중요한 것인지 그 이유를 알아야 한다. 리더는 무패 방법의 목표가 모든 사람들이 수용할 수 있는 해결 방안에 도달하고, 아무도 패자라고 느끼지 않게 하는 것이라고 사람들에게 일깨워 줄 필요가 있다. 리더는 분노, 불신, 비난, 의심 같은 부정적인 감정에 대한 이해를 나타내기 위해서 적극적 듣기를 사용하라. 문제 해결 과정에는 오직 갈등에 직접적으로 연관된 사람들만 포함시켜야 한다. 그리고 리더와 다른 참여자들이 충분한 시간적인 여유를 갖기 전에는 문제 해결 과정을 시작하지 말라. 칠판이나 차트는 필수적인 것은 아니지만 아주 유용하다. 하지만 펜이나 연필만 있어도 충분하다. 리더는 미리 생각하고 확정한 한 가지 해결 방안을 가지고 회의에 임하는 대신에(물론 리더는 마음속에 어떤 해결 방안도 가질 수 있지만), 그 밑에 깔린 욕구를 알고 가는 것이 중요하다. 이때 중요한 것은 리더가 다른 해결 방안에도 마음이 열려 있는 것이다. 마지막으로 가장 중요한 것은 무패 방법을 사용하겠다는 리더의 결심과 '방법 1'로 되돌아가거나 '방법 2'에 굴복하지 않겠다는 리더의 의지이다.

다음의 지침은 리더와 다른 한 사람 간의 갈등에 적용되는 것들이지만, 이것은 여러 사람들이 관여된 갈등의 경우에도 동일하게 적합한 것들이다. 나는 편의상 다른 사람을 'A'로 나타낸다.

1단계 : 문제 파악 및 정의

이것은 문제 해결에서 극히 중요한 단계이다. 첫째로, A의 관점과 관심 그리고 잠재적인 욕구를 이해하도록 한다. 리더는 자신이 이해한다는 것을 확실히 전달하기 위해서 적극적 듣기를 하라. 그리고 어떠한 의사소통 장애물도 피한다.

둘째로, 리더는 문제를 말할 때 비난하거나 판단하지 않도록 한다. 나—메시지를 보내는 것은 언제나 문제를 표현하는 가장 효과적인 방법이다.

문제나 갈등을 정확하게 정의하는 데 상당한 시간이 소요되는 일이 빈번하게 일어난다. 예를 들면, A가 자신의 감정을 드러내는 데 얼마간의 시간이 필요할 수 있다. 처음에 A는 화를 내거나 혹은 방어적인 자세를 취할 수도 있다. 이때가 바로 적극적 듣기를 사용할 때이다. A는 반드시 감정을 분출하는 기회를 가져야 한다. 만일 그렇지 않다면, 그는 나머지 단계에 대한 준비를 갖추지 못하게 될 것이다.

2단계로 나아가려고 서둘지 말라. 리더는 정확히 A의 관점을 이해해야 하며, 자신의 관점도 정확하고 조리 있게 밝혀야 한다.

리더는 자신의 감정을 너무 억제하지 말라. 만일 그렇게 한다면, A는 문제 해결 과정에 들어가려는 마음이 생기지 않을 수 있다.

문제에 대한 토의가 진행되면서, 문제는 자주 재정의될 것이다. 즉 문제에 대한 초기의 진술은 그저 표면적인 것에 불과했다는 사실이 밝혀질 수 있다. A가 자기 자신의 감정을 드러내는 말은 리더가 그 문제를 새로운 시각으로 보게 만들 수도 있다.

2단계로 옮겨 가기 전에, 당사자 쌍방은 그 문제의 정의를 반드시 수용해야 한다. 이것을 점검해 보라. 즉 리더는 A에게 바로 이 문제가 두 사람이 해결하려고 하는 것인지 물어보라. 두 사람의 욕구는 정확하게 기술되었는가? 문제를 서로 상충하는 해결 방안 사이의 갈등으로 정의하지 말라. 문제를 서로 상충하는 욕구의 관점에서 정의하고 해결 방안을 만들어 내라.

끝으로, 리더는 A에게 두 사람은 모두의 욕구를 충족시킬 수 있는 해결 방안—두 사람이 수용할 수 있는 것으로, 아무도 패배하지 않는 해결 방안—을 찾고 있다는 사실을 분명히 이해시킨다.

2단계 : 해결 방안 도출

이것은 문제 해결에서 창의적인 부분이다. 당장에 좋은 해결 방안을 찾아내는 것은 어려운 일이다. 초기의 해결 방안이 적절한 경우는 드물지만, 그러나 그것은 보다 나은 해결 방안이 나오도록 자극을 줄 수는 있다. A에게 먼저 가능한 해결 방안을 물어보라.—리더는 자신의 해결 방안을 제시하기에 충분한 시간을 갖게 될 것이다. A의 해결 방안들에 대해서 절대로 평가하거나 비판하지 말라. 적극적 듣기를 사용하라. A의 아이디어를 존중하라.

어떤 특정한 해결 방안을 평가하거나 토의하기 전에 되도록이면 많은 수의 해결 방안을 얻도록 하라. 많은 해결 방안이 제출되기 전에는 평가하는 것을 참아라. 리더는 그저 아무 해결 방안이나 찾는 것이 아니라, 좋은 해결 방안을 만들어야 한다는 것을 잊지 말라.

만일 해결 방안을 찾는 데 아무런 진전이 없으면, 문제를 다시 기술하라. 때로는 이것이 문제 해결 과정을 다시 작동하도록 만든다.

일반적으로 언제 3단계로 옮겨 가야 할지는 분명해진다. 즉 리더는 많은 수의 실천 가능한 합리적인 해결 방안들을 찾아냈거나 어떤 한 가지 해결 방안이 다른 것들보다 확실히 뛰어날 경우에는 다음 단계로 옮겨 간다.

3단계 : 해결 방안 평가

이 문제 해결 단계에서 리더는 솔직한 자세를 갖도록 특별히 유의해야 한다. 물론 리더는 A도 솔직하기를 바랄 것이다. 리더와 A는 비판적인 사고를 많이 해야 한다. 가능한 해결 방안들 중에 결함은 없는가? 해결 방안이 제대로 작동하지 않게 될 이유는 없는가? 이것을 적용하거나 시행하는 것은 너무 벅차지 않은가? 두 사람 모두에게 공정한 해결 방안인가? 적극적 듣기를 사용하라.

이미 도출된 해결 방안들을 평가하는 도중에도, 누군가는 다른 어떤 해결 방안들보다도 아주 새롭고, 훨씬 더 좋은 해결 방안을 생각해 낼 수도 있다. 또는 기존의 아이디어를 개선시킨 해결 방안이 떠오를 수도 있을 것이다.

리더가 만일 이 단계에서 해결 방안의 타당성을 시험해 보는 데 실패한다면, 질이 낮거나 진지하게 시행되기 어려운 해결 방안만으로 끝낼 가능성이 높다.

4단계 : 의사 결정

여기서는 갈등 당사자들이 함께 한 가지 해결 방안을 받아들이는 것이 가장 중요하다. 모든 사실이 밖으로 드러나면 일반적으로 확실하게 우수한 하나의 해결 방안이 두드러져 보인다.

A에게 어떤 해결 방안을 설득하거나 강요하는 실수를 범하지 말라. 만일 A가 자신이 수용할 수 있는 해결 방안을 자유롭게 선택하지 못한다면, 그 해결 방안은 시행되지 않을 가능성이 있다.

결정을 내려야 할 시점이 다가오면, 앞으로 무슨 결정을 내리려고 하는지 두 사람 모두 확실히 이해하고 오해의 소지가 없게 하기 위해서 그 해결 방안을 분명하게 기술한다.

5단계 : 결정 사항 실행

물론 창의적인 해결 방안에 도달하는 것과 그것을 실행하는 것은 별개의 일이다. 해결 방안에 대해 합의한 직후에 실행 방안에 대해 논의하는 것이 대개 필요하다.

누가 무엇을 언제까지 할 것인가?

이때 가장 건설적인 태도는, 만일 A가 결정을 실행하지 않으면 어떻게 할 것인가에 대해서 의문을 제기하기보다는, A가 그 결정을 성실하게 실행할 것이라고 완전히 신뢰하는 것이다. 따라서 이 시점에서 해결 방안을 실행하지 못하고 실패했을 경우의 벌칙을 논하는 것은 현명하지 못하다.

그러나 만일 A가 합의 사항 중에서 자기 몫을 수행하는 데 실패한다면, 나-메시지로 A와 맞서 대면하라. 또한, 리더는 A에게 무슨 일을 해야 하는지 잊지 않도록 하기 위해 충고를 할 수도 있다.

그러나 A에게 임무를 완수하도록 끊임없이 일깨워 주는 함정에 빠지지는 말라. 그렇게 하면 A는 자신의 행동에 대해 전적으로 책임을 지는 대신에 리더가 하는 말에 점점 더 의존하게 될 것이다.

전부터 '방법 3'에 의한 문제 해결에 익숙하지 않은 사람들은 처음에 해결 방안을 실행하는 데 태만할 수 있으며, 특히 그들이

'방법 2'에 길든 경우에는 더 그렇다. 따라서 그들이 리더의 '눈을 피해' 그럭저럭 해 나가는 것을 리더가 용납하지 않는다는 생각을 갖게 될 때까지, 리더는 그들과 수없이 맞설 준비를 하라. 그들과 맞서 대면하는 것을 너무 미루지 말라.

6단계 : 사후 평가

'방법 3'에 의한 문제 해결 과정에서 나온 해결 방안이라도 모두 최선의 것일 수는 없다. 때때로 리더나 A가 해결 방안에서 단점을 발견할 수 있는데, 이런 경우에 그 문제는 문제 해결의 앞단계 과정을 다시 거치도록 해야 한다. 따라서 리더는 A가 해결 방안을 지금 어떻게 생각하고 있는지 물어보는 것이 때로는 중요하다.

두 사람은 결정 사항도 언제나 수정될 수 있는 여지가 있다는 것을 이해해야 한다. 그러나 누구도 결정을 일방적으로 변경할수는 없다. 처음 결정할 때와 같이 결정을 변경할 때도 서로 동의를 해야 한다.

때때로 '방법 3'을 처음으로 사용하는 사람들이 이 방법에 지나치게 몰입하는 경우가 있다. 즉 열성이 너무 지나쳐서 너무나 많은 일을 하겠다든지 불가능한 일을 하겠다고 동의한다. 이런 경우에는 그 결정을 수정할 수 있는 가능성을 반드시 남겨 두라.

기억해야 할 사항 :

효과적인 문제 해결을 위한 최선의 도구는 항상 다음과 같은 것들이다.

- 적극적 듣기.
- 분명하고 솔직한 나-메시지.
- 다른 사람의 욕구에 대한 존중.
- 신뢰.
- 새로운 데이터에 대한 열린 자세.
- 인내.
- 실패를 방관하지 않겠다는 굳은 의지.
- '방법 1'이나 '방법 2'로 되돌아가는 것을 거부함.

■■■■ 무패 방법 사용의 문제점

리더는 최선의 상황에서조차 무패 방법을 사용하는 데 있어 여러 가지 문제들과 부딪치게 될 것이다. 일이 순조롭게 진행되는 경우는 거의 없다. 때때로 리더는 이 방법이 자신이 예상했던 것보다 많은 시간이 걸리기 때문에 당황할 것이다. 어쩌면 리더는 서로 받아들일 수 있는 해결 방안을 당장 찾지 못할 수도 있다. 리더는 또한 누군가 합의 사항을 준수하지 않는 상황에 봉착할 수도 있다. 가끔 리더는 모든 과정을 내팽개치고 '방법 1'의 권력 접근 방식으로 되돌아가고 싶은 유혹을 받을 것이다. 경우에 따라서는 집단 구성원들이 마음을 열지 않고 감정을 표현하지 않을 때나 그들이 너무 거리낌 없이 리더의 아이디어를 비평할 때, 또는 완강하게 그들의 의견을 고집할 때 리더는 초조해지거나 화가 나게 될 것이다.

다시 말하지만, 리더는 무패 방법이 현실적으로 가치 교환을 수반한다는 사실을 알아야 한다. 즉 편익에는 비용이 따르고, 보상이 있으면 문제도 있다. 따라서 리더는 편익이 그만한 비용의 가치가 있는지 판단할 수 있어야 한다. 무패 방법 사용에 따른 문제점들을 인식하는 것은 리더가 편익이 과연 그만한 노력을 들일 가치가 있는 것인지 평가하는 데 도움을 줄 것이다.

당신은 개방적이고 솔직한 관계를 원하는가?

대다수 리더들은 이 질문에 대해 "그렇다."고 대답할 것 같다. 그 이유는 적어도 관념적으로는 다른 사람들과 개방적이고 솔직한 관계를 갖는다는 것은 대부분의 사람들이 이상적으로 생각하는 목표일 것이기 때문이다. 그러나 대부분의 조직에서 리더와 집단 구성원들 사이에 개방적이고 솔직한 관계는 좀처럼 보기 드물다. 리더는 '보스 역할'을 하고, 집단 구성원들은 '부하 역할'을 한다.

배의 선장은 폭풍 속에서조차 모든 것을 통제하고 있는 듯이 보여야 한다. 그리고 보스는 겉으로 냉정하고, 침착하며, 태연한 태도를 유지하고 있어야 하는 것으로 되어 있다. 리더는 명령을 내리고 부하들에게 그들이 해야 할 것만을 말할 뿐, 자신들의 두려움을 말해서도 자신들의 실수를 인정해서도 안 된다. 리더는 자신들의 인간 됨됨이를 감춘다.

직원은 명령을 받고 보스의 권고를 받도록 되어 있다. 그들은 보스에게 비판적이면 안 되며 보스의 판단에 의문을 제기해서도 안 된다. 그들은 자신들의 감정을 숨기고 실수를 감춘다. 그들에게 솔직한 것은 너무나 위험한 짓이고, 자기들의 주장을 내세우는 것은 너무나 주제넘은 짓이다.

중서부 지역에 있는 한 화학 공장의 엔지니어는 이것에 관해 다음과 같은 이야기를 들려주었다.

"우리 회사의 감독자들 대부분은 아주 조금 더 영리하고, 그들의 일에 조금 더 우월감을 갖고, 조금 더 공격적이기 때문에 감독자가 된 사람들입니다. 그들의 문화에서 감독자가 의미하는 것은 이제 자기들은 보스라는 겁니다. 말 그대로 '보스' 라는 거죠. 보스는 다른 식으로 행동을 하죠. 이를테면 누구에게도 의견을 묻지 않습니다. 보스는 사람들에게 명령을 내립니다. 그들은 그저 생산해 대는 것 외에는 관심이 없어요. 이런 식으로 행동하는 것이 우리 회사의 문화입니다. 감독자가 되려고 그렇게 열심히 일하는 전적인 이유는 보스가 될 수 있기 때문이죠. 아마 그들 중 상당수는 '나는 내 힘을 다른 사람들과 나누고 싶지 않소.' 라고 말할 겁니다."

리더가 권력을 사용하는 것을 그만두고 무패 방법으로 갈등을 해소하려고 할 때, 그는 자신의 지금까지 역할을 중단하고 가면을 벗는다. 직원들은 점점 보스가 정말로 자신들의 욕구를 충족시킬 수 있는 해결 방안을 원한다는 것을 실감하면서부터 그들의 욕구를 공개적으로 솔직하게 표현하기 시작한다. 그리고 직원들은 갈등이 자신들이 패하는 결정을 가져오지 않을 것이라고 확신할 때 진짜 감정을 드러내면서 보스에게 맞서 대면하는 것도 겁내지 않게 된다. 이것은 다른 방향으로도 작용한다. 즉 리더도 직원들에게 좀더 개방적이 되고 솔직해진다.

'방법 3'은 리더-구성원 관계에 새로운 규범을 가져온다. 결국에는 갈등에 관여된 모든 사람들이 수용할 수 있는 해결 방안이 찾아질 것이기 때문에, 갈등 상황에서조차 서로 흉금을 털어놓고 방어하지 않아도 안전하다.

이것은 리더가 만일 '방법 3'을 사용한다면 독재적인 리더들에게는 거의 표출되지 않는 감정, 비판, 불평을 분명히 듣게 된다는 것을 의미한다.

당신은 이것에 대한 준비가 되어 있는가? 당신은 사람들이 당신에 대해 생각하는 것을 듣고 수용할 수 있겠는가? 당신은 변명하거나 보복하지 않고, 비판을 수용하거나 다른 사람들이 당신의 생각이나 의견에 반대하는 것을 용납할 수 있겠는가?

수용 가능한 해결 방안을 찾기 힘든 경우

L.E.T. 과정에서 자주 제기되는 질문은 "만일 상호 수용 가능한 해결 방안을 쉽게 찾아내지 못한다면 어떻게 하는가?"라는 것이다.

내 생각으로 이 질문이 자주 제기되는 주된 이유는 '방법 3'에 대한 경험이 거의 없거나 전혀 없는 리더들이 일반적으로 갈등 당사자들이 누구도 패하지 않는 해결 방안을 찾아내는 가능성에 대해서 회의적이기 때문이다. 그들은 이런 일이 일어나는 것을 본 적이 없기 때문에, 이런 일이 일어나지 않을 것이라고 확신한다.

사실은 이런 일이 자주 일어난다는 것이다. 그러나 때로는 상호 수용 가능한 해결 방안을 찾기가 힘든 것도 사실이다. 갈등 해소 과정이 아무런 진전 없이 막다른 궁지에 몰리는 이유는 갈등 당사자들이 문제 해결 과정의 6단계를 제대로 따르지 않았기 때문이다. 혹은 당사자들 중 한 사람이(또는 모두가) 아직도 승-패를 나누는 태도와 권력 다툼의 정신적 자세를 가지고 있기 때문이다. 그리고 말할 필요도 없이 어떤 갈등은 너무 복잡해서 좋은 해결 방안을 찾는 데 더 많은 창의력과 자원을 필요로 한다.

상호 수용 가능한 해결 방안을 찾기 힘든 경우에 이를 타개하는 효과적인 방법은 다음과 같다.

1. 2단계로 돌아가서 추가로 해결 방안을 만든다.
2. 1단계로 돌아가서 문제를 재정의한다. 아직 말하지 못한 근본적인 문제—즉 '숨겨진 의제'—가 남아 있을 수 있다.
3. 연관된 사람들에게 직접 호소한다. 예를 들면, "왜 우리 모두가 받아들일 수 있는 해결 방안을 찾기가 힘이 드는지 아는 사람 있습니까? 무엇이 우리를 방해하고 있습니까?"
4. 연관된 모든 사람들에게 결정을 추후로 미루고 나중에 다시 문제 해결 과정을 계속할 의사가 있는지 물어본다.
5. 연구가 더 필요한지, 자료가 더 필요한지, 진상 파악이 더 필요한지를 물어보라. 만일 그렇다면, 이들을 위한 대책반을 구성하고 임무를 부여한 후에 추후에 그룹에 보고할 것을 요청한다. 또는 소규모 연구를 수행할 수도 있다.
6. 외부 컨설턴트 영입을 고려해 본다.
7. 상충하는 해결 방안보다는 각 당사자들의 욕구에 다시 초점을 맞춘다.
8. 만일 아주 짧은 기한 내에 해결 방안을 찾아내야만 하는 타당한 이유가 있다면, 사람들에게 시간 제약이 있다는 것과 그 기한을 지키지 못했을 경우 초래되는 결과를 알려 준다.
9. 집단이 해결 방안 중 하나를 일정 기간 동안 시험적으로 시도해 볼 의사가 있는지 알아본다.

나는 이 책의 10장에서 공식적인 조직에서 리더와 집단 구성원들 간의 미해결된 갈등이나 교착 상태를 리더 위에 있는 상사의 도움을 받아 다루는 방법을 설명한다.

이런 방법들은 결정이 이루어지지 못하고 교착 상태가 발생한 경우에 이것을 타개하는 데 유용하지만, 장기적인 안목으로 보면 이런 교착 상태를 예방하는 것이 리더의 목표가 되어야 한다. 하지만, 이것은 시간이 걸리는 일이다. 결국, 사람들이 자신들의 갈등을 무패 방법을 사용하여 성공적으로 해결하면 할수록, 서로 신뢰하고 배려하는 태도는 발전할 것이다. "어느 것도 성공만큼 성공하지 못한다."는 것은 진실이다.

리더의 자유 영역

만일 당신이 무패 방법에 의한 갈등 해결을 리더가 갈등 당사자들(물론 리더를 포함함)에게 의사 결정 권한을 위임하는 한 가지 형식으로 생각한다면, 리더는 자신이 실제로 가지고 있는 것 이상의 의사 결정 권한을 위임할 수 없다는 것은 명백하다.

예를 들면, 회사의 최고 경영진이 어떤 제품의 소매 가격을 미리 결정하였다면, 판매 사원의 감독자는 판매 사원들이 소비자들에게 청구해야 할 그 제품의 가격에 관한 갈등을 해결하기 위해서 절대로 무패 방법을 사용해서는 안 된다. 제품 가격 문제는 분명히 감독자의 자유 영역 밖에 있다. 월급에서 소득세로 얼마를 유보할 것인지(연방법), 판매세로 소비자에게 얼마를 부과할 것인지(주법) 하는 문제도 마찬가지이다.

모든 리더의 의사 결정에 대한 자유는 한계가 있으며, 이것은 문제 해결 과정을 통해서 합법적으로 협상할 수 있는 문제의 수를 제한한다. 이런 현실을 이해하지 못하는 것이 무패 방법에 대한 수많은 오해의 원인이다. 예컨대, L.E.T. 과정에 참가한 어떤 리더는 "리더가 집단 구성원들과 문제 해결 과정을 통해서 모든 차이와 불일치를 해결할 수 있다는 것은 도대체가 가능하지 않다."라는 견지에서 무패 방법의 아이디어에 대해 반대한다. 물론 가능하지 않다. 그들은 그런 시도를 하면 안 된다. 많은 문제들은 리더의 자유 영역 밖에 있을 것이고 따라서 협상할 수 있는 것이 아니다.

다음 정사각형을 어떤 리더의 가상적인 전체 자유를 정의하는 것으로 생각해 보자(전적으로 아무런 한계가 없는 경우).

대다수 리더의 자유는 최소임금법 같은 연방법에 의해 제한된다.

주법(州法)이 부과하는 제약도 있다. 예를 들면, 작업자는 작업장에서 반드시 보호 안경을 써야 한다. 또는 하루 8시간 이상의 일은 초과 근무로 인정한다.

물론 근무 시간, 중간 휴식의 횟수 같은 회사 규칙도 있다.

그 외에 부서장은 사업부장 정책의 통제를 받으며, 감독자는 부서장 정책의 통제를 받는다 등등.

따라서 대부분의 리더는 실제로 무패 방법을 사용할 수 있는 비교적 작은 자유 영역을 가지고 있다. 그들이 조직의 위계질서에서 아래에 속할수록, 그들의 자유 영역은 점점 작아진다.

여기에 리더가 특정한 문제를 이런 관점에서 생각하는 것을 돕기 위해서 리더 자신과 집단에게 묻는 질문이 있다.

1. 나(우리)는 이 문제에 대해서 결정할 수 있는 자유 영역을 갖고 있는가?
2. 문제 해결 과정의 6단계 중 어느 단계까지 나(우리)의 자유 영역 안에 있는가?
3. 나(우리)의 자유 영역 밖에 있는 결정이나 행위는 무엇인가?
4. 누가 우리가 필요로 하는 자유 영역을 가지고 있는가?
5. 우리가 그 사람을 지금 개입시켜야 할까? 아니면 나중에?

리더는 집단 내에 그들의 자유 영역 밖에 있는 문제에 관한 갈등이 발생한다면 어떻게 해야 하는가? 이에 대한 몇 가지 제안이 있다.

1. 집단 구성원들에게 그 문제는 협상이 불가능하다는 것과 그 이유를 말하라.
2. 그들의 불만을 적극적으로 들어라. 그러면 어떻게, 그리고 왜 그들의 욕구가 충족되고 있지 않은지 이해할 수 있다.
3. 더 나은 규칙에 대한 집단의 아이디어를 수집하라.
4. 만일 리더가 어떤 해결 방안에 대해서 동의한다면, 리더는 보다 상위에 있는 경영팀(리더가 구성원임) 내에서 그 변화에 대해 강력하게 옹호한다.

5. 만일 그것이 거부되면, 리더는 자신의 집단으로 돌아와 그 이유를 설명한다. 그리고 그들의 감정을 적극적으로 들을 준비를 하라.

마지막 두 가지 제안은 중요한 원리를 담고 있다. 연구에 의하면, 바로 상위에 있는 경영팀에서 자기 집단 구성원들의 강력하고 효과적인 옹호자가 아닌 리더는 그렇게 행동하는 다른 리더에 비해서 사기도 낮고 생산성도 낮은 작업자들을 데리고 있었다. 이것은 내가 줄곧 강조하고 있는 것을 뒷받침한다. 효과적인 리더는 집단 구성원들이 볼 때 그들의 욕구를 성공적으로 충족시켜 주는 사람이다. 따라서 보다 상위 수준에 있는 경영팀에서 자신의 구성원들을 적절하게 대변하지 못하는 리더는 구성원들에게 그들이 원하는 것을 주지 못하는 약한 리더로 간주될 것이다.

승-패 방법으로 복귀하고 싶은 유혹

모든 리더는 그들이 무패 방법을 신뢰하는 정도와는 상관없이 수용 가능한 해결 방안이 쉽게 찾아지지 않는 경우에 때로는 한 가지 승-패 방법으로 되돌아가고 싶은 유혹을 받는다. 이것은 지극히 자연스러운 것이다. 리더는 최종 마감 기한의 압력을 느끼면, 당황하고 조급해진다. 또는 리더는 견해를 바꾸지 않는 사람들에게 분노하게 되고, 때때로 이런 말을 하고 싶은 지경에 이른다. "좋다, 만일 우리가 아무런 합의도 이룰 수 없다면, 무엇을 해야 하는지는 내가 결정하겠다."

여기에 무슨 잘못이 있을 수 있는가? 어쨌든 결정이 내려지도록 만드는 것이 리더의 책임이고, 만일 갈등의 모든 당사자들이 상호 수용 가능한 결정을 찾아내지 못한다면 여기에 뛰어들어 결정을 내리는 것이 리더의 임무가 아닌가?

그러면 이런 행위의 결과를 생각해 보자. 어떤 집단 구성원들은 원망하거나 화를 낼 것이고, 어떤 이들은 리더의 일방적인 결정을 수행하지 않으려고 저항할 것이다. 그리고 모든 구성원들은 그들이 쉽게 잊지 못할 하나의 교훈을 배우게 될 것이다. 즉 우리 리더는 일이 자기가 원하는 식으로 되지 않으면 권력을 사용하는 방법으로 되돌아갈 수 있다. 이것이 바로 내가 수년 전에 컨설턴트로 일했던 한 회사의 어떤 중역이 배운 교훈이다.

"우리는 스태프 회의에서 의사 결정을 민주적인 방법으로 하지요. 그러나 단지 보스가 좋아하는 결정을 우리가 제안할 경우에만 그렇습니다. 우리가 그렇지 못하면, 그가 결정을 내립니다. 그래서 이제 우리는 해결 방안을 찾기 위해 그렇게 긴 토의를 할 필요가 없다고 느끼죠. 결국, 그가 자기 뜻대로 할 건데요."

이런 반응을 피할 수 있는 다른 어떤 방법은 없을까? 내가 본 한 가지 효과적인 접근 방법은 교착 상태를 타개하기 위해서 구성원들에게 리더가 결정을 내리도록 할 용의가 있는지 여부를 리더 자신이 물어보는 것이다.

"우리는 모든 사람이 수용할 수 있는 해결 방안을 찾지 못할 것 같습니다. 그리고 우리 모두는 어떤 결정이 내려져야만 한다는 것도 알고 있습니다. 우리 그룹은 이 경우에 내가 결정하는 것을 수용할 수 있습니까?"

집단 구성원들은 길게 늘어지는 논쟁보다 이것을 더 선호하기 때문에, 꽤 많은 경우에 그들은 기꺼이 동의할 것이다. 만일 강한 반대가 있다면, 리더는 자기의 의견을 거두고 문제 해결 과정을 다시 시도해야 한다.

'방법 1'로 복귀하는 것만큼 리더들을 유혹하는 것은 그들이 수용할 수 없는 결정에 굴복하는 것이다('방법 2'). 이것도 역시 가혹한 결과를 가져온다. 우선 리더 자신이 나중에 원망할 가능성이 있다. 두 번째로 이런 유약한 행위도 역시 집단 구성원들에게 또 다른 교훈을 가르쳐 준다. 구성원들은 자신들이 원하는 것에 충분히 오래 매달리면 결국 리더는 굴복하고 만다는 것을 터득한다.

컨센서스, 다수, 상호 수용

무패 방법에 대한 많은 오해와 저항은 대부분의 사람들이 다음 3가지 단어의 엄밀한 의미를 제대로 파악하고 있지 못하기 때문이다. '컨센서스(consensus)'와 '다수(多數)' 그리고 '상호 수용' 등 이 3가지 용어는 집단이 만들어 내야 하는 결정의 종류를 판정하는 기준이다.

컨센서스는 완전한 동의나 만장일치를 뜻하는 말로 흔히 사용되지만 엄밀한(사전적) 의미는 '일반적 동의'를 뜻한다. 두 번째 정의는 '다수 의견'이다. 그러나 사람들이 "우리는 컨센서스에 의해서 결정을 한다."라고 말할 경우에 그들은 대개 투표한 사람들 중 다수가 동의('대다수' 동의)하는 것이 아니라 모든 사람들이 동의한다는 것을 의미한다.

다수는 보통 '소수파와 대비해서 전체의 반보다 큰 숫자'라고 이해되고 있다.(특정한 결정의 경우에 어떤 집단은 '3분의 2 다수'를 요구하기도 한다.)

그런데 '일반적 동의' 라는 말은 얼마나 많은 사람들이 동의하고 또 얼마나 많은 사람들이 반대하는지를 정확하게 나타내지 못하기 때문에, 컨센서스는 분명히 다수라는 말보다 덜 정확하다. 그러나 다수라는 말은 적어도 반, 그리고 어쩌면 그 이상 동의한다는 것을 구체적으로 말한다. 이제 어떤 집단이 다수결에 의해서 특정한 결정을 내린다면, 다수파는 승리하고 소수파는 패배한다. ―하나의 승-패 결과. 대다수 집단에서 의사 결정에 대한 가장 보편적인 기준은 '다수결의 원칙' 이며, 이것은 다수파가 승리하고 소수파가 패배한다는 것을 완곡하게 표현한 것이다. 이것은 의사 결정을 위한 무패 방법 같지는 않은데, 사실 그렇지 않다.

그러면 무패 결정은 어떻게 내려지는가? 적어도 우리가 일반적으로 사용하는 의미에서의 표결로는 결정되지 않는다. 이것이 바로 내가 무패 방법은 절대로 표결을 요구하지 않는다는 것을 강조하는 이유이다. 사실, 표결은 무패 의사 결정과 정반대되는 것이다.

무패 방법에 의한 의사 결정은 오직 리더를 포함하여 모든 구성원들이 결정을 수용할 의사가 있을 때에만 내려진다. 이것이 내가 '상호 수용' 이라고 부르는 것이다. 특히 내가 여기서 모든 구성원들이 그 결정에 '동의' 한다고 말하지 않은 것에 유의하기 바란다. 그 까닭은 때때로 사람들은 어떤 해결 방안에 동의하지 않더라도,―또는 적어도 그것에 완전히 동의하지 않더라도―그것을 수용할 용의가 있기 때문이다.

그러나 우리가 어떻게 집단의 모든 구성원들이 어떤 결정에 대해 상호 수용할 수 있는 상태에 도달했는지 알 수 있는가 하는 의문은 그대로 남아 있다. 이것은 몇 가지 방법으로 알 수 있다.

1. 리더가 물어본다. "모두 이 결정을 수용합니까?" 만일 모두 고개를 끄덕이거나 "네."라고 대답하면, 그 결정은 최종적인 것으로 간주한다.

2. 리더가 물어본다. "이 결정을 반대하는 사람이 있습니까?" 만일 아무도 이야기하지 않으면, 모두 그 결정을 수용하는 것으로 본다.

3. 집단 구성원들 중 누구나 위의 1 또는 2의 항목을 물어볼 수 있다.

비록 나는 이런 중요한 마무리 기능을 퀘이커 교도들이 말하는 것처럼 "회의에 대한 감을 잡는다."고 표현하는 것을 좋아하지만, 이 방법도 일종의 표결 형식이 될 수 있다. 이것은 비공식적인 여론 투표와 아주 흡사하고, 최종적인 결론을 정한다기보다는 모든 사람들이 어떤 결정을 수용할 준비가 되어 있는지 알아보는 것이다. 만일 누군가—물론 리더를 포함한다—준비되어 있지 않다면 아직 문제 해결 과정이 끝난 것은 아니다.

사람들이 "어떻든 리더는 그래도 리더고, 리더가 모든 결정에 대해 해명해야 할 책무가 있기 때문에, 리더는 집단의 모든 결정에 대해 찬성할 수는 없을 겁니다."라고 말한다면, 그 사람들은 무패 방법에서는 리더를 포함한 모든 사람들이 그 결정을 수용하기 전에는 집단의 결정도 없다는 사실을 이해하지 못하고 있는 것이다.

그리고 내가 반복해서 강조한 것처럼, 리더가 자신의 집단이 내린 결정에 대해 해명할 책무가 있기 때문에 그 자신이 수용할 수 없는 결정에 대해서 찬성한다는 것도 어리석은 일이다.

집단은 모든 것을 결정해야 하는가?

이 의문은 무패 방법에 대한 또 다른 오해 때문에 생긴다. 이것은 만일 모든 문제에 대해 집단이 결정을 해야 한다면 너무나 많은 시간이 걸리기 때문에 '아무 일도 되지 않을 것'이라는 근거 있는 염려에서 비롯되었다. 그러나 실제로 조직에서 아주 많은 퍼센트의 결정은 집단의 아무런 참여 없이 이루어진다. 그리고 그래야만 한다. 내가 나 자신의 일에 대해 느끼는 것은 다음과 같다.

나는 한 조직의 설립자로서 하루에도 많은 결정을 내린다. 예를 들면, 나는 일본에서 강연해 달라는 초청을 수락하기로 결정한다. 나는 다른 초청은 거절한다. 나는 이전에 계획한 회의를 연기하기로 결정한다. 나는 우리 회사가 하는 일을 알기 원하는 한 동료의 회사 방문 요청에 동의한다. 나는 캐나다에 있는 강사에게 감사 편지를 쓰기로 한다. 나는 부모들을 위한 온라인 채팅 프로그램에 출연해 달라는 초청을 수락하기로 결정한다.

분명히, 나는 내 직책의 책임, 다시 말해서 내 직무가 요구하는 것을 수행하기 위해서 이런 모든 결정을 내려야 한다고 느낀다. 이 책의 8장에서 토의한 바 있는 사람의 직무에서 나오는 공인된 권위인 '직무 권위'를 기억하라. 나는 내 직위가 부여한 권위에 의해서 많은 결정을 내린다. 그러나 내가 부닥치는 다른 사람들과의 갈등, 다른 사람들에게 심각한 영향을 주는 문제들에 대한 갈등, 나의 경영팀에서 문제를 해결하기 위해 내려야 하는 결정에 대한 갈등은 별개의 사안이다. 나는 이런 갈등의 경우에는 갈등을 해소하기 위해 권력을 사용함으로써 부정적인 결과가 발생할 위험이 있는 '방법 1' 보다는 무패 방법을 선택한다.

집단에 의하지 않는 의사 결정이 또 있다. 빈번히 일어나는 일이지만, 문제 해결 과정 도중에 집단은 의사 결정 책임을 리더나 집단의 일부 구성원 또는 태스크 포스(task force)에게 위임하기도 한다.

한 경영팀은 회의 안건에 올라 있는 문제인 회사에서 제공하는 의료 계획의 타당성을 다루기 시작한다. 경영팀은 몇 분 동안 그 문제를 정의한 뒤에 다른 몇몇 보험 회사들이 제공하는 다른 의료 계획을 조사하는 전적인 책임을 담당 매니저에게 위임한다. 그녀는 그 일을 완료한 후에 최선의 의료 계획을 선택하는 권한도 부여받았다. 그녀는 그 과제를 받아들이고 다음 수 주일 동안 혼자서 문제 해결 과정의 2단계에서 5단계까지 완료한다. 즉 의료 계획 대안을 조사하고, 각 대안을 평가하고, 최종 결정을 내리고 그것을 실행한다.

집단의 지혜는 우리가 생각하는 것보다 훨씬 많은 경우에 신뢰할 수 있다. 집단 구성원들은 모든 문제에 대해 결정하는 것을 원하지 않는다. 집단 구성원들은 그저 그들이 판단하기에 자신들의 욕구를 충족시키고, 그들도 중요한 이해관계가 걸려 있으며 조직의 욕구를 충족시키는 데 가장 결정적인 것들만 결정하고자 한다. 다른 많은 문제들의 경우에, 대체로 그들은 다른 사람들이 힘든 작업인 문제 해결의 책임을 맡는 것을 선호한다.

합의 사항들이 지켜지지 않을 때

'방법 3'은 최종적인 결정을 수행하는 데 있어서 '방법 1' 보다 훨씬 강력한 동기를 사람들에게 부여하지만, 리더는 집단 구성원들 중에서 어느 한 사람 혹은 그 이상의 사람들이 그 결정을 지키지 않는 경우를 대비해야 한다. 리더는 이런 사태를 예상하면서 자주 자문한다. "만일 사람들이 합의 사항을 지키지 못하거나 협약 내용을 시행하지 않는다면, '방법 1' (또는 권력)의 사용은 필요하고 정당화되는 것이 아닌가?"

다시 말하지만, 이런 경우에 처벌, 경고, 위협 또는 질책하려는 유혹은 사람들의 과거 경험, 특히 어린 시절의 경험으로부터 유래한다. 이런 것들은 바로 아이들이 합의 사항을 지키지 못했을 때 어른들이 나타내는 반응들이었다.

무패 방법에 의한 의사 결정에 대하여 복종을 강요하거나 그 결정에 대한 불복종을 처벌하기 위하여 권력을 사용하는 것은 결정을 내릴 때 권력을 사용하는 것과 동일한 결과(대처 수단과 손상된 관계)를 초래한다. 권력을 사용하지 않는 다음과 같은 방법이 일반적으로 덜 위험하고 더 효과가 있다.

1. 결정 사항을 잊지 않도록 말이나 이메일로 주의를 주라.
2. 리더는 나-메시지로 합의 사항을 지키지 않는 것은 수용할 수 없다는 것을 분명히 전하라.
3. 결정을 준수하지 않는 문제를 그룹으로 가지고 와서 해결을 시도하라. "우리는 결정을 했습니다. 그런데 우리들 중 몇 사람이 이것을 이행하지 않는 것이 내 눈에 띕니다. 우리가 어떻게 이 문제를 다루어야 하겠습니까?"

누가 문제 해결 과정에 참여해야 하는가?

리더는 어떤 때는 문제 해결 회의에 필요 이상의 사람들을 끌어들이고 반대로 어떤 때는 분명히 포함시켜야 할 사람을 제외시킨다. 너무나 많은 사람이 회의에 참석하면 문제 해결 과정이 방해받을 수 있다. 그리고 만일 문제에 대해 아무런 흥미가 없는 사람이 참석한다면, 그들은 생산적인 업무 시간을 빼앗긴 것을 원망한다. 또한, 문제 해결 회의에 어떤 사람을 제외시키는 것도 원망을 살 수 있는데, 그 사람의 이해관계가 회의에서 문제가 해결된 결과에 따라 영향을 받는 경우에 특히 심하다. 그리고 사람들은 회의에서 제외된 것을 조직에서 자신의 가치가 인정받지 못하고 있다는 증거로 해석하기도 한다. 즉 이것은 그들의 자긍심에 대한 타격이 될 수 있다.

모든 상황에 맞는 시스템은 없지만, 만일 리더가 결정에 관해서 아주 중요한 한 가지 원리를 이해한다면, 그는 각 문제 해결 회의에 누구를 포함시켜야 할 것인지를 보다 쉽게 결정할 수 있을 것이다.

사람들은 통상적으로 결정을 단지 품질의 관점에서만 생각한다. "이 결정은 좋은가 혹은 나쁜가?", "우리는 높은 질, 그렇지 않으면 낮은 질의 결정을 내렸나?" 결정의 품질은 그 결정을 평가하는 하나의 중요한 기준이지만 그것만이 유일한 잣대는 아니다. 내가 컨설턴트로 일했던 한 조직의 중역은 농담조로 이런 고백을 했다.

"과거에 나는 높은 양질의 결정을 내리는 내가 무척 자랑스러웠습니다. 나는 정말로 많은 양질의 결정을 내렸어요. 그런데 한 가지

문제는 그 결정을 이행해야 하는 사람들이 항상 수용하는 것은 아니었
다는 것입니다."

결정은 반드시 그 품질로서 평가되어야 하는가? 물론 그렇다.
그러나 그것은 또한 그 결정을 실행해야 하는 사람들이 수용하는
정도에 따라 평가되어야 한다.
　이 상식적인 원리는 리더가 문제 해결 회의에 누구를 부를 것인
지 결정하는 데 도움을 줄 수 있다. 리더가 이 문제와 마주치면,
리더는 두 가지 질문을 자신에게 물어볼 필요가 있다.

- 누가 이 문제와 관련이 있는 자료를 가지고 있나?
- 누가 이 결정으로 영향을 받을 것인가?

　첫 번째 질문은 궁극적인 결정의 품질에 대한 리더의 관심을 나
타내고, 두 번째 질문은 그 결정이 최대로 수용되는 것을 바라는
리더의 희망을 나타낸다. 문제와 관계있는 자료를 갖고 있는 사람
들을 참가시키는 것은 리더가 양질의 결정을 얻을 수 있는 가능성
을 분명히 높인다. 그렇지만 왜 그 결정의 영향을 받는 사람들을
포함시키는가? 내가 앞에서 기술한 '참여의 원리'를 기억하라.
사람들은 의사 결정 과정에서 자신들이 목소리를 내는 경우에 그
결정을 실행하려고 하는 보다 큰 동기를 부여받는 것이다.
　세인트 루이스에 있는 한 커다란 제조 공장의 감독자는 참여 원
리의 중요성을 분명히 인식하고 있었고, 그것이 효과가 있는 이유
를 이렇게 설명했다.

"작업자들이 쓰는 장갑같이 간단한 예를 들어 봅시다. 작업자들이 우리가 사준 장갑을 좋아한 적은 한 번도 없었어요. 이것은 '너무 뻣뻣하다.' 거나 저것은 '너무 단단하다.' 는 겁니다. 그래서 우리는 시카고에서 몇 가지 샘플을 비행기로 공수하고서 그들이 원하는 것을 고르도록 했습니다. 그들이 100퍼센트 찬성한 것은 없었습니다. 그러나 그들은 그 중에서 가장 많은 찬성을 얻은 장갑을 받았습니다. 그리고 그들은 지금 그것에 대해 아무 말도 없습니다. 제 생각으론, 그 결정에 대해 제안을 한 사람이 나중에 뒤돌아서서 그것은 좋은 것이 아니라고 말한다면, 그것은 마치 '나는 바보요.' 라고 말하는 것입니다. 그 사람이 그것을 고르는 결정에 관여했다면, 그는 그런 입장을 취할 수는 없고, 그 결정이 모두 감독자의 잘못—또는 회사의 잘못—인 것처럼 행동할 수도 없는 것이지요. 그런데도 만일 그런 식으로 행동한다면, 다른 사람들은 다 알아요."

되돌아갈 수 없다

나는 세월이 지나면서 다음과 같은 사실을 확신하게 되었다. 리더가 갈등을 해소하기 위하여 무패 방법을 사용하겠다고 공약을 하면, 리더가 다시 독재적인 방법으로 되돌아갈 수 있는 선택의 자유는 거의 없다. 사람들에게 누구도 패배하지 않고 갈등을 해소하는 것이 어떤 것이라는 경험을 맛보게 하라. 그러면 그 사람들은 그것을 빼앗기는 것에 대해 강하게 저항할 것이다. 어쩌면 이것은 '돌아갈 수 없는 지점' 을 통과한 것과 비슷하다. 일단 집단 구성원들이 그들의 욕구를 존중하는 리더에 익숙해지면, 그들은 욕구 충족이 미흡한 이전의 상태로 회귀하는 것을 견디지 못할 것이다.

아마 지금 우리는 리더가 무패 방법으로 변화를 시도하기 전에 이해하는 것이 바람직한 인간관계에서의 새로운 원리와 마주친 것 같다. 이 원리가 영향을 미치는 이유는 다음과 같이 여러 방식으로 설명될 수 있다.

첫째로, 사람들이 처음에 무패 방법에 익숙하지 못할 때는 일반적으로 무패 방법을 선물이나 특전으로 여기지만 시간이 지나면서 권리로 느낀다. 그리고 그 후에 사람들은 그 권리를 부정하는 어떠한 시도와도 싸우려 할 것이다. 이것은 마치 투쟁을 통하여 마침내 투표권을 획득한 사람들이 이제 이것을 빼앗으려는 어떤 시도와도 싸울 것이 확실한 것만큼이나 분명한 일이다.

둘째로, '방법 3'을 채택하기 시작한 리더는 갈등을 해소하는 전혀 새롭고 다른 방법을 보여 주는 행동으로써 사실상 집단 구성원들을 교육하고 있는 것이다. 일단 집단 구성원들이 '방법 3'이 얼마나 다른 방법이라는 것을 이해한 후에 리더가 '방법 1'로 돌아가 이것을 다시 사용하려고 한다면, 그들은 쉽게 그 방법을 알아챈다. 그리고 그들이 이것에 대하여 리더의 주의를 환기시키지 않을 것이라고 생각하지 말라.

우리는 이것을 무패 방법을 사용하는 부모에게 익숙해진 아이들이 있는 가정에서 맨 먼저 발견했다. 만일 부모가 슬며시 강압적인 힘을 사용하는 것으로 되돌아간다면 아이들은 부모에게 그것을 일깨워 줄 것이다.

몇 해 전, 우리 집에서 있었던 일이다. 그때 내 딸은 11살 정도였는데, 나는 딸아이의 먹는 버릇에 관한 갈등에 말려들었다. 나는 그 애가 설탕과 탄수화물은 많이 먹는 대신에 단백질과 야채는 너무 적게 먹는 것을 반대하고 있었다. 나의 감정은 권력을 사용할 정도로 아주 고조되었다. "좋아, 그렇다면 지금부터 앞으로는 더 이상 디저트는 없어." 그리고 "방과 후에 먹는 간식도 단것은 금지다." 그런데 내가 식탁 위의 음식을 먹다 말고 딸아이를 올려다보니, 그 애는 오른손을 집게손가락 하나만 펴고 위로 들고 있었다. 내가 바라보자, 딸아이는 거의 들릴 듯한 소리로 속삭였다. '방법 1!' 믿을지 모르지만, 나는 즉시 나의 권위적인 태도를 거두어들였다.

조직의 리더들도 일단 집단 구성원들이 강압적으로 갈등을 다루지 않는 분위기에 익숙해지고 난 후에는 그로부터 벗어나는 어떠한 시도에도 그들도 극히 강한 부정적인 반응을 보인다는 사실을 역시 발견하게 될 것이다. 그저 한번 권위를 과시하는 것조차 그들의 눈에 쉽게 띄게 될 것은 당연하다. 팀원들은 충격을 받고 화를 낼지도 모르며, 그것은 국민들이 대통령에게 기대하는 윤리적 행동 규범으로부터 한참 벗어난 클린턴 대통령의 행동에 대해서 많은 사람들이 보여 주었던 강렬한 반응과 다르지 않은 것이다. 여러분은 내가 앞에서 주장했던 것을 기억할 것이다. 리더의 권력이 존재한다는 사실은 오직 이것이 행사되어졌을 때 알게 된다. 불행하게도 리더가 권력을 사용하지 않음으로써 수년 동안 쌓아 왔던 신뢰와 안정이 한 번의 순간적인 권력의 사용으로 말미암아 심각하게 손상될 수 있다. 이것은 마치 결혼 생활에서 오랜동안의 정절로 쌓아 온 믿음과 신뢰가 한 배우자의 단 한 번의 부도덕한 행위로 산산이 부서질 수 있는 것과 같다.
그렇다면 이것은 권력을 포기하기로 결정한 리더들은 자신들이 설교한 것들을 시행하는 데 절대로 실수하는 법이 없어야 하고 결코 후퇴하지 말아야 한다는 것을 의미하는 것인가? 전혀 그렇지 않다. 우선적으로, 무패 방법을 사용하기로 결정했음에도 불구하고 리더가 무심코 다시 권력적인 방법으로 빠져들기 시작한다면 집단 구성원들은 그 사실을 리더에게 지속적으로 일깨워 줄 것이다. 이 피드백은 분명히 리더로 하여금 자신이 설교한 것은 시행해야 한다는 사실을 배우도록 할 것이다. 둘째로, 경우에 따라 리더가 권력을 사용할 수밖에 없는 부득이한 사정이 발생한다면, 그 후에 리더가 취할 수 있는 건설적인 행동은 다음과 같다.

1. 집단 구성원들에게 왜 일방적인 행동을 했는지 설명하라. 그들이 이해할 수 있는 논리적인 이유가 있을 수 있다. 예컨대, 시간적인 압력 때문이었다거나 긴장했고 속이 상했었다거나 '방법 3' 시도가 실패했다거나 위험이 명백하게 존재했었다는 등의 이유.
2. 그들의 부정적인 감정을 이해하고 수용하는 것을 보여 주기 위해 적극적 듣기를 사용하라.
3. 앞으로 이와 유사한 상황이 일어나는 것을 방지하기 위한 방안을 함께 모색하라.
4. 사과하라. 그러나 물론 리더가 진정 그렇게 느낄 때만 그렇게 하라.

나는 지금까지 리더가 무패 방법을 사용하기로 공약한 이후에 권위적인 방법으로 다시 돌아갈 때 직면할 수 있는 어려움을 지적했지만, 또 다른 원리를 강조하는 것도 똑같이 중요하다. 즉 리더가 갈등을 무패 방법으로 해결하려고 정말로 성실하게 노력하고 있다는 것을 집단 구성원들이 확신하면, 그들은 리더가 그 목표를 달성하도록 도움을 줄 것이며, 리더가 그 길을 가면서 이따금 실수하는 것도 리더가 생각하는 것 이상으로 너그럽게 이해할 것이다. 그럼에도 불구하고 권력의 사용은 자주 원망과 적의와 보복을 불러일으킨다. 그리고 모두 아는 것처럼 사람들은 자신들이 강한 부정적인 감정을 가지고 있는 다른 사람들의 영향을 거부하는 경향이 있다. 환자가 의사를 좋아하지 않는 경우에 환자는 그 의사의 처방을 따르기를 싫어하는 경향이 있다. 학생들이 교사를 혐오하게 되면 교사의 지식이 아무리 많아도 학생들은 그 교사로부터 배우고 싶어하지 않는다. 부모가 권력을 사용하기 때문에 부모를 싫어하거나 혐오하는 아이들은 부모의 경험과 지혜의 영향을 거의 받지 않는다.

그러나 아직도 대다수 사람들은 다른 사람들에 대한 영향력을 증가시키기 위해 권력이 필요하다고 확신한다. 사람들은 자신들에게 권력을 사용했던 사람들과의 직접적인 경험을 쉽게 잊는다. 즉 권력을 사용하면 할수록, 영향력은 점점 더 감소한다는 사실을 말이다.(이것은 '방법 1'과 강압적인 수단의 또 다른 값비싼 대가이다.)

10

조직에서 무패 방법의 적용

나는 지금까지 주로 리더 한 사람과 집단 구성원 한 사람 간의 갈등에서 사용되는 무패 방법을 설명했지만, 갈등을 해소하는 비권력적인 방법은 다른 여러 상황에서도 효과가 있다. 사실, '방법 3'을 사용하는 능력을 개발한 리더들은 이것이 자신들의 '생활 방식'이 되어 있는 것을 발견하게 될 것이다. 다시 말해서 이 방법은 그들의 조직 내에서의 모든 관계를 구성하는 일부분이 된다.

과거의 승-패 접근 방법을 무패 방법으로 대체한 리더들은 자신들이 자동적으로 또는 거의 무의식적으로 모든 갈등 상황을 '나' 중심의 태도보다는 '우리' 중심의 태도로 접근하고 있는 것을 발견하게 될 것이다.

우리는 문제를 가지고 있다.	대	나는 이 사람과 문제를 가지고 있다.
우리는 의견의 일치를 보아야 한다.	대	나는 이것을 해결해 내야 한다.
우리는 필히 해결 방안을 찾아야 한다.	대	나는 필히 해결 방안을 찾아야 한다.

이런 '관계 속에서 사고하는 방식'은 다른 모든 갈등 상황으로도 이어진다. 예를 들면, 조직 구조에서 리더와 동일한 지위의 다른 리더들과의 관계, 리더와 집단의 모든 구성원들과의 관계, 리더와 노동조합 대표들과의 관계, 리더와 자신의 감독자와의 관계 또는 태스크 포스의 구성원들 간의 관계에서도 이 방식이 적용된다. 나는 내가 먼저 최고 경영팀에게 무패 방법의 사용을 훈련시킨 조직 내에서 이 새로운 사고 방식이 하부 조직으로 전달되면서 전체 조직으로 확산되는 것을 보고 있다. 그런 조직에서는 '상호 욕구 충족'이 모든 관계에서 전체 리더들의 규범이 되고 있다.

■■■■ 리더와 집단 내 모든 구성원들 사이의 갈등

리더가 때때로 자기 집단의 모든 구성원들과 갈등을 빚게 될 수도 있다는 것은 충분히 예상 가능한 일이다. 갈등이 자주 일어나지 않을 수는 있지만, 갈등이 일어나는 것은 분명하다. 특히 리더가 수용할 수 없는 행동을 집단의 모든 구성원들이 일제히 하는 다음과 같은 경우에 일어날 수 있다. 다음은 한 프랑스 컴퓨터 회사에서 일어났던 사례이다.

프로젝트팀 간사인 미셸은 프로젝트 진행 상황을 점검하기 위해서 매주 회의를 여는데 여기에는 15~18개 프로젝트의 간사들이 참여한다. 이 회의의 목적은 프로젝트 간사들 간에 그들의 프로젝트 현황에 대한 정보를 교환함으로써 그들의 업무 조정을 최적화하고 중복적인 노력을 피하려는 것이다.

미셸은 회의에 사람들을 모으는 일뿐만 아니라 그들이 이 일에 전적인 관심을 갖게 하는 데 큰 어려움을 경험하고 있었다. 어떤 사람들은 전혀 나타나지 않았다. 또 어떤 사람들은 늦게 나타나거나 혹은 자신들의 보고만 끝내면 일찍 자리를 떴다. 미셸은 팀워크를 위해 중요한 회의 시간에 대부분의 참석자들이 의욕이 부족한 것을 볼 때 느끼는 실망감 외에도 그녀 시간의 20퍼센트를 회의 전후에 참석자들을 독려하는 데 소비하고 있다는 것을 알게 되었다.

L.E.T. 과정 동안 미셸은 프로젝트 간사 중에서 상습적인 위반자(항상 참석하는 것도 아니고, 늦게 나타나서 일찍 자리를 뜬다)와 같은 그룹에 속하게 되었다. 미셸은 역할 연기 시간을 이용하여 그 회의에 관한 그들의 갈등에 대해서 연구해 보자고 제의했다. 미셸은 적극적 듣기 덕분에 이 프로젝트 간사의 욕구는 가능하면 보다 적은 시간을 소비하는 것이라는 사실을 알았다. 또한, 모든 프로젝트 간사들이 발표하는 데 소요되는 전체 2~3시간 중에서 그가 발표하는 시간은 고작 몇 분에 불과하다는 것도 이해할 수 있었다.

이 대화 결과 미셸은 이 회의가 집단 구성원들 간에 관련 정보를 긴밀하게 공유하게 만들려는 자신의 욕구를 만족시키기 위한 해결 방안들 중 하나에 불과하다는 사실을 깨닫게 되었다. 또한, 그녀는 만일 지금보다 나은 방법이 있다면 그것을 받아들여야 한다는 것도 알게 되었다.

그래서 미셸은 이 문제에 대한 해결 방안을 찾는 데 다음번 회의를 전적으로 사용하기로 작정했다.

미셸 : 여러분이 회의 안건에서 보시는 바와 같이, 이번 우리 회의의 전반부는 전적으로 이 회의 자체 기능에 대한 토론 시간으로 쓰기로 하였습니다. 저는 우리가 모두 만족할 수 있는 해결 방안에 도달하기를 바랍니다. 저는 정기적으로 여러분의 회의 참석을 독려할 수밖에 없고 또 그런 회의를 운영해야 하며, 저는 여러분 모두가 회의에 참석하는 것을 기대하지만 어떤 분들은 회의 시간 내내 참석을 하지 않기 때문에 저는 무척이나 실망스럽습니다. 그 때문에 저는 귀중한 시간을 낭비하고 있어요. 저에게는 각 프로젝트 간 상호 조정과 정보 교환이 완벽하게 이루어지는 것이 아주 중요합니다. 그 이외에도 서로 다른 프로젝트 간에 긴밀한 협조가 이루어지도록 하는 것이 저의 책임이지요. 따라서 저는 여러분이 무슨 이유 때문에 이 회의를 좋아하지 않는지 이해하고 싶습니다. 아마 그것이 여러분의 회의 참여도가 낮은 이유도 설명해 줄 수 있겠군요.

프로젝트 간사 1 : 우리가 함께 참가한 L.E.T. 과정에서도 말했지만, 여기서 논의되는 것 중 90퍼센트는 저하고 상관이 없기 때문에 저에게 이 회의는 시간 낭비입니다. 그래서 저는 회의 시간 내내 시계를 들여다보면서 혼자 생각을 합니다. 만일 내가 여기에 앉아 있지 않아도 된다면, 얼마나 많은 일을 할 수 있었을까 하고요.

미셸 : 만일 당신이 지금과 똑같이 유용한 정보 교환을 훨씬 짧은 시간 안에 할 수 있다면, 당신은 회의에 대한 열의가 훨씬 더 생기겠군요.

프로젝트 간사 1 : 그렇죠! 동시에 저는 우리가 노력해서 하고 있는 일들을 물론 조정해야 하고 우리가 각자의 영역에서 개별적으로 하는 일도 통합해야 한다고 생각합니다. 그리고 이 회의가 보다 빨리 진행되도록 개편될 수 있으면 좋겠습니다.

다른 모든 프로젝트 간사들이 동시에 자발적으로 : 우리도 동의합니다! 저희들도 역시 때로는 짜증이 납니다. 회의가 일찍 끝나기를 바랍니다!

미셸 : 알겠습니다. 만일 저를 포함해서 우리 모두의 시간을 적게 소비하면서, 모든 프로젝트 활동 간에 상호 조정과 협력은 물론 정보 교환을 보장하는 방법을 찾을 수 있다면 우리 모두 만족할 것이라고 동의하시는 거죠.

모든 프로젝트 간사 : 물론이죠! 당연해요! 그럼요!

미셸 : 다른 제안이나 의견이 있습니까?

프로젝트 간사 2 : 만일 제가 관심 있는 정보를 서면으로 받아 볼 수 있다면, 저는 정말로 편리하겠어요.

프로젝트 간사 3 : 그렇다면 우리가 각자의 소그룹에 대해 짧은 메모를 작성하면 되겠군요.

프로젝트 간사 4 : 그렇죠. 이런 긴 회의 대신에 우리 각자가 지난 한 주 동안 한 일에 대해 15줄 정도로 보고서를 쓰는 겁니다. 그리고 그것을 다른 모든 사람들에게 이메일로 보내도록 합시다.

미셸 : 재미있는 아이디어 같아요. 하지만 나는 우리들이 계속해서 팀으로서 가끔은 만나야 한다고 생각해요. 왜냐하면 서로 보지

못한다면 팀 의식이 없어질 수도 있으니까요.

이 그룹은 좀더 토의한 뒤에 최종적으로 다음과 같은 결정을 내렸다.

1. 주간 회의를 각각의 프로젝트 간사가 다른 모든 간사들에게 발송하는 반쪽짜리 보고서로 대체한다.
2. 한 달에 한 번 3시간짜리 회의를 갖는다. 이 회의에서는 중요한 발표, 정보 교환 및 전체 프로젝트 간의 협조에 관한 토의, 그리고 다른 팀이 하는 일에 대해 격려를 하기로 한다.

전체 그룹은 이 방식으로 6개월 동안 일을 해 본 뒤에, 새 방법이 이전의 반밖에 안 되는 시간으로 과거의 주간 회의와 동일한 결과를 주고 있다는 의미에서, 새 방법을 성공적인 것으로 여겼다.
더구나 그들은 이제 모두 월간 회의에서 서로 같이 모이는 것이 정말로 즐거웠으며, 그 결과 격식을 차리지 않는 우호적인 관계가 서로 간에 발전하였고, 팀 의식도 증진되었다.

프로젝트팀 간사인 미셸은 회의 자체를 문제로 간주하였기 때문에, 그녀가 솔선하여 자신의 팀 구성원들인 프로젝트 간사들을 불러모으고, 자신이 우려하는 것에 대해 그들과 맞서 대면하고 문제 해결 과정을 시작했다. 그 결과 모든 사람들이 그 회의 때문에 실망하고 있다는 사실을 분명히 알게 되었으며, 또한 이 회의도 정보 공유와 각 프로젝트 팀들의 노력을 조정하는 단지 하나의 해결 방안일 뿐이라는 것도 밝혀졌다. 이것이 상호 수용 가능한

해결 방안을 찾는 발판이 되었으며 새로운 해결 방안은 이전의 것
보다 훨씬 우월한 것이었다.

■■■■ 회사와 노동조합 간의 갈등

경영진과 노동조합 간의 갈등은 노동조합이 생긴 이래 계속되
어 온 것이다. 이렇게 흔한 갈등 상황에서 가장 빈번하게 채용되
고 있는 갈등 해소의 방법에 대해 정보가 많지 않다는 것은 이상
한 일이다. 그런 절차를 표현하기 위해서 전형적으로 사용되고
있는 '협상'과 '교섭'이라는 용어에도 불구하고, 나는 노사 양측
모두가 승-패 방법으로 갈등에 접근하고 있다고 생각한다. 실제
로 교섭은 일반적으로 갈등의 각 당사자들이 미리 생각한 '교섭
조건'을 가지고 가서 그것으로부터 협상을 시작한다는 뜻을 내포
하고 있다. 나는 물론 무패 방법과 아주 유사한 것처럼 보이는 노
력으로 갈등을 성공적으로 해결한 사례를 읽었던 것을 기억한다.
그것은 대공황 시절에 국제여성의류작업자조합과 의류 산업 소유
주들이 대량 해고나 공장 폐쇄 대신에 작업자 임금을 포괄적으로
삭감하기로 합의한 것이었다.
그러나 나는 무패 방법이 노사 협상 과정에서 광범위하게 사용
되고 있다는 어떠한 증거도 찾지 못했다. 이 관계는 아주 빈번한
경우에 일종의 지속적인 권력 다툼이다. 노사 간의 심각한 갈등에
대한 해결 방안들을 보면 노사 양측이 모두 패배한 것처럼 보인
다. 즉 노사 양측 모두 그들이 정말로 원하는 것을 얻지 못했다.
그럼에도 불구하고 비록 적은 수이지만 L.E.T. 과정 참가자들이

노사 갈등에서 무패 방법을 사용하고 있다는 것은 고무적인 일이다. 여기에 한 노사 관계 담당 임원이 얘기하는 작업 스케줄에 관한 갈등 사례가 있다.

"회사측은 작업 스케줄을 작성하는 방법에 보다 큰 유연성을 갖는 데 관심을 가지고 있었습니다. 그러나 노동조합과의 계약은 적어도 20년 동안 우리가 그런 종류의 작업 스케줄을 채택하는 것을 금지하고 있었어요. 그들은 그저 이것에 대해 아무것도 들으려 하지 않았습니다. 어쨌든 우리는 공동 소위원회를 설치하고 L.E.T. 접근 방법, 즉 '방법 3'에 의한 문제 해결을 시도하기로 결정했습니다. 우리는 노측에게 얘기했습니다. '우리는 우리 나름의 욕구를 가지고 있다. 우리는 또한 당신들도 욕구를 가지고 있다는 것을 알고 있다. 그렇다면 그 욕구가 무엇인지 우리 한번 얘기해 보자.'고 했습니다. 우리는 회사측이 가지고 있는 욕구에 대한 목록을 작성하고 우리가 할 수 있는 최선을 다해서 왜 그런 욕구가 있을 수밖에 없는지 그 이유를 설명했습니다. 그리고 우리도 역시 그들의 욕구가 무엇인지 알고 싶다고 말했습니다. 우리는 결국 우리가 욕구를 가지고 있는 35개 분야를 찾아냈습니다. 그 중에 어떤 것들은 서로 공통되는 욕구였습니다. 우리는 그것들을 다시 검토한 후에, 재분류해야 할 것이 어떤 것인지, 협상을 필요로 하는 것이 어떤 것인지 그리고 새로운 정책에 의해 바뀔 수 있는 것들이 무엇인지 결정했습니다. 그 이외에 다른 것들은 일단 우리가 브레인스토밍 방법을 사용하여 아이디어를 내고 보니 심각한 문제들이 아니라는 것을 알게 되었습니다. 그리고 어떤 것들은 문제에서 제외시켜 버렸습니다. 하여튼 우리는 시종일관 그 방법을 사용한 끝에 우리가 실천해야 하고 노조 위원들이 수용할 수 있는 7가지 특정한 권고 사항을 찾아냈습니다. 그리고 저는 그것이 우리가 상상했던 것 이상으로 성공했다고 생각합니다. 그것은 기본적으로 '방법 3'에 의한 문제 해결 상황이었습니다. 하지만 어떤 의제에 대해서는 그것을 지키지 못한 경우도 있었습니다. 그때에도 우리는 서로 적극적 듣기를 사용하려고 노력했습니다. 우리는 처음에 작성한 35가지 문제 중 아마 20~23가지 문제에 대한 해결 방안을 개발해 냈던 것 같습니다. 나머지 것들은 문제에서 제외해 버렸거나 혹은 우리가 그것에 대해 아무것도 할 수 없는 그런 문제들이었습니다. 그리고 그들은 그것에 대해 아주 만족해하는 것 같았습니다."

이 같은 노사 협상에 무패 방법을 사용할 수 있는 가능성은 상당히 기대할 만한 것이지만, 노사 양측의 태도가 승-패 자세로부터 무패 방법의 자세로 변화되는 것이 필요하다. 앞으로 우리는 산업 조직에서 중요한 경영상의 결정에 피고용인의 참여가 광범위하게 받아들여지게 되는 것을 보게 될 것이다. 예를 들면, 스웨덴과 독일에서는 이 같은 공동 참여 또는 '공동 결정'이 법제화되어 있다. 즉 법률에 의해서 모든 사업 및 산업 조직의 이사회에 피고용인 대표가 참여하도록 되어 있어서, 피고용인들에게 영향을 미칠 수 있는 모든 결정에 자신들의 목소리를 낼 수 있다. 공동 결정이 시행되고 있는 곳에서는 무패 방법이 승-패 방법들보다 분명히 우월한 방법인 것 같다.

■■■■ 하위직 불만 처리

모든 리더들에게 공통적인 문제는 그들이 이끄는 여러 팀들 중에서 한 팀의 구성원이 충족되지 못한 어떤 욕구에서 생겨난 불만을 가지고 왔을 때 어떻게 해야 하는가 하는 것이다. 대표적으로 어떤 사람이 그런 항의를 자신의 보스의 보스에게 할 경우에, 이런 행위를 '보스의 머리를 넘는다' 라고 부른다. 이것은 거의 보편적으로 괘씸한 행위로 비난받는다. L.E.T. 과정에서 이 문제에 대한 토의는 언제나 참석자들의 강한 감정을 불러일으킨다.

"그것은 항명이오!"
"그런 짓을 못 하게 강력한 조치를 취해야 합니다."
"보스의 머리를 넘어가는 일은 화를 자초하는 일이지요."
"내 머리 위를 넘어가는 자는 누구나 해고해 버리겠어요."

리더는 이런 상황에 대해서 분명히 많은 두려움과 고민을 가지고 있다. 하지만 이런 일은 실제로 일어나며, 그것도 때로는 자주 일어난다. 일반적으로 어떤 상황을 두려워한다는 것은 당신이 그것을 효과적으로 다루는 방법을 모른다는 것을 의미한다. 이것은 대다수 리더들의 경우에 사실이며, 그 원인을 찾는 것도 어렵지 않다. 그것은 그들이 '보스의 머리를 넘는' 것을 승-패의 관점에서 보기 때문이다. 어떤 직원이 자신의 보스를 우회하여 자신의 보스의 리더(이 직원의 보스는 이 리더 집단의 한 구성원)에게 왔을 경우에, 리더는 궁지에 빠진 느낌을 갖게 된다.—누구 편을 들어야 하나? 누가 이겨야 한단 말인가? 불만을 품고 있거나 행복하지 못한 직원을 원하는 리더는 없다. 그러나 리더는 또한 자신의 집단 구성원(이 직원의 보스)을 소외시키고 싶지도 않다. 이런 경우 가장 흔한 탈출구는 우리가 친숙한(그러나 그릇된 방향으로 이끈) 원리인 "리더는 자기 사람들이 그 부하 직원들과 갈등을 빚으면 언제나 그들을 밀어주어야 한다." 또는 "자신의 집단 구성원의 권위를 결코 손상시키지 말라."라는 말에 따라서, 이 직원의 감독자에게 유리한 결정을 내리는 것이다.

그러나 만일 리더가 갈등에 대한 사고 방식을 무패 방법으로 전환하기만 한다면, 리더는 훨씬 더 만족스러운 방식으로 일을 쉽사리 처리할 수 있을 것이다. 이런 경우에 무패 방법은 다음과 같이 작용한다.

아래 화살표가 표시하는 것처럼 직원이 불만을 가지고 자신의 감독자를 우회하여 리더에게 간다. 이때 리더는 다음과 같은 단계를 따를 수 있을 것이다.

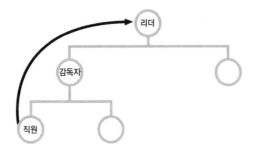

1. 리더는 문제가 무엇인가를 발견하기보다는 그 직원의 감정을 수용(동의가 아님)한다는 것을 보여 주고 직원 자신이 스스로 해결 방안을 찾을 수 있도록 직원의 말에 공감하면서 이해심을 갖고 직

원의 말을 듣는다.

2. 만일 직원이 자신의 욕구를 충족시키는 해결 방안을 찾는다면, 그 문제는 해결된다.

3. 그러나 만일 직원이 찾지 못한다면, 리더는 직원에게 불만을 가지고 직접 감독자를 찾아가 보는 것을 고려해 보라고 말한다. 그리고 리더는 직원이 감독자를 만나는 경우에 단지 나-메시지만을 감독자에게 보내라고 가르쳐 준다.

4. 만일 직원이 직접 감독자에게 가려고 한다면, 리더는 이제 그 문제에서 벗어난다.

5. 만일 직원이 직접 감독자에게 가는 것을 꺼려한다면, 리더는 직원에게 감독자를 불러서 함께 직원과 감독자 모두가 수용할 수 있는 해결 방안('방법 3')을 찾아보자고 대안을 제시한다.

6. 만일 직원이 이 대안을 거절하면, 리더는 감독자가 불참한 자리에서는 어떠한 결정도 내릴 의사가 없다는 것을 직원에게 설명한다.

7. 만일 직원이 감독자가 그들과 합류하는 것을 받아들인다면, 리더는 감독자에게 참석할 것을 요청하고, 리더는 자신이 감독자와 직원이 관여된 문제가 있다는 사실을 알았다는 것과 돕고 싶다는 의사를 간단히 말한다. 그러나 이때 반드시 두 사람이 모두 참석해 있어야 한다.

8. 이제 리더는 단지 감독자와 직원 간의 문제 해결을 돕는 중립적 중재자로서 행동하고, 문제의 특정한 내용에는 전혀 관여하지 않는다. 그러나 적극적 듣기를 하면서 감독자와 직원이 문제 해결 과정의 6단계를 거쳐서 두 사람이 상호 수용 가능한 해결 방안에 도달하도록 돕는다.

이 절차는 너무 세세하고 기계적인 것처럼 보일 수 있지만, 각 단계는 그 목적을 가지고 있다.

리더는 맨 처음에 직원으로 하여금 앞으로 자기 자신의 욕구를 충족시키려는 노력을 단념하지 않게 하기 위하여 직원에 대한 리더 자신의 수용하는 마음과 이해하는 자세를 보여 주려고 한다. 리더는 직원 자신이 그 문제를 소유하고 있다는 사실을 분명히 전달해야 하며, 동시에 가능하면 직원이 스스로 해결 방안을 찾는 것을 도와줄 의사가 있다는 것도 알린다. 리더는 또한 당사자 쌍방이 참석해 있지 않으면 자신이 아무것도 도울 수 없다는 사실도 반드시 전달한다. 마지막으로 리더는 문제 해결에 절대로 휘말려 들어가면 안 된다.

이 절차는 모든 당사자에게 다음과 같이 구체적이고 장기적인 편익을 준다.

1. 직원은 리더가 자신과 감독자 간의 갈등을 판정하지 않을 것이라는 사실을 배운다.
2. 직원은 먼저 직접 감독자에게 가서 감독자와의 갈등을 해소하는 것이 바람직하다는 것을 배운다.
3. 감독자는 자신의 부재중에 리더가 일방적으로 결정을 함으로써 직원과의 갈등에 개입하지 않을 것이라는 사실을 배운다. 똑같이 중요한 사실은 리더가 자동적으로 '감독자를 밀어주고' 직원의 불만을 무시하지 않는다는 것이다.
4. 직원과 감독자는 모두 그들의 리더는 '감독자는 보스이기 때문에 항상 옳다(또는 반대로 직원의 욕구는 어떤 대가를 치르더라도 반드시 충족되어야 한다).' 는 식의 일반적인 규칙보다는 상호 문제 해결

을 통해서 갈등이 해결되는 것을 존중한다는 사실을 배우게 된다.

5. 감독자는 이 일로부터 만일 자신이 리더와 해결되지 않은 갈등이 있는 경우에 '리더의 머리를 넘는 것'이 수용 가능하다는 사실을 배우게 된다.

■■■■ 리더에 의해 욕구가 좌절되는 경우

리더도 자기 보스의 행동 때문에 욕구를 충족시키지 못하는 경우가 집단 구성원들의 경우보다 결코 적지 않다. 당신의 보스는 당신과 아무런 협의 없이 일방적으로 결정을 내림으로써 당신이 최선의 업무 결과를 내는 것을 방해하거나 당신이 필요로 하는 것을 빼앗기도 한다. 이제 당신은 어떻게 해야 할까? 만일 당신이 아무 일도 하지 않는다면, 당신의 리더는 두 사람 사이의 갈등을 '방법 1'을 사용하여 처리함으로써 당신으로 하여금 리더는 승리하고 자신은 패배했다고 느끼게 만들 것이다. 이것만으로 끝나는 일일까? 당신은 이것을 그저 웃으며 참기로 작정해야 할까? 불행하게도 많은 리더들은 이것을 웃으며 참는다. 그러나 그들의 밝은 웃음은 대개 원망과 분노를 은폐하는 것에 불과하다.

지금도, 당신의 리더가 당신에게 불리하고 당신이 수용할 수 없는 결정을 내린 경우에 당신이 아무런 행동을 취하지 않는 것은 다음과 같은 통상적으로 인정되는 '경영의 원리'에 의해서 용인되고 지지를 받는다.

"그래도 명령은 명령이다."

"피고용인들의 첫 번째 책임은 명령을 따르는 것이다. 그들이 그 명령과 얼마나 다른 의견을 가지고 있느냐 하는 것은 상관이 없다."

"절대로 보스의 머리를 넘어가지 말라."

"매니저가 어떻게 모든 사람들이 수용할 수 있는 결정을 내릴 수가 있다는 말인가."

이것과 반대되는 견해는 우리가 논의한 조직의 효과적인 역할 개념과 좀더 어울리는 생각으로서 어떤 결정이 사람의 욕구를 박탈하는 경우에는 그 사람은 그 결정에 대해서 이의를 제기하고 설명을 요구해야 한다는 것이다. 사람들은 때때로 그 결정의 결과가 어떤 것이 될지 알지 못하면서 나쁜 결정을 내리는 수가 있다. 여기에서 결정적으로 중요한 의문은 이것이다. 리더와의 관계를 손상하지 않고 어떻게 그 결정을 변경시킬 수 있을까?

이것도 역시 무패 방법이 열쇠이다. 그리고 따라야 할 분명한 절차가 있다.

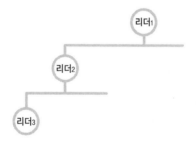

도표는 한 조직에서 서로 다른 직위에 있는 3명의 리더를 보여준다. 부서장인 리더2가 내린 결정은 후에 감독자인 리더3이 수용할 수 없는 것으로 판명되었는데, 그 이유는 그 결정이 그녀의 일

을 훨씬 더 어렵게 만들었기 때문이다. 무패 방법을 사용하여 리더₃은 다음과 같은 조치를 취한다.

1. 리더₃은 리더₂에게 문제를 간단히 설명하면서 그녀가 편리한 시간에 함께 그 문제에 대해서 협의할 것을 요청한다.

2. 리더₃은 적절한 나-메시지를 보내면서 대화를 시작하고, 필요할 경우에 적극적 듣기로 기어를 변속하도록 한다. 리더₃은 리더₂에게 '방법 3'에 의한 문제 해결에 동참하도록 요청한다.

3. 만일 리더₂가 거부하거나 혹은 '방법 3'이 실패하면, 리더₃은 리더₂에게 그녀와 함께 리더₁과 회합을 가질 것을 요청한다. 리더₃은 리더₁이 그들이 무패 방법에 의한 해결 방안을 찾는 데 도움을 줄 수 있을 것이라는 희망을 갖고 있다.

4. 만일 리더₂가 거부하면, 리더₃은 그녀가 도움을 요청하기 위해 리더₁에게 갈 생각이라는 것을 리더₂에게 알려 준다. 그러나 그녀는 리더₂가 함께 참석하여 리더₂가 그녀 자신의 입장을 리더₁에게 적절하게 설명해 주는 것을 훨씬 더 선호한다.

5. 만일 아직도 리더₂가 리더₃과 동행하는 것을 거부하면, 리더₃은 리더₁에게 간다. 리더₃은 리더₁에게 그녀가 이미 앞의 1, 2, 3, 4 단계를 시도하였다는 사실을 분명히 설명한다.

상황에 따라서 리더₃은 위의 어느 단계에서든지 자신의 마음을 바꾸고 리더₂의 결정을 수용하기로 결정할 수 있다. 다른 말로 하면, 단지 리더₃이 계속해서 리더₂의 결정이 수용할 수 없는 것이라고 느낄 때에만 그녀는 이 5가지 단계 전체를 시도한다. 이제 리더₁이 리더₃의 문제를 들을 때, 그녀는 앞에서 기술한 하위직 불만 처리 단계를 따라야 한다.

이상하게도 이 절차는 L.E.T. 참석자들로부터 강한 저항을 받는다. 많은 리더들은 이 절차를 시행하는 것을 두려워한다. 즉 이것은 그들에게 너무나 위험한 것으로 보인다. 그들은 이렇게 말한다. "리더$_2$는 리더$_3$을 파면해야 합니다." 또는 "리더$_3$은 리더$_2$와의 관계를 망쳐 버렸습니다."

이런 리더들은 갈등이 일반적으로 권력이 가장 강한 사람에 의해서 해결되던 과거의 경험을 기억하고 있는 것이며, 이런 경우에는 대개 승-패 결과를 가져온다. 그들은 갈등이 상호 수용 가능한 해결 방안이 산출되도록 고안된 문제 해결 방법에 의해서 해소되어야 한다는 생각을 아주 생소하게 느끼는 것 같다.

만일 모든 계층에 있는 리더들이 무패 방법을 사용하기로 작정한다면, 위의 절차는 분명히 이상한 것이 아니다. 물론 위험한 것도 아니다. 이것은 비권력적인 무패 방법에 의한 문제 해결 리더십 모델과 완전히 양립하는 것이다.

■■■ 더 큰 집단의 문제 해결

나는 아직 리더 자신의 업무 집단이나 팀과 관계없이 동떨어진 사람들이 연관된 갈등의 경우에 무패 방법에 의한 문제 해결 방법을 사용하는 것에 대해서는 아무것도 말하지 않았다. 이런 경우에는 대체로 많은 수의 사람들이 연관되며, 모두 아는 바와 같이 15 ~20명 이상의 사람으로 구성된 큰 집단과 문제를 해결하는 일은 대단히 어렵다. 아직 사회 과학자들이 큰 집단에서 참여적으로 문제를 해결하는 것에 관한 실제적인 모델을 많이 연구해 내지 못했기 때문에, 대부분의 리더들은 다른 방법의 시도는 아예 포기하고 결국 '방법 1'을 사용하게 된다.

그러나 많은 수의 사람들이 관련 데이터를 가지고 있거나 최종적인 결정에 의해서 영향을 받게 되는 다음과 같은 경우에는 많은 문제점들이 나타난다.

- 외국으로 진출해서 회사를 확장해야 할 것인가? 만일 그렇다면, 이것을 어떻게 운영할 것인가?
- 불경기 때 월급과 급료를 삭감할 것인가, 그렇지 않으면 많은 직원을 해고할 것인가?
- 러시아워 불편을 덜어 주기 위해 직원들의 근무 시간 자유 선택 제도를 도입할 것인가?
- 그룹 구성원들의 재택 근무 제도를 도입할 것인가?
- 가장 비용이 적게 들고 효과적인 단체 의료 계획은 어떤 것인가?

이런 문제들은 보통 여러 계층의 사람들이나 다른 부서나 다른 사업부의 사람들이 연관되어 있고, 어떤 경우에는 조직의 모든 직원이나 구성원들이 연관되어 있다. 문제 해결에 너무 많은 사람들이 연관되어 있는 경우에는 (1) 집단을 보다 작은 집단으로 분할하거나, (2) 각각의 집단들이 대표를 뽑거나, (3) 표본 추출 방법을 도입하는 것이 필요하다.

나는 컨설턴트로 일하던 때에 많은 사람들의 참여가 요구되는 문제들을 해결해 달라는 요청을 여러 기업으로부터 자주 받았다. 이 같은 요청 때문에 나는 두 가지 절차를 개발했다. 한 가지 방

법은 내가 '아래로-위로-아래로-위로(Down-Up-Down-Up)'
방법이라고 부르는 것이고, 다른 한 가지 방법은 '평가위원회'
방법이다. 두 가지 방법은 모두 최대한의 참여가 요구되는 문제를
해결하는 데 효과적이었다.

■■■■ '아래로-위로-아래로-위로(Down-Up-Down-Up)' 방법

이 방법은 내가 컨설팅을 수행하던 시절에 로스앤젤레스의 유
명한 한 회사에서부터 시작되었다. 인사 담당 이사는 내게 이런
문제를 토로했다. 즉 회사의 단체 의료 계획에 대한 불만이 그 회
사 내에 널리 퍼져 있었다. 인사 담당 이사는 혼자서 그것에 대한
문제 해결 과정을 자기 딴에는 잘 수행하였고 다른 보험 회사를
거의 선정하려는 시점에 와 있었다.

나는 먼저 그에게 '참여의 원리' 를 납득시키고, 그가 결국 다음
과 같은 방법을 채택하도록 만들었다.

■ 1단계 (조직 아래로) : 이것은 라인 감독자들을 통해서 조직의 아래
　계층까지 문제를 내려 보내는 것을 말한다. 먼저 모든 사업부 부사
　장들에게 그들이 맡고 있는 모든 부서의 부서장들과 회의를 갖고
　회의를 주재해 줄 것을 요청했다. 각 회의에서 모든 구성원들은 문
　제를 공유하고, 부사장은 구성원들에게 그 문제에 대한 아이디어
　를 제출해 줄 것을 요청했다. 그 후에 각 부서장들은 감독자들과
　이와 유사한 회의를 가졌다. 마지막으로 각 감독자들은 자신들의
　집단 구성원들과 이와 유사한 회의를 가졌다.

320

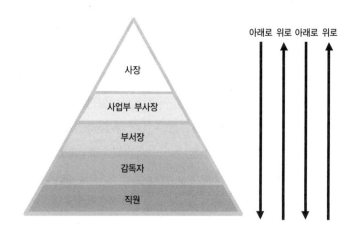

아래로 위로 아래로 위로

사장

사업부 부사장

부서장

감독자

직원

■ 2단계 (조직 위로) : 다음에는 각각의 집단에서 나온 모든 아이디어들을 취합하여 임원진(사장, 부사장, 인사 담당 이사)에게 제출했다.

■ 3단계 (조직 아래로) : 임원진은 제출된 모든 아이디어들을 평가하고, 직원들의 아이디어를 담은 단체 의료 계획을 설계하게 될 새 보험 회사를 선정하는 문제를 태스크 포스(인사 담당 이사와 부사장 1명)에 위임했다. 태스크 포스(보험회사 대리인 포함)에서 마련된 단체 의료 계획은 1단계에서 개최한 것과 유사한 회의를 통해서 하부 조직으로 내려 보냈다. 이때 각 집단에서 그 계획을 평가하고 (문제 해결 과정의 3단계), 그 계획을 그대로 수용할 것인지, 원안을 수정하여 수용할 것인지 또는 거부할 것인지를 결정(문제 해결 과정의 4단계)해 달라고 요청했다.

■ 4단계 (조직 위로) : 각 집단의 결정은 다시 라인 조직을 통해서 임원진에게 보내졌다. 임원진은 최종적으로 새로운 단체 의료 계획을 가다듬고 수정된 단체 의료 계획을 채택했다.

결과

대다수 직원들은 새 단체 의료 계획을 아주 만족해했다. 새 단체 의료 계획은 회사의 특별한 요구에 맞는 독특한 것이었으며, 이전의 단체 의료 계획보다 훨씬 우수한 것이었다.

회사의 모든 계층에 있는 사람들은 문제 해결 과정에 참여할 기회가 주어진 것에 대해 좋아했다.

회사의 단체 의료 계획에 대한 거의 모든 불만이 일소되었다.

■■■ '평가위원회' 방법

이 방법 역시 내가 컨설팅을 수행했던 한 회사에서 시작되었다. 어느 날 그 회사 사장은 판매사업부 부사장과 같이 시간을 좀 보내 달라고 나에게 요청했다. 그 까닭은 부사장이 판매 인력(120명)의 높은 이직률과 낮은 생산성, 그리고 사기 저하 문제로 고민하고 있었기 때문이었다.

■ 1단계 : 나는 먼저 부사장에게 '참여의 원리'—즉 문제에 대한 해결 방안을 도출하기 위해서 판매사업부의 다양한 모든 계층의 사람들을 포함시켜야 한다.—를 납득시켰다. 그 다음에 나는 한 가지 방법을 고안해 냈는데 부사장은 그것을 받아들였다. 나는 해결 방안을 도출(문제 해결 과정의 2단계)하기 위한 방법으로 판매사업부의 모든 구성원들이 참여하는 여러 번의 소집단 브레인스토밍 회의를 주재했다.

· 회의 A : 부사장, 판매 직원 트레이너, 3명의 사업부 매니저.

· 회의 B : 모든 지역 담당 매니저.

· 회의 C :

· 회의 D :

· 회의 E :

· 회의 F :   각 회의는 약 20명 정도의
               현장 판매 직원으로 구성됨.
· 회의 G :

· 회의 H :

각 브레인스토밍 회의는 45분~90분 정도 걸렸다. 나는 회의를 시작할 때마다 부사장이 정의한 것과 똑같이 문제를 분명히 말해 주었다. "판매 담당 부사장은 판매 인력의 높은 이직률과 낮은 생산성 그리고 사기 저하 문제를 대단히 우려하고 있습니다. 나는 이 문제를 해결할 수 있는 건설적인 아이디어를 얻기 위해서 이 회의와 같은 일련의 회의를 주재하여 달라는 요청을 받았습니다."

나는 그 다음에 브레인스토밍을 위한 기본 규칙을 상세히 설명했다. 각각의 아이디어는 3×5인치 카드에 써서 제출하게 하였고, 나는 그 아이디어를 제출한 사람에게 다시 읽어 주어 그 정확성을 확인했다.

■ 2단계 : 8회에 걸친 회의로부터 거의 150개의 해결 방안이 나왔다. 이 아이디어들은 부사장에게 제출되었는데, 그는 아이디어들을 보자마자 평가하기 시작했다. 그는 어떤 아이디어들은 '어처구니없기' 때문에, 또 어떤 아이디어들은 '이전에 시도해 보았기' 때문에, 다른 것들은 '비용이 너무 많이 들기' 때문에 하는 식으로 많

은 아이디어들을 폐기하는 것이었다. 나는 문제 해결 과정이 도중에 결렬되는 것을 우려하여 두 번째 방법을 제안했다. 그것은 각 집단으로부터 대표를 선발하여 '평가위원회'에서 일하게 하는 것이었다. 이 평가위원회의 임무는 문제 해결 과정의 3단계와 4단계 일을 수행하는 것이었다.

나는 부사장이 이 방법을 수용하도록 설득하기 위해서 몇 시간 동안의 적극적 듣기와 회사 사장의 지원이 필요했다. 부사장이 반대하는 이유는 이런 것들이었다.

· 집단은 결정을 내릴 수 없다.
· 그들은 사태의 진상을 모른다.
· 판매 직원들은 충분한 정보를 가지고 있지 않다.
· 너무나 많은 시간이 걸린다.
· 지휘 체계가 무시된다.
· 그와 사업부 매니저들이 자체적으로 이 일을 할 수 있다.

그러나 부사장은 마침내 참여 원리의 타당성뿐만 아니라 평가위원회 방법도 수용하게 되었다. 나의 다음 목표는 평가위원회가 최종 결정(문제 해결 과정의 4단계)을 내릴 수 있어야 한다는 것과, 의장 없이(리더가 없는 집단으로) 그 기능을 발휘해야 한다는 아이디어를 부사장에게 설득하는 것이었다. 부사장은 결국 이 두 가지 제안에도 모두 동의했다.

■ 3단계 : 평가위원회 구성원들(다음 조직도에서 체크 표시된 사람들)을 선발했다. 인원 선발은 판매 인력(2명)을 포함해서 모든 계층의

주장을 확실히 담을 수 있도록 이루어졌다.

이때 우리가 전략적으로 내린 적절한 결정은 평가위원회에 부사장을 포함시켜서 사업부 최고 권위의 주장을 반영할 수 있도록 하고, 평가위원회가 최종 결정을 내리도록 허용한 것이었다.

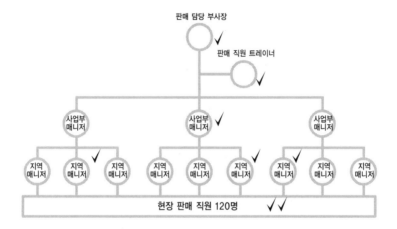

■ 4단계 : 평가위원회는 6회 정도 모였으며, 각각의 회의는 약 2시간 정도 걸렸다. 평가위원회는 제출된 150가지 해결 방안 모두를 평가하고 각 해결 방안에 대해서 다음과 같은 결정을 내렸다.

(1) 그 해결 방안을 실행한다.
(2) 그 해결 방안을 거부한다.
(3) 그 해결 방안을 더 연구한 뒤에 평가위원회에 의견을 제출한다.

■ 5단계 : 평가위원회 구성원들은 자신들이 대표하는 집단에 특정한 해결 방안이 거부된 이유를 피드백하기로 결정했다. 이것을 위해

서 판매 매니저와 판매 직원들이 참여하는 간단한 회의를 열고 평가위원회 구성원들이 왜 그런 조치를 취했는지 설명했다.

평가위원회는 그저 피상적인 결정이 아니라 중대한 결정을 내렸다. 그들은 아주 복잡다단한 문제들과 씨름하고, 다음과 같은 여러 주제들에 관하여 의미 있고 때로는 아주 창의적인 결정을 만들어 냈다.

- 유망한 판매 직원을 모집하는 새로운 방법.
- 사람을 채용할 때 평가하는 새로운 방법.
- 판매 훈련을 개선하기 위한 새로운 방법.
- 판매 직원들에 대한 새로운 보상 시스템.
- 다양한 제품에 대한 새로운 가격 정책.
- 현장 트레이너직 신설.
- 판매 직원이 사용하는 판매 증정품의 개선.

결과

■ 사기는 놀랄 만큼 높아졌다.

■ 생산성은 증가했다.

■ 이직률은 감소했다.

■ 판매 신입 사원을 훈련시켜서 현장에 투입하는 데 걸리는 시간이 5주에서 10일로 감소했다.

■ 한 판매 매니저의 말에 의하면, "우리는 지난 5년 동안보다 이번 한 달 동안에 더 큰 향상을 이루어 냈다."

■ 판매사업부는 이 방법 전체를 제도화하고 매년 이것을 반복하기로 결정했다.

■■■■ 규칙이 준수되지 않는 경우

모든 조직은 그 나름대로 규칙을 갖고 있으며, 모든 계층에 있는 리더들은 구성원들이 틀림없이 그것을 지키게 할 책임이 있다. 이 규칙들 중 어떤 것들은 집단 구성원들이 그 조직에 합류하기 훨씬 전부터 시행되어 온 것들이다. 또 어떤 규칙은 보다 높은 권위에 의해서 규정되었기 때문에, 하위 수준에 있는 리더들의 '자유 영역' 밖에 놓여 있다. 이런 많은 규칙들이 그것을 준수해야 할 사람들의 참여 없이 수립되었다는 것은 분명하다.

만일 집단 구성원들 가운데 누군가가 이런 규칙들 중 어느 하나를 어긴다면, 리더는 어떻게 해야 할까? 무패 방법적인 사고 방식을 유지하면서 이런 규칙 위반을 처리하는 방법은 무엇일까?

이런 경우에 사용할 수 있는 단계적인 절차를 다음에 요약했다. 집단 구성원들 중 한 사람인 패트가 어떤 규칙을 어겼다고 가정하자.

1. 리더는 패트가 규칙을 어겼다는 것을 확신하면, 먼저 그녀가 그 규칙을 알고 있는지 그리고 이해하고 있는지 여부를 알아보라. 만일 그녀가 모르고 있다면, 그 규칙을 설명하고 리더의 책임은 그 규칙을 시행하는 것이라는 사실을 설명해 준다.

2. 만일 패트가 어떤 이유에서든지 그 규칙을 지킬 수 있다고 느끼지 않는다면, 리더는 패트의 감정에 공감하면서 그녀의 말을 들어라. 그러나 리더는 그녀에게 그런 자유를 줄 수 있는 권한이 없다는 사실도 설명해 준다. 즉 그것은 리더의 자유 영역이나 영향력 밖에 있다.

3. 추후에 만일 패트가 다시 규칙을 어긴다면, 리더는 자신의 행동의

창 안에서 그녀의 규칙 위반 행동이 어디에 위치하는지 결정한다. 다시 말하면, 수용할 수 있는 행동 영역(리더에게 구체적인 영향 없음)에 있는지, 그렇지 않으면 수용할 수 없는 행동 영역(리더에게 구체적인 영향 있음)에 있는지 결정한다.

4. 만일 패트의 규칙 위반이 리더가 진정으로 수용할 수 있는 것이라면, 리더는 아무런 조치도 취하지 않기로 결정하고 그녀가 그 결과를 감수하도록 내버려 둔다.(그녀가 그 문제를 '소유한다.') 예를 들면, 만일 그녀가 자신의 차를 다른 사람에게 이미 배정된 자리에 주차하였다면, 리더는 이것이 자신에게 영향을 미치지 않는다고 생각하고 아무런 조치도 취하지 않기로 결정할 것이다.

5. 만일 패트의 행동이 리더가 수용할 수 없는 것이라면(리더가 그 문제를 '소유한다.'), 리더는 아주 명확한 나-메시지를 보내라. 예를 들면, 그녀가 만일 기밀 문서를 보호하지 못했다면 리더는 이런 나-메시지를 보낼 수 있을 것이다. "패트, 기밀 문서가 보호되지 못하면, 내 보스가 책임을 물을 것이고 그러면 내 직책도 위험하기 때문에 나는 아주 걱정이 돼요." 그 다음 리더는 기어를 변속하고 그녀의 반응을 적극적으로 들어야 할 필요가 있을지도 모른다.

6. 만일 패트가 아직도 자신의 행동을 바꾸지 않는다면, 리더는 욕구에 관한 갈등이 존재함을 인식하고 '방법 3'을 개시하도록 한다. 이제 리더는 어떤 욕구가 그녀로 하여금 규칙을 어기도록 했는지 찾아낼 수 있을 것이다.

7. 만일 '방법 3'이 리더가 수용할 수 있는 해결 방안을 산출해 내지 못한다면, 리더는 다음의 대안들 중에서 한 가지를 선택할 수 있을 것이다.

(1) 그녀에게 다음에 다시 규칙을 어기면 어떤 결과가 초래될 것인지를 정확히 말하라.(그 결과가 어떤 것이든지—면직, 강등 등.)

(2) 이번에 그녀의 행동 결과에 대한 행정 조치를 취한다.

(3) 리더는 그 규칙을 변경해야 할 필요성을 인정하고 자신의 보스에게 이 문제를 제기하기 위한 조치를 취한다.

이 접근 방법에는 다음과 같은 여러 가지 가정이 깔려 있다. 즉 사람들은 종종 자신들이 위반한 규칙에 대하여 모른다. 규칙을 깨는 이유는 사람들이 어떤 욕구를 충족시키려고 시도하기 때문이다. 사람들은 대체로 다른 사람들이 그들의 욕구를 이해하여 달라고 하는 호소에 응답한다. 만일 사람들이 계속해서 규칙을 깨기로 작정한다면, 그들은 그 행동의 결과를 반드시 수용해야 한다. 내가 앞에서 요약한 절차뿐만 아니라 이런 가정들은 리더의 효과적인 역할에 대한 나의 개념과 모순되지 않는 것으로 보인다.

정기 기획 회의 : 새로운 실적 평가 방법

공식적인 조직 내의 리더십에 관한 수많은 연구들을 평가해 온 사회 과학자들의 저술에서 한 가지 결론은 변함없이 나타난다. 그것을 내 방식으로 말하면,

> 높은 생산성을 나타내는 집단(높은 성취를 이루어 내는 업무 그룹)에는 조직의 욕구 충족을 위해서 필요한 생산성 목표를 달성하기 위하여 집단 구성원들의 열의와 의욕을 성공적으로 육성하고 유지하는 리더가 있다.

조직의 대리인으로서 효과적인 리더는 최고 경영진이 정당하다거나 공정하다고 여기고 집단 구성원들이 부당하다거나 불공정하다고 여기지 않는 수준의 생산성을 낼 수 있도록 그 기능을 수행하여야 한다. 이런 리더의 기능(행동)이 어떤 것이든지 간에—이

것이 핵심적인 사항이다—그것은 집단 구성원들을 기분 좋게 만드는 '인간관계' 기능이나 '사람 중심의 행동'과는 사뭇 다른 것이다. 즉 공감적 경청, 남을 비난하지 않는 나–메시지 전달, 의사 결정에 참여 장려, 신분 격차 축소, 집단의 결속력 육성, 집단 구성원들의 욕구에 대한 이해 표명, 비처벌적인 처신 등과는 다르다.

사람을 고상하게 대하고, 그들의 욕구가 충족되도록 배려하고, 불만족의 근원을 제거하는 것만으로는 높은 생산성과 높은 성취를 이루어 내기에 충분하지 않다. 다른 어떤 것이 필요하다. 그것은 이 책의 2장에서 '조직의 욕구를 충족시키는 기술'이라고 불렀던 것이다. 성공하는 리더는 '인간관계' 전문가인 동시에 '업무 전문가'이다.

높은 성취를 이루어 내는 집단의 리더는 조직이 그 집단에 기대하는 생산성 수준을 그 구성원들에게 어떻게 해서든지 납득시킨다. 그런데 리더가 그 기대에 부응하고 또 전달하는 방식은 집단이 그것을 수용할 것인지 또는 말 것인지 여부를 결정한다.

여기가 바로 인간관계 기술이 그렇게 결정적으로 중요한 역할을 하는 곳이다. 만일 생산성 목표가 집단 구성원들이 참여하는 기회가 없이 리더에 의해서 일방적으로 설정되었거나, 리더가 집단 구성원들의 감정이나 아이디어를 듣지 않거나, 집단 구성원들이 생산성 목표 달성에 곤란을 겪고 있을 때 리더가 처벌을 가한다면, 작업자들은 비용 대비 편익 비율에서 불균형이 존재한다고 느끼고 그들이 불공정한 관계로부터 부당하게 이용당하고 있다고 생각할 것이다. 반면에 만일 집단 구성원들이 조직은 진정으로 그 집단의 욕구에 대하여 관심을 가지고 있으며 그들을 존중한다는 것을 확신한다면, 그들은 조직이 그들에게 부당한 요구를 할 것이라고는 생각하지 않을 것이다.

집단 구성원들은 이런 신뢰감과 더불어 믿을 수 있고 정확한 실적 평가와 자신들의 실적이 구체적인 혜택으로 보상받을 것이라는 보증을 필요로 한다. 이것이 바로 리더가 조직의 생산성 목표를 달성하기 위한 노력의 일환으로 업무 실적을 평가하기 위한 효과적인 시스템을 필요로 하는 이유이다.

업무 그룹은 리더가 해명해야 할 책무를 지고 있는 목표를 성취하고 있는가? 각 구성원들은 자신들의 업무를 얼마나 효과적으로 수행하고 있는가? 리더의 욕구는 그룹과 각 구성원들의 성과로 충족되고 있는가?

실적 평가는 자주 리더와 집단 구성원들 간의 갈등을 초래하기 때문에 어렵고, 리더는 보통 이 때문에 실적 평가를 크게 염려한다. 구성원들은 외부 평가에 대해 자주 원망하고, 위협을 느끼며, 그들은 평가가 불공정하다고 느끼면 그들이 보통 그렇게 하는 것처럼 이것을 따지려 들거나 논쟁하려고 한다.

이것을 어떻게 하면 개선할 수 있을까? 어떻게 하면 실적 평가를 L.E.T.에 깔린 철학과 이론에 부합되는 방식으로 수행할 수 있을까? 어떤 방법이 '상호 욕구 충족에 의한 관리'를 하기로 작정한 리더에게 맞는 최선의 실적 평가 방법일까?

이 장에서 나는 흔히 볼 수 있는 실적 평가의 결함을 지적하고, 리더로 하여금 이 일을 훨씬 효과적으로 할 수 있게 하는 동시에 관계를 강화하고 팀원들이 성장하는 것을 도와주는 한 가지 절차인 정기 기획 회의(Periodic Planning Conference, PPC)에 대하여 기술하려고 한다.

■■■■ 전통적인 실적 평가

실적 심사 시스템은 한없이 많지만, 대부분의 시스템은 다음과 같은 사항들을 포함하고 있다.

1. 공식적인 직무 기술서. 이것은 통상적으로 스태프가 작성한다.
2. 리더가 집단 구성원들에게 과제를 부여하고, 이 과제에 대해서 일일 실적 관리를 한다. 이 과제에 대해서 좋은 실적을 내면 포상하고 실적이 나쁘면 징계한다.
3. 일종의 표준화된 등급 평가 양식이나 실적 심사 양식, 직원 등급 평가 양식, 또는 공로 평가 양식 등을 사용하여 각 집단 구성원들의 실적에 대해 정기적으로 공식적인 평가를 수행한다.
4. 리더와 각 구성원 간에 공식적인 회의나 회합을 갖고, 리더가 그 구성원에게 어떤 등급이 주어졌는지, 그 이유는 무엇인지, 이것을 향상시킬 수 있는 방법은 무엇인지 설명해 준다.
5. 조직에 있는 다른 사람들이 이 등급 평가 양식을 봉급이나 급료, 진급, 훈련 등에 관한 결정의 근거로 활용한다.
6. 보다 객관적으로 집단 구성원들을 평가하는 방법과 집단 구성원들에게 동기를 부여하기 위해서 이 평가 양식을 활용하는 방법 등을 라인 감독자들에게 훈련시킨다.

나는 25년이 넘게 많은 종류의 조직들을 대상으로 컨설팅을 수행하는 동안에 사람들이 좋아하는 실적 평가 시스템을 본 적이 없다.(그것을 운영하는 리더들이든지 또는 그것의 대상이 되는 집단 구성원들인지를 불문하고.) 일반적으로 실적 평가는 평가자와 평가를 받는 사람 모두에게 문젯거리이고 두통거리이다.

누군가에게 평가를 받는다는 것은 너무나 많은 경우에 위협적인 일이다. 사람들은 그들의 실적이 좋지 않다거나, 그들의 성과가 만족스럽지 못하다거나, 그들이 7등급 중 단지 4등급이라는 소리를 아주 듣기 싫어한다. 매니저들도 역시 그런 메시지를 전하는 것을 싫어한다.—그들은 그런 말들이 얼마나 상처를 주는지, 얼마나 자기 존경심을 깎아내리는지, 얼마나 논쟁을 불러일으키는지를 알고 있다.

다음은 실적 평가의 또 다른 심각한 결함들이다.

1. 대체로 직무기술서는 팀원이 수행해야 하는 특정한 기능을 정의하는 데 부적합하다. 예를 들면, 동일한 직무기술서 내용을 가지고 있는 사람들도 나중에는 서로 아주 다른 일들을 수행하고 있다. 그리고 연구 결과에 의하면 리더와 팀원이 수행해야 하는 책임과 임무는 일반적으로 서로 상당한 차이가 있다.

2. 리더는 협동성, 자발성, 창의성, 완벽성 등과 같은 '자질'과 '성격'을 나열해 놓은 등급 평가 형식을 채워 넣어야 한다. 그러나 이런 것들을 객관적이고 정확하게 평가한다는 것은 불가능에 가깝다.

3. 각각의 리더가 사용하는 기준과 등급 평가 관행은 서로 너무나 다르다. 각각의 리더는 등급을 부여하는 데 있어 자기만의 편견과 좋아하는 지론을 갖고 있다.("나한테서는 어떤 사람도 탁월하다는 등급을 받지 못할 것이다.", "나는 절대로 어느 누구에게도 평균 이하 등급은 주지 않는다. 왜냐하면, 만일 내가 그런 나쁜 등급을 주면 그런 사람들을 계속 데리고 있을 수 없기 때문이다.")

4. 리더의 등급 평가는 '후광(後光) 효과'를 보여 주는 경향이 있다. 즉 리더는 먼저 팀원의 실적에 대해 전반적인 평가를 한 다음 세세한 항목은 모두 그 전반적인 평가에 맞추어서 일괄적으로 평가한다.

5. 리더의 등급 평가는 앞으로 그들이 시행해야 하는 여러 가지 행정적인 조치의 영향을 강하게 받는다.("내가 만일 그녀의 등급을 너무 높게 평가하면, 그녀는 임금 인상을 원할 것이다.", "내가 만일 그의 등급을 너무 높게 평가하면, 나는 이후에 그를 해고하는 것을 합리화할 수 없을 것이다.")

6. 팀원들을 평가하는 것은 종종 학교에서 아이들의 성적을 평가할 때와 똑같은 반응을 불러일으킨다.—아첨하기, 은폐하기, 점수 따기 위해서 일하기, 경쟁, 논쟁, 자기 비하 등.

7. 대부분의 실적 평가 시스템들은 과거의 실적에만 초점을 맞춘다. 그들은 장래의 효과적인 실적을 장려하기보다는 과거에 이미 일어난 것을 중점적으로 다룬다.

8. 리더는 팀원들에 대한 평가를 그들에게 설명하고 함께 토의해야 하지만, 일부 리더들은 이런 회의를 마치 전염병처럼 피한다. 그들은 이런 회의가 유쾌하지 않다는 것을 알고 있기 때문이다.

전통적인 실적 평가 방법에 대한 개선이 너무 늦은 감이 있다. 우리가 필요로 하는 실적 평가 방법은 우리의 효과적인 리더 역할 개념과 부합할뿐더러 인간의 동기와 욕구에 대해 알려진 모든 것들을 담고 있는 시스템이다.

보다 구체적으로 말하면, 다음과 같은 목표를 가진 시스템을 설계할 필요가 있다.

1. 집단 구성원들의 일이 보다 의미 있고 욕구를 충족시키는 경험이
   되게 한다.
2. 조직이 직원들의 아이디어와 기여를 중요시하고 필요로 한다는 것
   을 보여 준다.
3. 사람들이 과거보다 현재 더 발전한 것에 대하여 만족할 수 있도록
   그들에게 성장과 발전을 위한 지침을 제시한다.
4. 사람들이 자기 자신들의 실적 향상에 스스로 관여함으로써 자주
   성과 자립심을 높인다.

만일 이런 목표가 달성된다면 직원은 자기 자신들이 조직 자체
라고 느낄 것이고, 그러면 그들은 조직의 성공에 기여하기를 원할
것이다.

■■■ 정기 기획 회의(PPC)

나는 몇 년에 걸쳐서 여러 조직들을 위하여 새로운 실적 평가
방법을 개발하였는데, 나는 이것이 성공하는 리더들이 필요로 하
는 중요한 도구들 중의 하나라고 확신한다.

정기 기획 회의는 리더와 집단의 각 구성원이 보통 6개월마다
정기적으로 한 번씩 여는 회의이다. 이 회의는 30분에서 길게는 2
시간 또는 그 이상까지도 될 수 있으며, 때로는 회의를 한 번 이
상 열어야 하는 경우도 있다.

이 회의는 리더와 각 구성원이 함께 향후 6개월 동안 그 구성원
이 실적을 향상시키고, 새로운 기술을 개발하고, 업무 기능의 개

선을 이루기 위해서 계획을 세우는 시간이다. 또한, 집단 구성원은 자신의 향후 6개월간의 목표를 달성하는 데, 리더가 도움을 줄 수 있는 방법을 리더와 토의할 수 있다.

이것은 집단 구성원들이 자신들의 업무 성과, 업무에 대한 만족 정도 그리고 자신들과 회사와의 장래 관계 등에 영향을 미칠 수 있는 어떤 문제와 관심사도 리더와 토의할 수 있는 기회이다.

정기 기획 회의는 리더와 집단 구성원들에게 과거의 실적(이미 되어져 버린 것)보다는 미래의 실적(이루어질 수 있는 것)에 초점을 맞출 것을 요구한다. 따라서 정기 기획 회의는 대다수 공로 등급 평가 시스템(merit-rating system)에서 사람들이 혐오하는 부분—이른바, 리더가 집단 구성원들의 과거 실적을 평가하고, 비평하고, 등급을 정해야 하는 일—을 상당히 제거한다.

또한, 정기 기획 회의는 집단 구성원들과 리더에게 업무, 일, 목표 그리고 프로그램—모두 업무와 연관된 활동—에 초점을 맞출 것을 요구한다. 따라서 정기 기획 회의는 등급 평가 시스템에서 사람들이 혐오하는 또 다른 항목을 제거한다. 즉 충성도, 협동성, 성실성, 리더십 등과 같은 개인적인 자질을 등급으로 평가하는 것을 없애 버렸다. 정기 기획 회의는 대부분의 등급 평가 시스템에서 집단 구성원들에게 그렇게도 많은 변명을 하게 만들고, 리더와 구성원들 간의 논쟁을 불러일으키는 '득점표'를 없애 버렸다.

정기 기획 회의는 대부분의 등급 평가 시스템들과 달리 양방향으로 진행되는 회의이다. 리더보다 오히려 집단 구성원들이 더욱 자신들의 목표 설정과 활동 계획 수립에 참여한다. 더구나 정기 기획 회의는 집단 구성원들에게 리더가 구성원들이 목표를 성취하는 데 도움을 줄 수 있는 방안을 제안하도록 장려한다.

정기 기획 회의의 이론적 근거

정기 기획 회의의 근저에 있는 개념은 리더가 업무 그룹과 함께 추구해야 하는 것이 무엇인지를 말해 준다.

첫째, 리더는 각 구성원이 실적을 향상시킬 수 있도록 도움을 주어야 할 책임이 있다. 정기 기획 회의 때문에 회사에 발생하는 또 다른 편익은 다음과 같은 것들이 있다. 각 관리 계층의 적임자 파악, 체계적인 사후 관리 및 인적 개발, 인격적인 자질보다는 업무 실적을 중시하게 하고, 그리고 구성원들이 업무와 조직 내에서 스스로 성장하도록 도움을 준다.

그 다음 리더의 목적은 리더와 구성원들 간에 업무 문제에 대해서 자유로운 토의를 장려하는 관계를 구축하는 것이다. 이것을 통해서 모든 사람들은 서로 처지를 알게 되고, 만일 그들에게 문제가 발생한다고 하여도 이것에 대해서 어떤 조치가 취해질 수 있고 또한 취해질 것이라는 용기와 확신을 얻는다.

리더는 미래에 집중하지 않으면 안 된다. 물론 사람들은 과거의 경험으로부터 배우며, 계획을 세우기 위해서 과거의 데이터가 필요한 것도 사실이다. 그럼에도 불구하고, 리더는 미래에서 자신의 눈을 떼지 말아야 한다. 그러면 '이미 엎질러진 우유 때문에 우는 것'은 불필요한 일이 될 것이다. 리더는 지난 과거를 평가하는 유쾌하지 못한 국면을 피할 수 있으며 그 대신 미래의 업무 성과를 향상시킬 수 있는 건설적인 방안에 대해 전념할 수 있다.

리더는 구성원들로 하여금 그들의 실적 목표를 제시할 수 있게 함으로써 그들이 자신들의 일에 더 깊이 관여하게 만들어야 한다. 구성원들은 자신들의 욕구와 회사의 욕구를 충족시키기 위해서 기여를 해야 하므로, 이것을 통해서 그들의 업무에 대한 관심과 열의는 증가할 것이다.

마지막으로, 리더는 갈등이 발생할 경우에 당사자 쌍방이 수용할 수 있는 방법으로 그것을 해결하는 기회를 제공해야 한다. 또한, 리더는 각 구성원의 경력에 도움을 주고, 각 구성원이 한 사람의 개인으로서 성장하고 발전하는 데 도움을 주는 지침을 제시해 줄 수 있어야 한다. 그리고 리더는 자신과 팀원들 사이에 서로 보람을 주고받는 관계를 형성해야 한다.

정기 기획 회의의 기본적인 가정

정기 기획 회의는 몇 가지 가정에 그 근거를 두고 있다. 리더가 이 가정을 명심하고 팀원들과 이들에 대해서 토의하는 것은 유익한 일이 될 것이다.

1. 회사는 반드시 시장(marketplace)에서 발전해야 하며 그렇지 않으면 경쟁자들에 의해서 추월을 당한다. 마찬가지로, 회사의 직원들도 발전하기 위해 변화해야 한다. 회사가 전진하기 위해서는 직원들이 발전하고, 성장하고, 자기 계발을 해야 한다. 회사는 결국 사람들로 구성되어 있으므로, 회사가 발전하기 위해서는 거기서 일하는 사람들이 발전해야 한다. 대부분의 사람들은 정체되어 있는 것을 정말로 원치 않는다. 사람들은 만일 일에서 자기 자신들을 확장할 수 없다면, 그들은 일 밖에서 그렇게 할 수 있는 방법을 찾는다. 배운다는 것은 재미있는 일이고, 사람들은 기회가 있으면 배움을 위한 새로운 방안을 추구한다.

2. 일을 하기 위한 더 좋은 방법은 항상 존재한다. 나는 이 가정이 "우리는 오랫동안 이런 식으로 일해 왔습니다. 그런데 왜 바꿉니

까?" 라고 하는 진부한 말을 대체할 수 있기를 바란다. 정기 기획 회의의 경험에 의하면, 팀원들은 자신들의 직책이 갖는 기능과 목표를 재검토할 때마다 그것들을 정의하고, 측정하고, 성취하는 일을 더 잘 해낼 수 있었다.

3. 어떤 사람도 결코 100퍼센트 역량을 다 발휘하면서 일하지 않는다. 아마 그렇게 할 수도 없을 것이다. 대부분의 사람들은 물론 유능한 사람들조차 그들이 본래 가지고 있는 역량의 일부분만을 사용하여 일한다.

4. 변화, 성장 그리고 개선은 효과적인 조직의 자연스러운 특징이다.

5. 사람들은 다른 사람이 설정한 목표를 성취하려는 의욕을 강하게 느끼지 못한다. 누군가 이것을 다음과 같이 재미있게 표현했다. "다른 사람의 목표를 추구하는 것 이외의 다른 것에 대해 무관심한 사람은 아무도 없다." 사실 우리 모두는 위에서 내려오는 지시와 명령이 초래하는 저항을 너무나 자주 보아 오지 않았는가? 우리는 이와 동일한 저항을 가정의 아이들과 학교의 학생들에게서 보고 있다. 미국에서 권위에 저항하는 일은 이제 거의 하나의 생활방식이 되고 있다. 만일 우리 모두가 우리 자신들의 일에 대해 보다 많은 재량권을 가질 수 있다면 생활이 얼마나 흥미진진해질까! 당신은 너무나 많은 경우에 자신에게 이렇게 말하지 않는가? "나는 보스가 하라는 대로 하겠지만, 내 일을 나만큼 더 잘 아는 사람은 아무도 없다. 나를 그냥 내버려 둔다면, 더 잘할 수 있는데."

6. 사람들은 자기들 스스로 설정한 목표를 성취하기 위해 열심히 노력한다. 그러나 그들은 이런 기회를 좀처럼 경험하지 못하기 때문에, 만일 이런 기회가 그들에게 주어진다면 리더는 그들에게서 강한 열의가 분출될 것을 기대할 수 있다. 사람들은 다른 사람이 그

들의 목표를 설정해 주는 것을 지켜보하는데, 그것은 그들이 권위를 싫어하기 때문이기보다는 그들에게 활용되지 않고 있는 재능이 있기 때문이다. 그들은 자신들의 실력을 발휘하고 싶어한다. 그런데 여기에도 예외가 있을 수 있다. 즉 어떤 구성원들은 자신들이 스스로 목표를 설정해야 한다는 것을 예상하고 놀라거나, 또 어떤 구성원들은 리더의 의도를 수상쩍어할 것이다. 이런 가능성에 대처하기 위해서, 리더가 적극적 듣기 기술과 '방법 3'을 사용하는 것은 매우 중요하다.

7. 사람들은 더 많은 것을 성취할 수 있는 기회가 주어지는 것을 즐거워한다. 가치 있는 어떤 일을 해냈다는 성취감은 대부분의 사람들에게 기쁨을 주고 자기의 가치를 깨닫게 한다. 사람들은 이런 만족감을 자주 느끼면 느낄수록 더욱 관심과 열성을 갖게 되고, 이런 경험을 반복하려고 더욱 노력한다. 리더에게 주어진 도전은 집단 구성원들에게 이 같은 기회를 얼마나 자주 줄 수 있느냐 하는 것이다.

▬▬▬ 정기 기획 회의 준비 방법

정기 기획 회의 준비 과정은 몇 가지 단계로 이루어져 있다. 각 단계별로 상세하게 설명하면 다음과 같다.

1단계 : 집단 구성원들을 준비시킴

정기 기획 회의를 자신의 업무 그룹에 도입하려는 리더는 일반적으로 어떤 새로운 아이디어나 새로운 시스템도 변화에 대한 저항에 직면한다는 사실을 기억해야 한다. 따라서 리더는 이런 저항을 감소시키면서 집단 구성원들의 감정을 다루기 위해서 다음과 같은 조치를 반드시 취해야 한다.

1. 전통적인 실적 등급 평가 시스템(performance-rating system)의 결함을 설명한다.
2. 정기 기획 회의의 원리와 그 밑에 깔린 가정을 설명한다.
3. 팀원들의 감정을 듣는다.
4. 팀원들이 새로운 정기 기획 회의 시스템을 시험적으로 시도하도록 영향력을 발휘한다.

어떤 조직에서는 리더가 전통적인 공로 등급 평가 시스템을 정기 기획 회의로 대체하는 것에 대하여 경영진의 승인을 받아 낼 수 있을 것이다. 반면에 다른 조직에서는 이것이 여러 가지 다양한 이유 때문에 가능하지 않을 수도 있다. 그러나 어떤 리더든지 정기 기획 회의를 공식적인 공로 등급 평가 시스템 외에 추가로 사용하는 시스템으로 도입할 수는 있다. 이것은 리더가 전통적인 등급 평가 시스템 안에서 일하면서 동시에 또 다른 두 번째 시스템을 사용하는 것을 의미한다. 그런데 이 두 번째 시스템이 생산성, 사기, 의욕, 구성원들의 독립성, 구성원들에 대한 존중 등과 같은 목표를 성취할 가능성이 더 높다.

2단계 : 업무 기능에 대한 상호 동의
리더와 팀원 쌍방이 '방법 3'을 사용하여 그 팀원이 업무상 어떤 기능을 수행할 것인가에 대하여 합의하는 것은 대단히 중요하다. 그것은 문제와 갈등은 두 사람 사이에 의견의 차이가 있을 때 발생하기 때문이다.

따라서 정기 기획 회의를 준비하는 초기에 리더와 각 구성원 간에 '업무 기능'에 대해 상호 합의하는 것이 중요하다.

'업무 기능'은 '임무'가 아니며, 또한 일반적으로 직무기술서나 직책기술서에 포함되는 것도 아니다.

업무 기능은 각 팀원이 조직에 기여하는 것을 기술한 것과 더 유사하다. 즉 팀원이 임금이나 급료를 받는 것을 정당화하기 위하여 조직을 위해서 하는 일이다. 이것을 설명하기 위해서 한 인사 담당 임원의 몇 가지 전통적인 '임무'와 '업무 기능'을 대조했다.

임무	업무 기능
신입사원 모집, 지원자 인터뷰 및 선발.	부서장이 요청한 일자리를 규정된 기간과 비용 기준 한도 내에서 적임자로 충원한다.
사원 사기 조사 실시.	직원의 문제나 불만족을 일찍 파악하여 부서장이 이런 문제를 해결하도록 지원한다.
직원 훈련 프로그램 선정.	훈련의 필요성을 알아보고, 필요성을 만족시키는 훈련을 제공한다.

리더가 팀원들에게 그들의 업무 기능 목록을 작성하기 원한다고 말할 경우에 그 뜻을 팀원들에게 이해시키기 위하여 리더가 팀원들에게 사용할 수 있는 질문은 다음과 같다.

1. 당신들은 조직에 기여하기 위해서 무슨 일을 하는가?
2. 당신들은 조직이 당신들에게 임금을 지불하는 것을 정당화하기 위해서 무슨 일을 하는가?
3. 당신들의 업무가 왜 존재하는가? 그 업무로부터 어떤 기여를 기대하고 있는지 아는가?
4. 당신들이 일을 잘하고 있다고 느낄 때, 당신들은 조직을 위해서 실제로 무엇을 성취하고 있는가?

여기에 한 리더의 비서가 수행하는 업무에 대해서 작성한 업무 기능의 예가 있다.

1. 리더에게 오는 전화에 대해 응답하고, 방문자들에게 부서에 대한 좋은 인상을 줄 수 있도록 그들을 접대한다.
2. 외부에서 전화로 요청하는 서비스가 리더와 관계없이 독자적으로 처리 가능한 경우에는 언제나 이것을 제공한다.
3. 리더의 편지, 팩스, 보고서 등을 정확하고 신속하게 타자하고 편집한다.
4. 리더의 약속 스케줄이 항상 정확하고 최신 변경 사항을 반영하도록 관리한다.
5. 이전의 모든 자료를 빠르게 찾을 수 있는 자료 정리 시스템을 개발하고 유지한다.
6. 사무 용품에 대한 적정 재고를 유지하고, 사무 용품이 부족하지 않도록 미리 구매 요청한다.
7. 통상적으로 일어나는 행정적인 의사소통에 대해서는 독자적으로 응답한다.

다음은 상호 동의하는 업무 기능 목록을 얻기 위해서 추천하는 절차이다.

1. '업무 기능'의 정의를 '임무'와 대비하여 주의 깊게 설명한다.
2. 팀원에게 업무 기능 목록을 작성할 것을 요청한다. 만일 몇몇 팀원들이 동일한 업무를 담당하는 경우에는, 리더는 그들에게 하나의 그룹으로서 이것을 작성하게 할 수 있다.
3. 리더는 리더로서 그 팀원의 업무 기능에 대해 목록을 작성한다.

팀원이 자신의 업무 기능 목록을 작성한 후에, 리더는 팀원과 함께 그것을 검토하도록 한다. 여기서는 팀원이 '주도권'을 가지고 있다는 것을 기억하고, 그가 토의를 진행하도록 하라. 즉 리더는 팀원이 토의 진행 방법을 선택하도록 한다.

예컨대, 리더는 팀원이 먼저 각각의 기능에 대해 하나씩 처음부터 끝까지 설명한 뒤에 다시 처음부터 팀원과 검토할 수 있다. 또는 리더가 처음부터 각 기능의 의미와 용어에 대해 하나씩 검토하고 동의해 나가는 방법이 있다. 그러나 리더와 팀원 쌍방이 각 기능의 의미에 대해서 동의하는 한 어떤 방법을 사용하든지 큰 차이는 없다.

또한, 업무 기능 목록은 내가 앞서 요약한 형식을 그대로 따라야 할 필요는 없으며, 그것이 다른 사람들에게는 불분명하게 보일지라도 그리 중요한 문제는 아니다. 리더와 팀원이 각 기능이 뜻하는 바를 이해하는 한, 리더는 자신의 목적을 이루고 있는 것이다. 물론 모든 것이 분명하다면 더 말할 나위 없이 좋다.

3단계 : 실적 측정 방법에 대하여 상호 합의

일단 업무 기능의 목록을 작성하였다면, 다음 단계는 각 업무 기능의 실적을 측정하는 방법에 대하여 리더와 구성원 간에 서로 합의하는 일이다.

이 단계는 두 가지 목적을 가지고 있다. (1) 리더와 구성원 사이의 오해를 줄이고, (2) 구성원의 실적을 평가하기 위해서 필요한 데이터가 무엇인가를 강조하기 위한 목적이 있다.

실적 '측정 기준' 이란 무엇인가?

많은 리더들은 팀원의 실적을 평가하는 데 서로 다른 기준을 사용하고 있다. 어떤 리더가 자기 비서를 평가할 때, "그녀는 타자를 아주 정확하게 친다." 혹은 "그녀는 전화 응답을 탄복할 정도로 잘한다."라고 말한다면, 그는 이 두 가지 업무 기능을 측정하는 잣대를 마음속에 분명히 가지고 있다. 그런데 문제는 그 측정 기준이 리더의 마음에만 머물러 있는 경우가 너무나 많다는 것이다. 그 측정 기준이 비서에게 전달되는 경우는 극히 드물다.

따라서 각각의 업무 기능에 대한 실적을 평가할 때 사용되는 측정 기준을 팀원에게 이해시킬 수 있는(그리고 팀원이 동의하는) 방법이 필요하다.

실적 '측정 기준' 이란 무엇인가? 비서의 업무 정확성을 측정하는 경우에 리더의 측정 기준은 올바른 맞춤법과 구두점을 지키지 않고 잘못 타자한 오타수가 될 것이다.

측정 기준은 다른 사람의 실적이 어떻게 평가되는지를 말해 준다. 그러나 그것이 실적이 좋고 나쁜 것을 말해 주는 것은 아니다. 우리는 사람의 키를 센티미터로 측정한다. 그러나 그 측정 기준이 어떤 사람의 키가 얼마나 큰지를 누구에게도 말해 주지 않는다. 먼 거리는 킬로미터로 측정하지만, 이것이 어떤 사람이 얼마나 멀리 주행했는지에 대해서는 아무것도 말해 주지 않는다.

서로 수용하는 측정 기준을 만드는 방법

1. 리더는 팀원에게 업무 기능 목록을 작성하고 각각의 기능에 대한 측정 기준을 개발하도록 요청한다. 리더는 다음과 같은 질문으로 코치할 수 있다.

   "당신은 그 기능을 수행하는 경우에 어떻게 그 일을 잘했다거나 또는 잘못했다는 것을 압니까?"
   "당신이 마음으로 생각하는 측정 기준은 무엇입니까?"
   "당신이 업무를 잘 수행하고 있을 때 관심을 가지는 데이터나 사실은 무엇입니까? 또 잘못 수행하고 있을 때는 어떻습니까?"

2. 팀원에게 가능한 경우에는 언제나 정량적인 측정 기준을 개발할 것을 권장한다. 그러나 일부 특정한 기능들에 대해서는 정확한 정량적 측정 기준이 가능하지 않다.(정량적 측정 기준과 '주관적' (비정량적) 측정 기준의 예는 348쪽 표를 참조할 것.)

3. 리더가 팀원의 각 업무 기능에 대하여 측정 기준을 개발한다.

4. 리더와 팀원이 함께 모여 측정 기준을 서로 비교한다. 그리고 이것들을 토의하고 평가하고 수정한다. 그리고 팀원의 각 업무 기능에

대하여 서로 수용하는 측정 기준을 만드는 것으로 끝을 낸다.

정량적 측정 기준	주관적 측정 기준
오류 수	외관이 깔끔한 정도
불량 개수	전화 응답이 예의 바른 정도
불만 사례 수	고객 만족도
매출액	매너가 상냥한 정도
순이익	창의력
원가절감액	혁신성
생산량	
납기 만족 건수	
신규 고객 수	
피훈련자 수	

요점 : 일단 리더가 각각의 팀원과 정기 기획 회의 준비 과정인 1, 2, 3단계를 끝냈으면, 팀원의 업무 기능에 큰 변화가 없는 한 이 과정을 다시 반복할 필요는 없다.

■■■■ 정기 기획 회의 운영

다시 말해서 실제 정기 기획 회의를 위한 리더와 팀원의 적절한 준비는 필수 불가결한 요소이다. 이것은 리더와 팀원으로 하여금 앞으로 6개월 동안 요구되는 것에 대한 명확한 아이디어를 가지고 회의에 임하게 한다. 그렇게 되면 정기 기획 회의는 서로의 아이디어를 조화시키는 과정이 된다. 즉 팀원의 목표와 프로그램을 리더의 목표와 프로그램과 서로 맞춰 나간다. 다른 말로 바꿔 말하면, 정기 기획 회의는 리더와 팀원이 상호 수용 가능한 팀원의 계획을 찾아가는 양방향 문제 해결 회의가 된다. 그 다음 리더는 팀원이 그 계획을 완수하도록 자신이 도울 수 있는 방법에 대해 토의한다. 실제 정기 기획 회의를 열기 위해서 다음과 같은 과정을 거친다.

1. 최소한 1주일 전에 미리 정기 기획 회의 날짜를 정한다.
2. 그때 리더는 팀원에게 정기 기획 회의에 대비하여 자신의 목표에 대하여 준비할 것을 요청한다.
3. 팀원에게 정기 기획 회의에 관한 질문을 할 수 있는 기회를 준다.
4. 리더는 팀원에게 정기 기획 회의의 초점은 미래에 있고 과거에 있지 않다는 것을 설명한다. 그리고 리더는 팀원이 주도적으로 자신의 목표를 제시해 줄 것을 바란다고 말한다.
5. 업무 그룹에 대한 리더의 목표를 설명하여 줌으로써 팀원들이 리더가 다음 기간 동안에 성취하려는 전체적인 실적 목표를 정확히 알도록 한다.

리더는 팀원이 목표에 대해 생각하는 것을 돕기 위하여 다음과 같은 질문을 사용할 수 있다.

"당신은 내년에 무엇을 성취하기 원합니까?"
"당신의 업무 기능들 중 어떤 것이 개선할 필요가 있다고 느낍니까?"
"보다 효과적으로 일을 수행하기 위한 당신의 목표는 무엇입니까?"

"이 목표를 달성하기 위하여 당신이 바라는 조직으로부터의 도움은 무엇입니까?"

"당신의 실적이나 그룹의 실적을 향상시키기 위한 올해의 프로그램은 무엇입니까?"

"어떤 지표가 당신이 향상되었다는 것을 알게 해 줄 수 있습니까?"

만일 이 같은 회의의 사전 준비가 완료되고, 팀원이 회의를 주도적으로 운영하는 것이 허용된다면, 실제 정기 기획 회의는 스스로 굴러가게 될 것이다.

그러나 이것이 리더가 수동적인 역할을 담당한다는 것을 의미하는 것은 아니다. 분명히 리더는 팀원의 개선에 대한 목표와 계획이 리더 자신의 목표를 성취하기에 충분하다는 것을 확인하려 할 것이다. 예를 들면, 만일 리더가 회의 도중에 어떤 팀원이 그의 실적을 향상시키기 위한 목표 중에서 가령 원가 절감에 대한 목표를 설정하지 않은 것을 알았고, 리더 자신의 목표는 여전히 원가를 절감하는 것이라면, 리더는 그 팀원의 계획에 원가 절감 목표를 포함시킬 것을 분명히 제의할 것이다. 마찬가지로, 만일 리더가 한 구성원이 설정한 특정한 목표가 비현실적이고 그 이유가 무엇이든지 간에 달성할 가능성이 없다고 느낀다면, 리더는 그에게 기준을 낮출 것을 제안하게 될 것이다.

기억해야 할 중요한 사항은 다음과 같다.

1. 이 회의는 팀원이 솔선하는 회의이다. 먼저 그의 아이디어와 감정이 분출되도록 하라. 적극적 듣기를 하라.
2. 토의가 미래 지향적인 것이 되도록 유의하라. 과거는 지나갔다.

3. 리더가 말할 차례가 되면, 솔직하고, 정직하고, 그리고 숨김없이 말하라. 나-메시지를 보내라.
4. 달성해야 하는 목표에 대하여 확실하게 합의를 하라. 실현 가능한 목표를 세우라. '방법 3'을 사용하라.
5. 리더는 팀원이 각각의 목표를 어떻게 달성하려고 하는지, 즉 어떤 활동을 계획하고 있는지를 분명히 이해하도록 한다.
6. 리더는 기회나 필요가 있을 때에는 언제나 목표를 달성하기 위한 아이디어를 팀원과 공유하라. 정기 기획 회의를 의미 있고, 가치 있는 경험으로 만드는 것이 바로 이렇게 아이디어를 함께 나누는 일이다.
7. 회의 분위기는 따뜻하고, 우호적이며, 격식을 차리지 않으면서도, 업무 우선적인 것이 되도록 하라. 또한, 각 팀원은 리더의 동료이고, 리더는 자신의 목표를 성취하기 위하여 그의 도움을 필요로 한다는 사실을 기억하라.
8. 목표를 설정하는 것은 변화하겠다는 결의를 나타내는 것이라는 사실을 기억하라. 따라서 어떤 팀원들은 변화에 대해서 심하게 저항할 수도 있다.
9. 합의한 목표를 검토한 후에 문서화하고, 리더와 팀원은 그 사본 1부씩을 보관한다.

■■■■■ 정기 기획 회의 결정의 실행

리더가 팀원의 목표 달성을 돕기 위해서 반드시 수행해야 하는 중요한 기능은 다음과 같다. (1) 리더는 팀원이 그의 목표 진척 상황을 평가하기 위해 필요로 하는 데이터를 제공해야 한다. (2) 리더는 팀원이 필요로 하는 물질적, 재정적, 인적 자원 등을 제공해야 한다. (3) 리더는 팀원이 문제와 부딪칠 경우에는 문제 해결을 위한 상담자나 조정자의 역할을 할 수 있어야 한다.

팀원에게 자기 평가를 위한 데이터 제공

정기 기획 회의의 가장 중요한 목적 중의 하나는 팀원에 대한 실적 평가의 주된 책임을 리더로부터 구성원에게로 옮기는 것이다.

여기에서 가장 중요한 아이디어는 '신뢰'이다. 리더는 팀원들이 일을 잘하려고 하고 목표를 성취하려고 하는 소망을 갖고 있다는 것을 신뢰해야 한다.

구성원들은 자신들의 실적을 지속적으로 평가하기 위하여 적절한 데이터를 필요로 한다. 물론 정확히 필요한 데이터의 종류는 정기 기획 회의 준비 과정의 세 번째 단계에서 만들어진 평가 기준에 의해서 결정될 것이다.

예를 들면, 만일 리더와 한 팀원이 그의 어떤 업무 기능에 대한 평가 기준을 '원가절감액'으로 정하였다면, 리더는 그에게 원가 자료가 제공되도록 필요한 조치를 반드시 취해야 한다. 즉 리더는 회계 부서로 하여금 그에게 필요한 원가 자료를 매주 또는 매달 제공하도록 해야 할 것이다.

자원 제공

정기 기획 회의가 끝난 뒤 리더의 역할을 정의하는 한 가지 방법은 리더를 팀의 '1급 협력자'로 생각하는 것이다. 즉 리더는 팀원들이 목표를 달성하도록 도울 수 있는 모든 방법을 동원하여 그들을 지원한다.

이것은 그들에게 추가적인 자금, 장비, 정보 또는 인력을 공급하는 것에 동의한다는 것을 의미할 수 있다. 이 같은 약속을 철저히 지키지 못한다면 리더와 팀원과의 관계는 분명히 손상될 것이고 팀원들의 원망을 불러일으킬 것이다.

문제 해결 촉진

팀원들은 자신들의 목표를 성취하기 위하여 노력하는 과정에서 불가피하게 문제와 부딪치게 된다. 이런 문제들이 발생할 때 돕는 것이 바로 리더의 기능이다. 이 책의 3장에서 지적한 바와 같이 문제 해결을 돕는 것이 리더가 존재하는 이유라는 것을 기억하라.

리더는 팀원과의 회합에서 문제 해결에 대한 책임을 팀원에게 계속 유지시키기 위하여 적극적 듣기를 사용할 필요가 있을 것이다. 팀원이 '문제 해결 과정의 6단계'를 헤쳐 나가도록 격려하라. 리더는 이 문제 해결 과정을 칠판이나 차트에 써 놓을 수도 있다.

- 1단계 : 무엇이 문제인가?
- 2단계 : 가능한 해결 방안들은 무엇인가?
- 3단계 : 이 해결 방안들에 대한 평가는 어떠한가?
- 4단계 : 어떤 해결 방안이 최선의 것인가?
- 5단계 : 누가 무엇을 언제까지 해야 하는가?
- 6단계 : 결과에 대한 평가는 어떠한가?

만일 리더가 팀원의 특정한 목표 달성을 방해하는 문제점을 보았다면 리더는 지체 없이 문제 해결 과정을 시작해야 한다. 여기서도 리더의 태도는 "당신은 이것을 잘못했습니다. 뭐가 문제입니까?"가 아니라 "내가 돕기 위해 할 수 있는 일은 무엇입니까?"가 되어야 할 것이다.

정기 기획 회의로부터 예상되는 유익

조직에서 정기 기획 회의가 전통적인 실적 검토 또는 공로 등급 평가 시스템을 대체하든지 혹은 보완하든지 간에 리더는 이 새로운 접근 방법으로부터 다음과 같은 성과를 확실히 기대할 수 있을 것이다.

첫째, 팀원들은 리더의 신뢰에 대해 보다 큰 책임감과 독립심을 발휘하여 리더에게 보답할 것이다.

둘째, 리더는 팀원들에게서 보다 큰 성취 동기를 발견하게 될 것이다. 왜냐하면, 목표는 이제 팀원들이 성취하려고 노력하는 자신들의 목표이지, 리더가 그들에게 부과한 목표가 아니기 때문이다.

셋째, 팀원들의 일은 그들에게 보다 큰 자기 성취와 만족을 가져다줄 것이다.

넷째, 리더는 팀원들을 관리 감독하는 데 전보다 적은 시간을 소비하게 될 것이다.

다섯째, 리더는 팀원들의 실적이 계속적으로 개선되는 것을 기대할 수 있을 것이다. 그것은 이제 집단이 수용하는 규범은 일을 더 잘해보자는 것이기 때문이다.

그러나 새로운 정기 기획 회의가 아무런 장애 없이 순항할 것이라고 기대하지 말라. 이것은 때때로 진로 수정을 필요로 할 것이다. 팀원들 중 어떤 사람들은 처음에는 리더에게 의존하는 것을 포기하거나, '시키는 것만 한다'는 태도를 버리기가 어려울 것이다. 업무 기능에 대한 측정 기준은 수정을 필요로 하거나, 리더가 이것에 대한 정확한 데이터를 얻기 어려울 수도 있을 것이다.

새로운 것은 어느 것이나 그렇듯이 적응이 필요하다. 하지만 일단 결함을 바로잡으면 정기 기획 회의는 팀원들에게, 리더 자신에게, 그리고 조직에게 구체적으로 보답할 것이다.

리더들에게 제기하는 몇 가지 뜻 깊은 질문

리더는 자신이 원하는 리더의 유형을 반드시 선택해야 하며, 누구도 그 선택을 대신해 주지 못한다. 당신은 여러 가지 리더십 스타일 중에서 어떻게 자기에게 맞는 것을 선택할 수 있을까?

당신은 자신의 리더십 스타일을 선택하는 과정에서 당연히 제일 먼저 효과적인 리더의 역할(이 책 전체의 핵심적인 강조 사항)이라는 기준을 고려할 것이다. 어떤 리더십 스타일이 팀을 구축하고, 좋은 결정을 만들어 내고, 생산성을 진작시키고, 사기를 북돋워 주는 등의 일에서 당신을 보다 더 효과적으로 만들까?

이것을 위해서 당신은 또한 다음과 같이 똑같이 중요한 문제들에 대한 질문을 스스로에게 해 볼 필요가 있다.

- 나는 어떤 종류의 사람이 되기를 원하는가?
- 나는 어떤 종류의 관계를 원하는가?

■ 나는 어떤 종류의 조직을 원하는가?

■ 나는 어떤 종류의 사회를 원하는가?

■■■ 당신은 어떤 종류의 사람이 되기를 원하는가?

당신이 선택하는 리더십 스타일은 당신이 어떤 종류의 사람이 되는가에 커다란 영향을 준다. 당신은 이 두 가지를 따로 분리할 수 없을 것이다. 당신은 리더로서의 역할을 수행하는 데 많은 시간을 보내기 때문에, 그 역할에서 행동하는 방법은 어쩔 수 없이 당신의 인간 됨됨이를 형성하게 될 것이다.

예를 들면, 강압적인 권력에 크게 의존하는 리더십 스타일은 당신으로 하여금 상당히 일관성 있는 의심과 불신의 태도를 유지하도록 요구할 것이다. 당신은 사람들에게 말하는 것을 조심해야 할 것이고, 당신의 권력에 저항하는(또는 노골적으로 불복종하는) 낌새를 포착하기 위해서 주의해야 할 것이다. 독재적인 리더로서 당신은 이런 경계심과 더불어 다른 사람들을 자기 관리, 건설적인 변화와 자기 계발 그리고 자주적인 측면에서 부족한 능력과 낮은 잠재력의 소유자들로 보게 될 것이다.

만일 당신이 강압적인 권력을 리더십 수단으로 선택한다면, 이것은 또 다른 방법으로 당신의 개인적인 생활에 충격을 줄 것이다. 내가 앞에서 지적한 바와 같이 당신은 집단의 결정에 대한 전적인 책임을 떠맡고 정책과 규칙을 강요하는 모든 부담을 끌어안음으로써 고조된 긴장과 걱정 그리고 불안—그리고 결국에는 쇠약한 육체와 정신—을 감수해야 하는 대가를 치르게 될 것이다.

그리고 당신은 다른 사람을 상대하는 데 숨김없고, 솔직하고, 직설적인 사람이 되기를 원하는가? 심리학자들은 사람이 내면에서 생각하거나 느끼는 것과 그 사람이 밖으로 전달하는 것이 같은 것을 말하기 위해서 '일치성(congruence)'이라는 용어를 사용한다. 당신은 자신이 뜻하는 것을 말하고, 당신이 말하는 것이 곧 뜻하는 것이기를 원하는가, 아니면 당신의 말이 '정말처럼 들리지 않고' 사람들에게 신뢰받지 못하는 사람이 되기를 원하는가? 당신은 사람들에게 자신의 정확한 입장을 알려주기 위해 솔직하고 직설적인 나-메시지를 보내는 사람이 되기를 원하는가?

의사소통에서 당신의 말과 의미가 일치하는 것에는 위험이 따른다는 것은 말할 필요도 없다. 따라서 자신이 그런 위험을 감수할 수 있을 것인지 심각히 생각해 보아야 한다. 만일 당신이 숨김이 없고, 솔직하고, 꾸밈없이 자신의 실제 모습을 나타내는 리더가 되기로 결정한다면, 당신은 자신의 진정한 자아를 내보이는 모험을 하는 것이다. 나-메시지를 보내는 사람은 자신과 다른 사람들에게 '투명하도록 진실해지는' 것이다. 사람들은 있는 그대로의 자기가 되는 용기를 가질 수 있어야 한다. 그것은 생활의 매 순간마다 자신들이 느끼고 생각하는 대로 의사를 전달하는 것이다. 또한, 여기에도 위험은 있다. 만일 당신이 다른 사람들에게 당신을 개방한다면, 그들은 진정한 당신 자신을 알게 될 것이다. 다른 사람들이 진정한 당신의 모습을 알게 되기를 원하는가?

만일 다른 사람들의 말을 경청하는 리더가 되기로 작정한다면, 또 다른 위험이 있다. 앞에서 본 바와 같이, 적극적 듣기는 메시지를 보내는 사람에게 전적으로 주의를 기울이기 위하여 자신의 생각과 감정, 평가와 판단을 일시적이나마 유보하여야 한다. 적극적 듣기는 정확한 의미 포착을 강요하는데, 만일 당신이 메시지를 보내는 사람의 의미대로 그 메시지를 이해하고자 한다면, 당신이 그 사람의 처지(또는 사고의 틀이나 실질 세계) 속으로 들어가야 하기 때문이다. 그때에만 당신은 보내는 사람이 의도하는 의미를 들을 수 있다. 적극적 듣기의 '피드백' 부분은 당신이 이해하였다는 것을 메시지를 보낸 사람에게 확인시켜 주는 것이지만, 이것은 결국 듣기의 정확성을 점검하는 것에 불과하다.

적극적 듣기는 그 자체적인 위험을 가지고 있다. 적극적 듣기를 수행하는 사람 안에 어떤 일이 일어날 수 있다. 당신이 다른 사람이 생각하고 느끼는 것을 정확히 이해하려면, 당신은 일시적으로 그의 입장에 서서 그 사람의 세계를 그가 보는 식으로 바라본다. 그때 당신 자신의 의견과 태도가 바뀔 위험이 있다.

사람은 자신이 진정으로 이해하는 것에 의해서 변화를 받게 된다. 다른 사람의 경험에 대해 마음 문을 열면 그것은 자기 자신의 것을 재해석하게 만든다. 다른 사람의 말을 듣지 못하는 사람들은 '방어적'인데, 그 이유는 그들이 자신들의 것과 다른 아이디어나 견해에 자신들을 노출시킬 능력이 없기 때문이다.

요약하면, 효과적인 양방향 의사소통은 일치성(명확한 발신)과 적극적 듣기(정확한 수신)를 필요로 하며 두 가지 위험을 수반한다. 우리의 진정한 모습이 노출되는 위험성과 우리가 변화될 수 있는 위험성. 이것이 바로 효과적인 인간 사이의 의사소통이 내적 안정과 개인적 용기를 요구하는 이유이다.

당신은 이런 종류의 사람이 되고자 하는가? 당신은 다른 사람들과 개방적이고, 솔직하며, 꾸밈없는 양방향 의사소통을 위해 필요한 내적 안정과 개인적 용기를 당신 가운데서 찾을 수 있는가?

■■■■ 당신은 어떤 종류의 관계를 원하는가?

당신이 어떤 종류의 리더냐에 따라 집단과 조직에 있는 사람들과 맺는 관계의 종류가 결정되거나 적어도 강한 영향을 받는다. 이 사람들과 함께 얼마나 많은 시간을 보내는지 생각해 보면, 이것은 당신의 리더십 스타일을 선택하는 데 있어 중요한 고려 사항이다.

나는 이 책의 여러 곳에서 권력에 근거한 독재적 리더십이 리더와 집단 구성원들 사이의 관계에 미치는 충격에 대하여 언급한 바 있다. 예를 들면, 권력이 어떻게 구성원들로부터 리더에게로 가는 의사 전달을 감소시키는지, 권력이 어떻게 리더와 구성원들 사이에 신분의 벽을 쌓고 그 결과 구성원이 솔선하는 인간적인 교류를 감소시키는지, 구성원들이 어떻게 자신들의 문제를 은폐하고 실수에 대해 거짓말을 하게 되는지, 권력이 어떻게 적개심과 원망을 불러일으키게 되는지, 권력이 효과적인 것이 되기 위해서는 사람들이 권력을 두려워하고 그것에 의존할 수밖에 없는지 그리고 왜 권력을 휘두르는 리더는 팀원들과 '흉허물 없는 사이'가 되는 것을 경계할 수밖에 없는지에 대하여 언급했다.

그러나 나는 아직까지 당신이 독재적인 리더이기 때문에 필연적으로 생기는 또 다른 결과를 언급하지 않았다.─아주 간단히 말해서 당신은 권력에 의존하지 않는 리더들보다 훨씬 재미가 없을 것이다. 재미라고 말할 때, 나는 여러 가지 생각이 든다. 즉 당신 자신의 실수와 한계에 대해 다른 사람들과 함께 웃고, 다른 사람들의 것들도 함께 웃어넘길 수 있다. 또는 다른 사람들과 힘을 합쳐서 힘든 문제에 도전하고 어느 날 놀랍게도 창의적인 해결 방안을 찾아내고 보람을 함께 나눈다. 또 당신의 실패를 부정적인 평가에 대한 두려움 없이 다른 사람들과 공개적으로 공유한다. 사람들이 업무 능력 면에서 성장하고 발전하는 것을 지켜본다. 그리고 사람들과 단지 조직의 직위보다는 인간으로서 관계를 맺는다. 이런 유쾌한 일들은 공포와 원망이 배제되고 보다 평등한 관계 속에 있는 집단과 조직에서 일어난다.

당신은 사람들과 서로 돕는 관계를 맺기 원하는가, 그렇지 않으면 서로 조종하고 이용하는 관계를 맺기 원하는가? 서로 돕는 관계의 유익함은 상당히 크다. 즉 사람들이 자신들의 문제를 스스로 해결하고 덜 의존적이 되어 가는 것을 볼 수 있다. 사람들이 자신들의 문제를 토의하는 데 보다 개방적으로 되어 가는 것을 볼 수 있다. 다른 사람들의 욕구 충족을 도와줌으로써 개인적인 만족감을 경험한다. 그리고 내가 앞에서 지적한 바와 같이 당신이 다른 사람들의 욕구 충족을 도와주면, 그들도 당신 자신의 욕구 충족을 돕고자 무한히 노력할 것이다. 이렇게 상부상조하는 자세는 강압적인 권력이 배제된 관계 속에서 어김없이 발전한다.

나는 여러 해 전에 효과적인 부모-자식 관계에 대한 내 생각 속에 있는 기본적인 철학을 내가 할 수 있는 한 간결한 문장으로 표현해 본 적이 있다. 이것은 나중에 우리가 개발한 다른 인간관계 과정들 속에도 편입되었다. 따라서 이것은 모든 효과적인 인간관계(부모-자식, 교사-학생, 남편-아내, 리더-집단 구성원 등)를 위한 일반적인 철학이 되었다.

나는 이 문장을 통해서 내 의도를 분명히 밝혔다. 이것은 누구나 다른 사람들과 함께 육성하기를 원하는 그런 종류의 관계에 대한 진술이다. 나는 이것을 '인간관계를 위한 나의 신조'라고 부른다.

우리 과정을 마친 사람들은 모두 이 '인간관계를 위한 나의 신조' 사본 한 부씩을 받지만, 나는 다른 사람들의 요청도 많이 받는다. 어떤 이들은 이것을 액자에 넣어 벽에 걸어 둔다. 또 어떤 이들은 이것을 복사해서 크리스마스카드로 보내기도 한다. 어떤 사람들은 결혼식에서 이것을 낭독하고, 그들의 결혼 생활에서 지키기를 원하는 철학으로서 여러 사람들 앞에서 서약한다. 내 딸인 주디도 내게 자기 결혼식에서 이것을 읽어 달라고 부탁했었다.

'인간관계를 위한 나의 신조'는 분명히 많은 이들에게 큰 의미가 있다. 이는 사람들이 인간관계 속에서 이루려고 힘쓰는 것을 평범한 말로 표현하고 있다. 이 속에서 당신은 리더의 효과적인 역할에 대한 나의 개념의 핵심적 요소 대부분을 볼 수 있을 것이다.

인간관계를 위한 나의 신조

" 당신과 나는 상호 의존적인 관계에 있으며 나는 그 관계의 가치를 인정하고 또 유지하기를 원합니다. 하지만 우리 각자는 자기만의 독특한 욕구를 가지고 있으며 이 욕구를 충족시킬 권리가 있는 독립적인 개인입니다.

당신이 당신의 욕구를 충족시키는 데 문제가 있을 때, 나는 진정 수용하는 마음으로 경청하도록 노력할 것입니다. 그렇게 하여 나에게 의존하기보다는 당신 스스로 당신의 해결책을 보다 쉽게 찾도록 돕겠습니다. 또한 당신이 당신의 신념을 선택하고 그 가치를 발전시키는 권리를 존중하도록 노력할 것입니다. 비록 그것이 나의 것과 다를지라도.

그러나 당신의 행동이 나의 욕구를 충족시키기 위해서 내가 반드시 해야 할 일을 방해한다면, 나는 당신의 행동이 어떠한 영향을 주고 있는지 숨김없이 그리고 정직하게 당신에게 말하겠습니다. 나는 당신이 나의 욕구와 감정을 존중한다는 것을 믿는 것처럼, 당신이 내가 수용할 수 없는 행동을 바꾸려고 노력할 것이라는 것도 믿습니다. 또한, 나의 어떠한 행동이든지 당신이 수용할 수 없을 때에는 언제나 나에게 숨김없이 그리고 정직하게 말해 주기를 바랍니다. 그러면 나는 나의 행동을 고치도록 노력할 것입니다.

우리 중에서 한 사람이 상대방의 욕구를 충족시키기 위해 변화할 수 없는 경우에는 우리 모두 갈등을 가지고 있다는 것을 인정하고, 상대방이 패배하는 대가로 승리하기 위하여 권력이나 권위 사용에 의지하는 일 없이 이런 갈등을 해소하기로 약속합시다. 나는 당신의 욕구를 존중합니다. 그러나 나는 또한 나 자신의 욕구도 존중해야 합니다. 따라서 우리는 항상 우리 모두가 수용할 수 있는 해결 방안을 찾으려고 노력합시다. 당신의 욕구는 충족되어야 합니다. 또한, 나의 욕구도 충족되어야 합니다. 우리 중에서 아무도 패배하지 않고, 모두가 승리해야 합니다.

당신은 이런 방법으로 당신의 욕구를 충족시킴으로써 한 개인으로서 지속적으로 발전할 수 있습니다. 나도 마찬가지입니다. 그러므로 우리의 관계는 건강한 관계이며, 이 안에서 우리 모두는 자아실현을 위해 노력할 수 있습니다. 그리고 우리는 서로 존중하고 평화로운 관계를 지속해야 합니다. "

■■■■ 당신은 어떤 종류의 조직을 원하는가?

리더십 스타일을 선택하는 데 있어서 리더는 또 다른 문제에 직면할 수밖에 없다. 우리는 사회에서 어떤 종류의 조직을 가져야할 것인가? 조직이란 결국 사람들로 이루어져 있고, 사람들의 리더십 스타일은 전체 조직의 심리적 풍토를 결정짓는다. 억압적인리더는 억압적인 조직을 만든다.

조직의 모든 구성원들이 자신들의 욕구가 존중된다고 느낄 수있게 하기 위해서는 어떤 종류의 리더십 스타일이 필요할까? 조직은 단지 리더의 욕구와 목표를 실현하기 위해서 존재한다는 주장은 이 책에서 주장하는 리더십 철학과 일치하지 않는다. 따라서리더는 경영진과 직원, 리더와 집단 구성원의 욕구를 모두 충족시키는 방안을 찾는 의사 결정 과정에 구성원들이 참여하는 방법을반드시 찾아야 한다.

당신은 변하는 조건에 충분히 적응할 만큼 유연한 조직에 있기를 원하는가? 만일 조직이 존속하고 번창하려면, 그 조직은 반드시 이 유연성을 가지고 있어야 한다. 따라서 문제 해결과 의사 결정은 가장 큰 권위를 가진 사람이 일방적으로 수행하는 전통적인방식이 아니라, 그 문제와 관련 있는 데이터를 갖고 있는 모든 구성원들의 창의성에 의해서 이루어져야 한다. 만일 조직이 작업자들의 일자리 상실과 기본적 욕구 박탈에 대한 공포에 의거한 관리방법에만 전적으로 의지한다면, 이런 조직은 살아남기 어려울 것이다. 이것이 바로 우리가 지난 40년 동안 하나의 혁명—인간관계혁명이라고 부르자—이 시작되는 것을 목격한 이유이다.

많은 조직들은 새로운 감독 형태, 새로운 관리 방법, 새로운 리

364

더십 스타일을 탐색하는 데 엄청난 돈을 소비하고 있다. 조직이 민주적인 사회에서 살아남으려면 그 조직을 민주적으로 운영하는 방법을 발견해야만 할 것이다.

수년 전에 시어스 로벅(Sears, Roebuck)의 전임 노사 관계 담당 임원인 제임스 워디는 이것과 동일한 아이디어를 다음과 같이 설득력 있게 표현했다.

> 우리가 만일 미국의 '자유 기업' 보존과 전 세계의 자유 보존에 대하여 걱정한다면, 우리는 내부 조직과 기업 경영에 이것의 원리를 보다 효과적으로 강화해야 한다. 무엇보다 먼저 시스템이 계속해서 효과적으로 일을 해야 한다. 시스템이 각 구성원들의 창의적인 자원, 능력, 생산성을 향상시키는 일을 지금보다 잘 해내지 못한다면 이런 식으로 오래갈 수는 없을 것이다.

이 책에서 기술한 리더십 철학과 방법만이 워디의 목표에 도달하는 데 있어 적절한 것 같다.

▬▬▬ 당신은 어떤 종류의 사회를 원하는가?

비록 이론적으로는 우리 사회가 모든 시민들이 자기들의 목표와 중대한 결정을 취사선택할 수 있는 권리와 능력을 가지고 있다는 믿음에 깊게 뿌리박고 있지만, 대다수 우리 사회 제도는 이 권리를 조직의 리더들에게만 한정시키는 경향이 있다. 민주주의 실제와 민주주의 이론이 항상 동일한 것은 아니라는 사실은 분명하다.

저명한 변호사인 제임스 마샬이 이전에 기술한 바와 같이 남에게 의존하는 것으로부터의 자유는 여전히 민주적인 사회를 재는 또 다른 척도이다.

의존으로부터의 자유는 바로 민주주의의 근간이다. 이것은 사람들이 그들의 역량을 개발하고 활용하는 데 필요하며, 또한 이것은 사회가 신분의 축성물이 아니라 인격의 총합(總合)으로 이루어지기 위하여 필요하다. 의존으로부터의 자유는 성숙의 전제 조건이다. 왜냐하면, 내가 의존을 통해서 얻은 만족은 내가 갖고 있지 않은 어떤 권력의 그늘 속에 있는 불안한 평화이기 때문이다.

권력이 극히 소수의 리더들에게만 집중되고 그들에 의해서 행사될 때 의존은 커진다. 그렇다면 우리 사회의 과제는 리더들로 하여금 우리가 소중히 간직하도록 배운—적어도 이론적으로는—민주주의의 원리와 일치하는 리더십 스타일을 기꺼이 받아들이도록 그들을 고무하는 일이다. 그리고 이 리더십 개념이 우리 사회의 각 조직과 제도의 혈관에 주입되어야 할 필요가 있는 것이다.
만일 우리가 민주적인 사회를 원한다면 우리는 반드시 민주적인 조직을 가져야 한다. 이것은 다시 자기들이 리드하는 사람들과 서로 만족하는 관계를 발전시키는 데 필요한 기술과 방법을 소유하고 있는 민주적인 리더들을 요구한다.

이 책은 2001년에 25주년 기념 개정 증보판으로 출판된 L.E.T. (Leader Effectiveness Training)를 번역한 것이다. 수많은 책들이 출판되고 얼마 후에 사람들 시야에서 사라지는 것을 볼 때 이것은 세월이라는 시험을 일단 통과한 책이다.

토머스 고든(1918~2002)이 여기에서 제시하고 있는 상호 욕구 충족에 바탕을 둔 구성원이 참여하는 리더십 모델은 그의 오랜 삶의 경험과 연구 그리고 직업적인 경험을 통해서 이루어졌다. 그의 리더십 모델의 원형은 1955년에 출판된 '그룹 중심의 리더십 (Group-Centered Leadership)'이라는 책에서 처음 그 모습을 드러냈는데 이것은 당시 미국 사회에서도 아주 급진적인 것이었다.

그는 유년 시절 그가 다니던 선데이스쿨의 교사였던 그레이스 콕스의 민주적인 학급 운영 방식에 깊은 인상을 받았다. 그녀는 학급 운영에 관한 의사 결정에 아이들을 참여시키고 그들이 점차 학급의 운영에 관한 책임을 스스로 감당해 나가도록 가르쳤다.

토머스 고든은 대학 시절 그의 어머니가 우울증에 빠져 치료를 받을 수밖에 없는 처지에 놓인 것에 자극을 받아 이 문제를 풀어 보고자 대학원에서 심리학을 공부하기로 결심한다. 그는 오하이

오 주립대학교의 대학원에 진학하여 심리학을 공부하던 중에 그의 일생에서 커다란 전환점이 된 칼 로저스 박사를 스승으로 만난다. 이 두 사람은 제2차 세계대전이 끝난 후에 시카고 대학교에서 다시 합류하고 토머스 고든은 칼 로저스의 지도하에 심리학 박사 학위를 취득한다.

칼 로저스가 토머스 고든에게 끼친 영향은 무엇보다도 그로 하여금 각 사람들 속에 내재해 있는 창의적인 문제 해결 능력을 발견할 수 있도록 하였고, 그 능력이 적극적 듣기를 통해서 발현될 수 있음을 알게 한 것이었다. 고든은 시카고 대학교에 머무는 동안 상담센터에서 임상심리학자로 일하면서 반영적 경청(reflective listening) 방법인 적극적 듣기의 효과에 대해서 확신을 갖게 된다.

그 뒤에 그는 캘리포니아주 파사데나로 이주해서 컨설팅 회사에 근무하면서 여러 조직들을 대상으로 컨설팅 업무를 수행했다. 그는 조직을 대상으로 컨설팅을 수행하면서 다른 한편으로는 심리요법전문가로 일을 했는데 그 대상은 주로 부모들에게 이끌려 오거나 학교가 그에게 의뢰하는 아이들이었다. 이 아이들은 부모와 교사들에 의해서 정서적으로 불안하다거나, 신경과민이라거나, 환경 부적응 또는 비행(非行) 청소년이라는 꼬리표가 붙은 아이들이었다. 즉 이 아이들은 그들의 '질환'에 대해 상담이나 심리요법 같은 일종의 치료가 필요한 아이들이었다.

그러나 그는 대부분의 아이들이 감정적으로 불안한 것이 아니라 정상적이고 건강하다는 사실을 발견하고 놀라게 된다. 또한 대다수 아이들은 자신들이 문제가 있기보다는 오히려 부모나 교사들에게 문제가 있다고 생각하는 것이었다. 그는 이런 사례들을 통해서 아이들이나 부모 또는 교사들에게 고유한 문제가 있기보다는 그들의 관계, 즉 서로 간의 의사소통 방식에 더 큰 문제가 있다고 사고의 전환을 하게 된다.

토머스 고든은 조직에 대한 컨설팅을 하면서 터득한 리더-직원 사이의 관계 개선에 효과가 있었던 기술을 조금 변형시킨다면 부모-자녀 관계 개선에도 효과가 있는 방법이 될 것으로 생각하고 부모들을 위한 훈련 프로그램을 개발한다. 그의 훈련 프로그램은 부모들에게 아이의 양육법이나 훈육법을 가르치는 대신에 적극적 듣기와 무패 갈등 해소 방법과 같은 의사소통 방법과 문제해결 기술을 가르쳐 주는 것이었다. 첫 번째 부모 역할 훈련(P.E.T.) 교실은 1962년에 파사데나의 한 카페에서 17명의 부모가 참석한 가운데 열렸다.

나-메시지(I-Message)는 아이가 부모에게 문제를 일으켰을 경우에 대처하는 방법이 결여되어 있다는 부모들의 불만을 수용하여 나중에 추가되었다.

이렇게 해서 고든의 모델은 완성되었으며, 1970년대 초에 P.E.T.가 미국에서 책으로 출판되자 미국 사회에 커다란 반향을 불러일으켰다.

그 뒤에 P.E.T. 모델에 기초해서 교사-학생 관계를 다룬 교사 역할 훈련(T.E.T.) 과정이 개발되었다. 그는 다시 그의 뿌리인 리더십 문제로 돌아와서 이것에 대한 그의 견해를 확장 발전시킨 후에 1977년에 L.E.T. 초판을 세상에 내놓았다. 고든 모델의 핵심은 모든 당사자들의 욕구를 고려한다는 것이며 본문에 나와 있는 '인간관계를 위한 나의 신조'에 그것이 잘 나타나 있다.

토머스 고든이 말하는 리더십은 발전소에서 발전되는 전기 같은 것이 아닐까? 아무리 댐에 물이 많이 고여 있더라도 물이 발전기로 흐르지 않는다면 아무런 전기도 만들어 낼 수 없는 것처럼 사람들 사이의 의사소통이 제대로 이루어지지 않는다면 진정한 리더십을 발휘하고 유지할 수 없을 것이다. 새로운 물이 댐에 들어오고 그 물이 흘러나가야 발전이 되듯이 양방향 의사소통이 이루어지지 않는다면 리더십도 조만간 고갈되고 유명무실한 것이 되고 말 것이다. 고든은 사람들의 가장 중요한 의사소통 수단인 말하기와 듣기의 효과와 무엇이 올바른 말하기와 듣기 방법인지를 명쾌하고도 치밀하게 설명해 주고 있다.

특히 우리 사회의 대부분의 조직에서는 아직도 리더 지위에 있는 사람들은 일방적으로 말을 하고 다른 사람들은 듣는 것이 대체적인 현실인 것 같다. "그 사람은 다른 사람의 말을 잘 들을 줄 안다."라는 것보다 "그 사람은 말을 잘한다."는 것이 더 좋은 평가로 인식되고 있다.

그러나 토머스 고든은 듣기의 중요성을 우리들에게 일깨워 주고 있다. 딘 러스크(Dean Rusk)도 이와 동일한 견해를 다음과 같은 말로 밝히고 있다. "다른 사람들을 설득하는 최선의 방법에는 그들의 말을 들음으로써 귀로 하는 방법이 있다."

이 책은 이 밖에도 문제 해결, 팀 운영, 회의 운영, 실적 평가, 권위, 권력, 갈등 등과 같이 어느 조직에서나 마주치는 여러 가지 중요한 이슈들을 다루고 있다. 자칫 공허한 논의에 그치고 말아버릴 수 있는 다양한 주제들에 대하여 저자는 인간에 대한 깊은 통찰력과 따뜻한 마음을 가지고 일관성 있게 이 짧은 책에서 그것도 쉽게 그의 견해를 풀어내고 이들에 대한 구체적인 방법까지 제시하고 있다. 역시 단순한 것은 정교한 것인 모양이다!

그런데 우리 사회의 대다수 조직들은 이런 이슈들을 이 책과는 다른 관점과 방법으로 접근하고 있는 것이 현실이다. 물론 여기서 말하고 있는 모든 것들을 우리 사회의 조직에 그대로 적용하기에는 무리가 따를 수밖에 없을 것이다.

그러나 분명한 것은 이 책이 많은 리더들에게 조직에서의 사회 심리학적인 요소에 대한 사고의 지평을 넓혀 주고 그것의 중요성을 깨닫게 해 줄 것이라는 점이다. 그리고 이런 요소들이 어떤 조직에서든지 적절히 고려된다면 그 조직은 이전보다 생명력은 물론 경쟁력 면에서도 발전하리라는 것은 분명한 사실이다.

옮긴이는 번역하는 동안 저자의 통찰력과 사람에 대한 따뜻한 시선에 감명도 받고 또한 즐거움도 느꼈다. 이제 옮긴이는 독자들이 이 책에 담겨져 있는 저자의 메시지를 적극적으로 듣고 감명과 즐거움을 느낄 수 있기를 바란다.

우제(祐齊)에서 장승현

옮긴이 장승현

서울대학교 공과대학과 한국과학기술원(KAIST)에서 재료공학을 전공하고 한국과학기술연구원(KIST)에서 근무했다. 1990년 미국 University og Akron에서 MBA를 받았고, 미국 공인회계사(CPA),CPIM, CIRM이다. 1993년 귀국하여 삼일회계법인, 삼일 쿠퍼스앤드라이브랜드 컨설팅에 근무하면서 삼성전자 등 기업에 대한 컨설팅을 수행했다. 현재 한국ASI의 파트너이며, 나사렛대학교 경영학부 겸임교수로 있다.

리더 역할 훈련

1판 1쇄 발행 2003년 10월 15일 | 2판 7쇄 발행 2017년 9월 14일

지은이 토머스 고든 | 옮긴이 장승현
펴낸이 조재은 | 펴낸곳 (주)양철북출판사 | 등록 제25100-2002-380호
편집 박선주 김명옥 | 디자인 육수정 | 마케팅 조희정 | 관리 정영주
주소 서울시 마포구 양화로8길 17-9 | 전화 02-335-6407 | 팩스 0505-335-6408
ISBN 978-89-90220-60-2 03180 | 값 15,000원
    978-89-90220-61-0 03180(세트)

카페 cafe.daum.net/tindrum   블로그 blog.naver.com/tin_drum
페이스북 facebook.com/tindrum2001

※ 잘못된 책은 바꾸어 드립니다.